국어 문법의 교육과 연구

국어 문법의 교육과 연구

이 충 우

도서출판 역락

국어 교육에서 문법의 위상은 교육 과정에 따라, 학자에 따라 달라진다. 본서는 국어 문법의 교육과 연구에 관한 필자의 생각을 정리한 것이다.

1부는 국어 문법 교육에 관한 글이다. 국어 문법의 교육에 관해 필자는 어느 특정 입장을 그대로 받아들이지는 않는다. 독립적 문법 교육의 중요성이나 통합적 문법 교육의 중요성 모두가 나름대로 타당성을 가지고 있음에도 필자는 학교 교육의 현실성과 학교 국어 교육에서 국어 사용 능력 향상을 강조해야 한다는 당위성에 바탕을 두고 문법 교육을 기술하고 있다. 따라서 본서에 있는 문법 교육에 관한 글들이 교육 과정의 테두리를 크게 벗어나지 않으면서 국어 사용 능력 향상의 본연을 중시하고 있다.

2부는 국어 문법 연구에 관한 글이다. 국어 교육을 위한 어휘 교육에 관한 글은 1부 문법 교육에서 다루어도 될 만한 것이나 1부에서는 국어과 문법 영역의 교육 관련 글들이기 때문에 이곳에서 다루기로 하였다. 어휘 교육이 국어 문법 영역에서 다루어짐이 마땅하다고 보이기는 하지만 국어 활동의 부분으로서 문법과 구분되어야 할 부분도 있기 때문이다. 어휘 교육에 관한 필자의 논저들은 별도의 책으로 편집하였으나 교육용 어휘 선정이나 대표 어휘 선정의 문제는 본서에서 다루는 것도 의의가 있을 것이란 판단에서 본서에서 다루었다, 또한 '정도 부사의 동사 수식'이나 '정도어 연구'는 국어 문법 중 특정한 부분을 어떻게 기술할 것인가에 대한 것으로서 의미와 상황 맥락에 따라 문법의 기술이 달라질 수 있음을 보여주는 한 예가 되는 것이다. 이러한 어휘 문제, 상황과 맥락에 따라 달라지는 정도어의 수식과 피수식의 문제 등은 국어 문법 교육을 위한 문법의 기술을 어떻게 하는 것이 좋을 것인가에 대해 통찰할 수 있도록 도움이 될 수 있을 것이다.

국어 교육에 대한 책을 출간한다는 것은 어려운 일이다. 자칫 본서가 국어 교육을 연구하는 분들에게 장애가 되지 않을까 걱정스럽지만 저자의 여러 생각들을 독자에게 알릴 필요가 필자에게 본서를 출간할 수 있는 용기를 주었다. 수많은 망설임 끝에 출간하는 이 책이 아무쪼록 국어 교육의 발전에 작은 도움이라도 되리라 믿는다.

끝으로 본서의 출판이 있기까지 많은 도움을 주신 여러분께 고마움을 표한다.

2006년 봄
청송의 연구실에서
저 자 씀

목 차

제2부 국어 문법 연구

제 1 부

국어 문법 교육

• • •

제 1 장

국어 교육에서의 언어학

1. 도입

국어 교육을 하기 위해서는 여러 학문의 관련이 필요하다. 언어학, 철학, 교육학, 심리학, 사회학 등 주변의 여러 분야에 대한 연구 성과를 국어 교육과 관련지어 국어 교육을 개발하고 실천할 수 있는 것이다. 그 중에서도 우리는 국어 교육이 언어를 사용해서 언어를 가르치는 것임을 고려할 때 언어학이 매우 밀접한 관련이 있을 것이라는 데 동의한다. 심지어 '국어 교육은 국어학(언어학을 포함)을 가르치는 것'으로 인식하는 사람들도 많음을 알고 있다. 그러나 국어 교육이 단순히 국어학을 가르치는 것이 아님은 물론이려니와 국어 교육에서 다루는 국어학이 학문에서 다루는 국어학과 일치되는 것도 아님을 고려할 때, 국어 교육은 단순히 국어학의 성과를 가르치는 것도 아니고 국어학에 속한 학문도 아님을 알 수 있다. 즉, 국어 교육과 국어학(언어학)은 밀접한 관련은 있으나 서로 다른 분야임을 전제로 한다.[1] 언어가 무엇인지 모르고 언어를 가르치는 일이 제대로 될 수는 없으며, 언어가 무엇인지 정확하게 안 연후에 그것을 올바로 가르칠 수 있는 것이기 때문에 언어학의 연구 결과가 국어 교육에 도움을 준다는 생각은[2] 틀린 말이 아니지만 언어학이 국어 교육에서 차지하는 위치에 대하여는 많은 연구가 필요할 것이다.

이 장에서는 국어 교육에서 언어학이 어떤 위치를 차지하며, 이 둘의 관계는 어떠해야 하는가를 고찰하고자 한다. 그러기 위하여 언어학과 언어 교육에 대한 기존의 연구를 토대로 부정적 관점과 긍정적 관점을 고찰하고 이들의 문제를 찾아본다. 그리고 언어학이 국어 교육에서 어떤 위치를 차지할 것인가에 대한 고찰을 국어 교육의 관련 예에서 찾아본 후, 국어 교육을 위해 필요한 언어학은 어떠해야 하는가와 국어 교육을 위한 문법인 국어 교육 문법의 개발 필요성을 고찰하는 것이 이 장의 목적이다.

2. 언어학과 언어 교육

언어학, 국어학을 국어 교육에 접합시킨 연구는 이용주(1975)에서 시도되고 있다.[3] 언어학과 언어 교육의 관련을 밝히기 위한 노력의 결

---

1) 그러나 언어학은 다양한 목적을 가지며, 각각의 목적에 따라 서로 다른 진술 방식을 가진다. 언어 교육을 위한 문법은 언어학자를 위해 쓰여진 문법과 다르며, 언어 병리학자(speech pathologist)를 위해 기술된 문법도 다른 것들과 상이하다(Halliday etc. 이충우·주경희 역, 1993:196). 이렇기 때문에 이론 문법과 교육을 위한 문법은 다른 것이다.

2) 만약 언어학 이론이 언어를 더 잘 기술하는데 이용될 수 있다면, 이 이론은 언어가 교육되는 상황에 기여할 수 있다(Halliday etc. 이충우·주경희 역, 1993: 182).

과는 언어학의 지식이 언어 교육에 별 도움을 줄 수 없다는 부정적 견해와 도움을 줄 수 있고 그 관련성은 크다고 보는 긍정적 견해로 나눌 수 있을 것이다. 이렇게 둘로 나누는 것은 기술의 편리를 고려한 것일 뿐이며, 이 외의 여러 견해가 있을 수 있다. 부정적 견해와 긍정적 견해를 고찰하면 다음과 같다.

2.1. 부정적 견해

이제까지의 언어 교육에 대한 언어학의 관련설에 대해 언어학이 언어 교육에 별 도움을 주지 않는다는 부정적 견해로 다음을 들 수 있다.

Bender(1935), Catherwood(1932)는 문법 규칙을 인용할 수 있는 능력은 문장을 작성할 때 문장 문법성을 향상시켜주지 못했으며, Ellen Fronger(1934)는 직접적으로 문법 교육을 받은 학생보다 자신이 쓴 작문을 신중하게 분석하는 것에 의해서 문장 구조를 배운 학생들이 더 잘 학습한다는 사실을 발표하였다. Evans(1939)는 문법 규칙을 먼저 가르치는 것보다는 이해에 도움을 주는 예문들을 사용하여 지도하는 것이 구두법의 교육에 더 효과적이라 했으며, Segal과 Barr는 1923년에 형식 문법과 응용 문법 사이가 관련성이 없다고 하였다(Goodman, 1987: 171-6).

노명완 외(1990: 84-5)에서는 문법 교육과 국어 사용 기능 신장과의 관련에 대해, "문법을 배움에도 불구하고 학생들의 언어 생활에서 문법 학습의 효과는 나타나지 않는다. 학생들의 말은 문법을 배우기 이전의 말 그대로이며, 학생들의 작문도 마찬가지이다. — 그 이유는 1) 학교 문

---

3) 이병호(1985: 203)는, "특히 이용주의 '국어 교육의 기초(언어학적 기초)'는 언어학, 국어학, 국어 교육을 접합시킨 점에서 높이 평가할 만하다."면서, "그러나, 이 부분의 논술에서 언어의 기능적 측면에 편중되어 있음을 지적하지 않을 수 없다."고 평하고, 언어학을 국어 교육에 접합시키려는 최초의 노력이 이용주(1975)라 하였다.

법이 지나치게 규범적, 2) 문법의 유형에 따라 언어 생활에의 효과가 달라짐, 3) 문법의 지도 방법이 잘못됨이며, 아마 이 세 가지 가정이 모두 학교에서의 문법 지도가 언어 생활에 긍정적인 효과를 주지 못하는 이유가 될 수 있을 것이다."고 하면서 현행 학교 문법에 문제가 있다고 하였다. 기존의 언어학과 언어 교육에 관한 많은 연구들이 위의 인용과 비슷한 결론을 내리고 있다.

이들 주장의 결정적인 약점은 이들이 실험 대상으로 사용한 문법이 언어 교육에 필요한 문법이 아닐 가능성이 크다는 것이다. 우리가 이미 알고 있는 바와 같이 기존의 문법은 기술의 방법이나 목적이 언어를 사용하는 기능을 높이는 데 있는 것이 아니라 언어의 현상을 여러 관점에서 정확하게 기술하는 데 있었다. 그런데 교육적인 관점에서 언어를 기술하는 시도는, 언어 현실에 적합하다기보다는 교육의 편의를 위한 기술 태도를 가졌을 뿐 아니라 그 내용이 언어 현실과 동떨어지거나, 비과학적인 경우가 많은 규범 문법이었기 때문에 이를 배운 것이 언어 사용 기능에 눈에 띄는 효과를 가져 오지 못했을 것이다. 또한 저명한 국어학자가 惡文을 쓰고 앞뒤가 맞지 않는 발화를 하는 것을 문법과 언어 사용 능력의 관련성을 부정하는 데 인용한다면 이는 또 다른 문제, 즉, 이론과 실제의 차이 — 아는 것과 행동하는 것은 별개 — 라는 대답도 가능할 것이다. 언어 능력에 대한 평가에 있어서도, 다른 지식의 측정과 달라 피험자의 경험의 총체가 평가 결과에 나타나기 때문에 적절한 평가를 할 수 없었을 가능성이 있다.

기존의 실험 결과를 결과 그대로 받아 들이기 전에 그 실험의 문제점을 고려해서 결과를 해석하여야 한다. 언어 사용 기능의 신장에 필요한 잘 기술된 문법을 가르칠 수 있었는가에 대한 고려4)와, 제대로 평가할

---

4) 교육용 문법은 규범적인 요소가 강하고, 이는 언어의 동질성을 전제로 한 것이다. 그러나

수 있었는가에 대한 원론적인 의심5)을 가졌어야 한다고 볼 때, 위의 결과에 대하여는 그 결과를 그대로 수용하기가 곤란하다는 생각을 버릴 수가 없다. 언어학과 언어 교육은 각기 나름의 연구 대상과 방법론을 갖는 별개의 학문이기 때문에, 언어학적 입장에서 제기되는 몇몇 문제들은 언어 교사에게는 무관한 것일 수 있고, 마찬가지로 언어 교육에서의 모든 양상이 언어학과 연관되는 것은 아니라는 관점(한정길, 1989: 88)에서, 우리는 이제까지의 연구가 이런 기본적이고 당연한 사실을 지나쳐 버린 것을 짐작할 수 있다. 언어학이 언어 교육에 관련된 것이 아닐 때, 그 언어학은 언어 교육과 별 관련이 없는 것이다.6)

2.2. 긍정적 견해

언어학이 언어 교육에 많은 관련이 있고 언어학의 지식이 언어 교육에 도움이 된다는 견해는 다음과 같다.

언어의 실제 상황은 대단히 복잡하고 이질적임을 알 수 있는데, 이러한 이질성은 대개 각 구성원의 연령층이나 출신지, 활동 분야 혹은 실제 대화 상황의 다양성 등에 기인한다(한정길, 1989: 91).

5) 외국어 교육과 달리 국어 교육(모어 교육)의 성과는 객관적으로 평가하기가 곤란하다. 그 이유는 학습자의 '전 언어 생활의 결과'가 평가에 나타날 수 있기 때문이다. 따라서 현실 언어 생활에 부합하는 언어를 효과적으로 가르쳤다 하더라도 평가로써 교육의 결과를 측정하기가 어려울 뿐 아니라, 현실 언어 생활을 반영하지 못한 규범적인 언어 교육을 실시한 후 언어 학습 결과를 평가한다면 이는 많은 문제점을 가질 것이다. 물론 이런 문제들이 해결된다면 적절한 평가는 가능할 것이다.

6) 김대행(1991: 33)은 "「토끼는 앞발이 짧다」는 임의로 선정된 언어기호지만, 그리고 이 기호를 설명하고 그에 기초한 변별력을 통해 생산적 확장을 의도하는 것이 언어학이기는 하지만, 언어학의 설명은 대체로 음운, 어휘, 통사의 단위에 집중된다. 바로 이 점이 국어 교육의 장에서 언어학이 갖는 결정적 한계다. 그것이 '한계'로 지적되는 까닭은 실제의 언어 생활이 그보다는 큰 단위를 위주로 하여 이루어지기 때문이다. 한 예를 들어, 「토끼는 앞발이 짧다」가 앞뒤에 무슨 말을 더불고 있는가에 따라 전혀 다른 말이 되기도 하는데, 이 경우 언어학은 그 사용의 교육을 위한 설명에 무력해지고 만다."면서 언어학의 언어 교육과의 괴리 문제를 지적하고 있다.

Halliday 등(1964)에 의하면 언어학은 교사에게 1) 언어 기술과 평가, 2) 교수 자료 생산, 3) 언어 교육 과정 계획.연구, 4) 학습 결과 평가의 바탕을 제공한다고 하였다. Wilkins,D.A.(1972)는 언어학이 언어 교육에 1) 통찰, 2) 암시, 3) 적용을 줄 수 있지만 언어학자들의 모든 기술이 모두 그대로 학습 자료로 쓰일 수 있는 것은 아니라고 하였다. 이용주(1986)는 1) 언어에 대한 전문 지식의 제공, 2) 언어관의 제시, 3) 언어관의 확립과 언어 교육(기능·용법 지식을 가져야 함), 4) 교육의 내용과 자료의 제공, 5) 교육 방법에 대한 시사를 언어학이 언어 교육에 도움이 되는 면이라 하였다.

위와 같이 언어학은 언어의 본성과 언어 능력의 본질을 밝혀 줌으로써 언어 교육에서 우리가 가르쳐야 하는 것이 과연 무엇이냐 하는 기본적이고도 매우 중요한 문제에 대한 제시와 통찰력을 주고, 보다 정확한 언어 기술을 통해 구체적인 학습 내용의 구성을 위한 기본 자료를 마련해 주는 것이라는 주장에 대하여 우리는 이들 주장이 얼마나 언어 교육에 영향을 미치는가를 정량적으로 증명하기는 어려울 것이다. 그러나 이들 주장이 근거 없는 空論이라고 하기에도 많은 어려움이 있다. 우리는 꽤 오랜 기간 외국어 교수에서 문법-번역식 방법(grammar−translation method)을 통해 외국어 사용능력을 키웠을 뿐 아니라, 모어 교수에서도 언어의 여러 현상을 이해하는 능력을 문법을 통해서 이루어 왔다. 이로 인하여 언어 사용 능력을 신장시킬 수 있었던 것이다.7) 문제는 어떤 언어학의 기술이, 어떤 언어학의 분야가 언어 교육에 중요하느냐를 알아내서 언어 사용 능력을 기를 수 있도록 언어학을 발전시키는 것

---

7) 응용 언어학과 결합된 방법론은 언어학 없는 방법론이나, 방법론 없는 언어학보다는 언어를 가르치는 데에 더 효율적이다. 언제나 일반적, 기술적 언어학의 목표와 방법이 언어 교수의 목표와 방법과는 다르다고 생각했다. 그러나 그 둘은 상당 부분 서로 관련이 있었다(Halliday etc. 이충우·주경희 역, 1993: 277).

이다. 이의 좋은 예로 구조주의 언어학자와 생성 문법 언어학자 사이의 언어 교육에 대한 주장의 차이를 비교하면 언어관에 따라 언어 교육의 방법이 달라질 수 있음을 알 수 있다.8) 따라서 언어학은 언어 교육에 긍정적 관련을 갖는다는 주장이 받아들여지는데, 여기에는 언어 교육에 적절한 언어학이어야 한다는 전제가 따른다.

2.3. 언어 교육에 관련되는 언어학

언어가 무엇인지 모르고 언어를 가르치는 일이 제대로 될 수는 없다. 언어가 무엇인지 정확하게 안 연후에 그것을 올바로 가르칠 수 있는 것이다. 또 언어의 기능과 용법에 관한 지식이 없이 언어 형식의 의미를 정확히 파악하기는 어려울 것이며 언어의 적절하고도 효과적인 사용은

---

8) 구조주의 언어학자와 생성 문법 언어학자의 언어 교육에 대한 주장은 다음과 같다.

   1. 구조주의에서 주창한 교육 원칙
   ① 언어 교육은 반드시 소리로부터 접근해야 한다. 듣고 말할 수 있어야 읽고 쓸 수도 있다.
   ② 좋은 교재란 자국어와 모어의 과학적 분석에 의해야 한다. 교육에 있어서도 항상 그 차이점을 중시한다.
   ③ 언어 학습의 유일한 길은 흉내와 반복이다.
   ④ 단어를 경시하고 음운과 구조를 먼저 확고히 한다.
   ⑤ 언어와 문화의 불가분성을 인식한다.
   ⑥ 언어는 통화가 목적이니 대화 훈련을 꼭 한다.
   ⑦ 모든 규칙은 귀납이 되도록 하고, 모어 사용과 설명은 가급적 피한다.

   2. 변형주의에서 주창한 교육 원칙
   ① 소리로 시작하되 훈련의 주완은 능력의 확대에 두어야 한다.
   ② 언어의 창조성을 늘 강조한다.
   ③ 문과 문의 상관성을 강조하며 심층 구조와 표면 구조의 상이를 노출케 하며 이러한 작업의 중요한 변형 과정을 늘 훈련시킨다.
   ④ 문법과 의미를 직결시킨다.
   ⑤ 귀납과 추론을 조화시키도록 노력한다.
   ⑥ 자국어와 목표어의 상이점은 표피로 돌리고 심층에 있어서의 공통점을 강조한다.
   ⑦ 언어의 규칙성을 늘 강조한다.

더구나 어려울 것이다(이용주, 1989). 바로 이런 점에서 언어가 무엇이고, 언어의 기능과 용법·언어 형식의 의미 등을 파악하기 위해서는 언어학의 성과가 언어 교육에 필요한 것이다. 따라서 언어학은 어떤 형태로든 언어학의 대상인 언어를 가르쳐야 하는 언어 교육에 관련을 갖는다. 언어는 규칙의 지배를 받으면서도 동시에 창조적이다. 모든 언어 교수 이론은 언어의 다른 부분을 희생하고 어떤 부분을 강조하는 가공품으로, 언어학은 언어에 대해 비판적·구성적으로 사고하도록 도움을 줄 수 있다. 다만 언어학의 어떤 기술이 언어 교육에 큰 도움을 줄 수 있느냐를 우리는 고려해야 하는 것이다. Stubbs(1988), Widdowson(1979), Stern(1984), Corder(1979) 등은 언어 교육에 수용되는 언어학 이론은 이론 그대로가 아니라 교육의 목적 및 정도에 따라 적절하게 수정·변화되어야 한다고 보았다. 왜 그런가 하면 언어학자가 기술하는 언어의 측면과 언어 교육에 필요한 언어의 측면은 다르기 때문이다. 이들의 차이는 다음과 같다(구봉림, 1984: 208).

ㄱ. 언어학자 자신의 직관에 의한 자료가 아니라 다른 사람들이 사용한 자료(담화)에 의존해야 한다.

ㄴ. 언어 그 자체만의 연구가 아니라 언어를 통해서 의사소통이 되는 과정을 연구한다.

ㄷ. 언어학자는 규칙을 강조하지만 언어 교육에서는 규칙보다는 규칙성을 기술하여야 한다.

ㄹ. 언어 교육에서는 문법성보다는 용인성을, 적형성보다는 적절성에 의해 기술하여야 한다.

ㅁ. 언어 능력에서는 실제로 언어 사용 능력을 중요하게 여겨야 한다.

ㅂ. 언어 교육에서는 문맥 속에서의 언어 사용을 연구 대상으로 하기 때문에 문장과 문장 사이의 관계 뿐 아니라 주어진 상황에서 발화 간의 관계에도 관심을 갖는다.

위와 같은 차이를 고려한다면 언어학이 모두 언어 교육에 관련을 맺는 것은 아니고 언어 교육과 관련을 맺을 수 있도록 기술된 언어학만이 언어 교육에 관련된다고 볼 수 있다.

기존의 언어학이 모두 언어 교육에 관련된다기보다는 특정한 분야의 언어학이 언어 교육과 더 관련이 있음을 보았다. 이는 언어학이 추구하고 기술하는 언어의 현상이 언어 교육에서 추구하고 기술하는 언어의 측면과 차이가 나기 때문이다. 우리는 이런 사실에서 기존의 언어학을 그대로 언어 교육에 관련을 짓는 것이 아니라 언어 교육을 위한 언어학인 교육 언어학이 필요함을 느낀다. 이제까지의 '교육 문법'이나 '규범 문법'이 아닌 언어 교육을 위한 독자적인 교육 언어학. 교육 문법을 발전시켜야 한다.

표-1과 같이 언어에 대한 지식(언어학·문법)과 언어 사용 능력에 대한 능력은 구분된다. 따라서 '교육 언어학'은; 1) 언어 교육을 위한 언어학, 2) 언어 운용을 설명할 수 있는 언어학, 3) 의사 소통 기능과 관련 있는 언어학이어야 한다.

표-1 언어 지식과 언어 사용 능력

언어 지식	언어 사용 능력
언어에 대한 지식	담화를 사용할 줄 아는 능력
언어 구조에 대한 지식 : 문법(보통의 학교 문법)	담화 표현/이해 활동을 수행하는 능력: 담화 문법
구조 언어학의 대상	국어 교육학의 대상
입문기 규범적 성격 부각	중등기 이후 표현 / 이해 활동의 효율성 부각

언어는 의사 소통의 목적으로 쓰인다. 이에 대한 지식은 화행론(speech act theory), 화용론(pragmtics), 담화 분석론(discourse anlysis), 텍스트 언어학(text linguistics) 등이 해당되는데, 이들에 의하여 학생들의 의사 소통 능력을 길러주는 '언어' 영역 기술이 가능할 것이다. 이제까지는 주로 '문법(grammar)' 위주의 교육에서 '이야기'와 관련된 기술이 많지 않았으나, 담화 분석론, 텍스트 언어학 등이 앞으로 관심이 기울어져야 할 부분이다. 물론 이들이 모든 것을 해결해 주는 것은 아니고, 언어에 대한 이제까지의 모든 연구도 나름대로 언어 교육에 도움을 줄 수 있을 것으로 여겨진다.9) 다만, 이제까지의 문법이 기대에 비해 언어 교육에 큰 도움을 주지 못했기 때문에 교육에 보다 도움을 줄 수 있는 교육 언어학이 필요하게 된 것이다.

언어 교육을 위한 언어학은 언어 운용을 설명할 수 있어야 하고, 의사 소통 능력 향상과 관련이 있어야 한다. 또한 교육 언어학은 규범성, 기술성, 생산성, 통일성, 간결성이 있어야 할 것이다. 이들 교육 언어학의 성격은 언어 교육의 성격에 따라 중요도가 달라질 수 있다.

1) 규범성: 교육 언어학이 규범성을 가져야 하는 것은 언어 과학의 측면에서 보면 모순되는 것처럼 보인다. 기존의 규범 문법들이 안고 있는 언어의 현실을 제대로 반영하지 못하는 단점을 규범이라는 틀에서는 없앨 수 없기 때문이다. 그러나 언어 사용은 사회의 언어 사용 규범을 따르는 것이기 때문에 규범성을 띨 수밖에 없다. 다만 이 규범은 맞다, 틀리다의 규범이 아니라 더 적절하다, 덜 적절하다의 규범이어야 할 것이다. 따라서 교육 언어학의 규범성은 사회 언중이 용인할 수 있

---

9) 이용주는 국어 교육에서 다루어야 할 언어 지식으로 "1) 국어의 음운, 어휘, 통사 그리고 담화에 이르기까지의 모든 계층의 구조와 의미, 용법에 관한 것, 2) 국어 발달에 관한 것, 3) 음성 언어의 경우 그 발음과, 문자 언어의 경우 그 표기에 관한 여러 가지, 4) 언어 일반의 본질 속성 특히 언어의 기능과 용법에 관한 것(이용주, 1986: 244)"을 들고 있다.

는 언어 사용법을 기술한다는 면에서 하나의 규범을 제시한다고 보아야 한다. 단, 이 규범은 변화할 수 있음을 전제로 해야 할 것이다.

2) 기술성: 교육 언어학이 기술성을 가져야 하는 것은 교육 언어학이 규범성을 가져야 한다는 부분과 모순되는 것처럼 보인다. 그러나 이들의 관계는 상호 보완의 관계에 있는 것이다. 규범이 언어 현실을 반영하기 어려울 때 기술은 언어 현실을 반영할 수 있다. 따라서 언어 현실에 벗어나는 언어 규범을 언어 현실에 적합하도록 기술하는 것은 언어의 적절한 사용을 위해서 필요한 것이다. 다만 이런 기술을 규범적으로 처리하거나, 규범들을 가능한 한도에서 언어 현실을 반영할 수 있도록 해야 한다는 점에서 규범과 기술은 상보적 관계일 수 있는 것이다. 또한 학습자의 발달에 따른 언어의 기술은 언어 교육에 필수적이다.10)

3) 생산성: 교육이란 더 많은 것을 알게 한다는 점에서 생산적이다. 교육 언어학은 언어 사용 기능을 신장시킬 수 있도록 기술되어야 한다는 점에서 생산성을 가진다. 학습자가 아직 경험하지 못한 언어 사용에 대해 새로운 언어 사용을 할 수 있도록 언어에 대해 제시한다면 이는 생산적인 것이며, 의사 소통 기능 향상을 고려한 언어학이라면 당연히 생산성이 있을 것이다. 다만 언어학이 생산성을 갖기 위해서 어떻게 기술되어야 하느냐는 많은 연구가 필요할 것이다.

4) 통일성: 중등 학교 학생에게 교육 언어학을 가르친다고 할 때, 다양하게 기술된 언어학을 제시할 수는 없을 것이다. 또한, 언어 교육의 결과가 각종 평가를 통해 우열을 가려야 하는 제도에 반영되어야 한다면 통일된 언어학이 아니고는 평가가 어려울 수 밖에 없다. 따라서

---

10) 이인섭(1986: 268)은 한국 아동의 문법 발달 지표를 제시하고 있는데 이에 의하면, 사동, 피동의 조작이 가능한 시기를 11-12세로 잡고 있다. 이 시기보다 너무 빠른 시기에 사동, 피동을 가르친다면 교육에 별 효과를 가져 오지 못할 것이다. 따라서 이런 언어의 기술은 언어 교육의 계획과 실천에 절대적 영향을 준다.

언어 교육이 언어학 교육을 의미하지는 않지만 언어 교육의 배경 지식
으로서 평가의 대상이 될 교육 언어학은 통일성을 가져야 할 것이다.
다만, 이 통일성이란 것은 언어에 대한 설명의 편리와 교육 제도 상에
나타나는 문제들을 해결하기 위해서만 필요한 것이다.

5) 간결성: 언어의 다양함을 완전하게 기술한다는 것은 가능하지도
않고 교육에 꼭 필요한 것도 아닐 것이다. 다만 언어의 기술이 완전하
려면 지나치게 복잡한 언어학의 기술이 필요할 것이며, 언어학의 기술
이 간결하다면 언어의 다양함을 제대로 기술하지 못할 것이다. 교육 언
어학이 국어 교육에 적용되려면 간결한 기술이 요구된다. 복잡한 기술
은 교수 학습에 도움을 주기 어렵기 때문이다. 따라서 간결하면서도 언
어를 완전에 가깝도록 기술하기 위해서 많은 연구가 필요할 것이다.

위와 같이 규범성, 기술성, 생산성, 통일성, 간결성 등이 교육 언어
학의 성격으로 필요한데 문제는 이들이 서로 조화되기가 어렵다는 것
이다. 규범성과 기술성11), 기술성과 통일성, 기술성과 간결성 등이 조
화를 이룬다는 것은 쉬운 일이 아니다. 이를 극복하여야 교육 언어학이
소기의 목적을 달성할 수 있을 것이며, 언어 교육과 언어학의 관계가
확립될 것이다. 기존의 언어학 가운데 교육 언어학에 많은 도움을 줄

---

11) "문법 교육의 당면한 과제는 문법 교육의 성격을 확고하게 결정하는 일이다. 지금과 같
이 기술 문법적 성격이냐, 아니면 규범 문법적 성격이냐에 따라 교육의 모든 면이 달라
질 것이기 때문이다. 특히 기술 문법적인 성격을 고수할 경우, 나날이 발전하는 언어학
이론을 어느 정도로 어떻게 발전시킬 것인가 하는 것이 논의의 중심이 될 것이고, 규범
문법적인 성격으로 보았을 때는 언중들의 문법에 대한 다양한 지식, 경험, 판단, 사용
등을 어떻게 통일된 규범 문법 내용으로 수렴하느냐 하는 것이 논의의 중심이 될 것이
다. 특히 남북의 통일에 대비하여 현재의 이질성을 어떻게 극복하여 국어 통일을 이루느
냐 하는 것은 남북의 국어학자들이 모든 학문의 역량과 지혜를 모아 반드시 해결해야 할
과제라 할 것이다(박영순, 1992: 744)".
규범성과 기술성의 문제는 위의 지적처럼 상반된다고 보아 왔다. 이를 상보적인 관계로
이끌기 위한 방법이 모색되어야 할 것이다.

수 있는 것과 전혀 도움이 안되는 것이 있을 것이며, 교육 언어학을 위한 새로운 언어의 기술이 필요하다. 따라서 언어 교육을 위한 새로운 방법으로 기술된 교육 언어학은 독립된 언어학으로서 그 필요성이 매우 높다.

3. 국어 교육을 위한 교육 언어학

3.1. 국어 교육 관련 언어학의 예

국어 교육에서 언어학이 관련을 갖는 것은 언어 교육에서 언어학이 갖는 관련과 큰 차이가 없을 것이다. 언어의 일반적인 성질과 언어 교육의 일반적인 성질이 국어의 경우에도 그대로 적용되기 때문에, 우리는 언어학이 국어 교육에 갖는 관련을 고찰함으로써 언어학과 언어 교육의 관련도 찾을 수 있을 것이다. 이제까지 생각하여 온 국어 교육에 도움을 줄 수 있는 언어학의 예를 살피면 다음과 같다. 물론 이런 예들은 일반적으로 국어학이 국어 교육에 관련된다고 볼 수 있는 지극히 초보적인 것으로 국어 교육에 언어학이 관련된다는 주장으로 쓰일 수 있을 뿐이다.

3.1.1. 용어

언어학 용어가 언어 교육에 필요한 경우가 있다. 언어학 용어가 모두 언어의 이해에 도움을 줄 수 있는데, 즉, 용어의 이해로써 그 용어가 나타내는 개념을 이해할 수 있을 뿐만 아니라 국어의 사용 기능을 이해할 수 있어 쉽게 그 언어의 사용법을 효과적으로 습득하게 할 수 있다.

이것은 언어학의 내용을 용어를 사용하여 국어 교육에 도움이 되게 하는 것이다. 어떠한 개념을 용어로 쉽게 전달함으로써 국어의 이해를 쉽게 하고, 그 사용법을 이해시키는 것이다.

쉬운 예로 어문 규정에서 이를 고찰하면 다음과 같다. 어문 규정을 가르친다는 것은 언어의 공적인 사용 기능을 갖추게 하기 위한 것이다. 이런 규정을 가르치는 규범적 언어 교수가 국어 교육의 주가 되어서도 안 되고, 또한 이런 것이 언어 사용 기능의 신장에 중요한 것은 아닐지 모른다. 그러나, 찾기 쉬운 예로 어문 규정의 교수와 언어학의 문제에서 국어 교육에 언어학이 필요한 경우를 찾아 보자는 것이다. 한글맞춤법에는 구개음화나 두음법칙과 같은 음성학 이론을 이용하여 이들 규정을 기술하고 있다. 이런 어문 규정에 나타난 용어는 그 용어의 문제점에도 불구하고 언어 이해에 도움을 주고 있다.

언어학 용어를 아는 것은 언어학 지식을 앎이며, 언어 현상에 대한 이해는 언어학을 앎으로써 이루어진다. 예를 들면 국어 교수에 도움을 주는 음운론을 용어를 이용해서 국어 교육에 관련시키는 경우다.

3.1.2. 음운론

음성 언어 사용 기능을 익히기 위해서는 음운에 대한 이해가 필요하다. 음운에 대한 설명은 음운론의 성과를 이용해야 하고, 새로운 언어를 배울 때 정확한 발음을 습득하기 위해서는 I.P.A.를 이용해야만 한다. 사회 규범에 맞는 음성 언어의 사용은 언어의 사회적 기능을 고려할 때 필수적이다. 정확한 음운에 대한 기술과 체계적인 설명은 이의 습득에 도움을 준다. 방언의 사용에 따르는 문제 중 많은 부분이 음운과 관련을 맺는다.12) 문자 언어 사용 기능의 교수에서도 음운론의 이

---

12) "방언은 나쁘고 표준어는 좋다"는 논의의 문제는 방언, 비어, 속어, 은어, 욕설의 기능을

해가 필요하다. 소리 글자는 소리나는 대로 표기하고, 표기 대로 읽으면 된다고 생각하기 쉽지만 실제로는 표기와 읽기는 어법에 맞도록 해야 한다. 이는 표기와 읽기를 배울 때 어법을 알아야 한다는 이야기가 된다. 바로 이 어법이 음운론의 연구 결과를 반영한 것임을 생각한다면 음운론의 관련 없이는 표기와 읽기를 바르게 할 수 없다는 것을 알게 한다.

3.1.3. 통사론

통사론은 그 기술이 얼마나 언어 현실을 잘 반영할 수 있느냐에 따라 국어 교육에 관련을 갖는 정도가 다를 것이다. 통사론이 국어 교육에 도움을 줄 수 있기 위해서는 국어 교육과 관련이 있는 문법이 개발되어야 할 것이다.

국어의 격조사에 대한 이론을 교육하고 이를 국어 사용에서 도움이 되도록 한다고 했을 때 일어날 수 있는 상황은 다음과 같이 가정할 수 있다. "주격 조사 '-이/-가'는 주어에 붙어서 앞의 체언이 주어가 됨을 나타낸다."고 했을 때, 여럿이 모인 장소에서 화자의 "나 간다."와 "내가 간다.", "나는 간다."의 상황에 따른 의미의 차이를 설명하기에는 무리가 따를 것이다. 이 때 '-가'는 단순히 '주격 조사'로서 '앞의 체언이 주어됨을 나타내준다.'고 볼 수 없기 때문이다. 이를 '격조사의 생략'으로 "나 간다."를 "내가 간다."와 같은 의미로 설명하면, 언어 사용에 문제가 생길 수밖에 없다. 따라서, 이런 문제를 극복한 통사론의 記述이 필요하고, 이런 문제가 해결된 통사론이 언어 교육에 사용된다면 언어 사용 능력의 신장에 도움을 줄 수 있다.

고려하지 않은 것일 수 있다. 본고에서는 표준어를 사용하여야 할 경우를 언급하는 것이다. 규범적 언어 교수와 규범에 맞는 언어를 사용해야 하는 경우를 고려한 것이다.

통사론이 국어 교육과 갖는 관련은 초등 학교에 입학하는 어린이가 국어 통사에 대한 올바른 사용 능력(설명할 수는 없겠지만 대다수의 말이 적절한지, 아닌지를 아는 능력)을 거의 모두 알고 있기 때문에 외국어 교육에서와는 그 비중이 다르겠지만 체계적인 언어 지식을 앎으로서 언어 사용이나 이해에 도움을 얻을 수 있다는 것이다.

3.1.4. 의미론

언어의 사용이란 문자 언어나 음성 언어 모두 그 형식에 의미를 전달하는 것으로 이루어진다. 따라서 언어의 의미에 대한 연구는 국어 교육에 관련을 갖는다.13) 예를 들면 어휘의 사용법을 배우는 데 있어서 "*풋배, *올고구마, *부자뱅이 등이 어색하거나 부자연스러움을 설명하는데 '의미 연구' 내용이나 결과가 필요(신현숙, 1989: 48−9)"할 것이다. 이들은 *풋배가 실제로 언중에게 쓰일 필요가 적고(풋과일은 먹을 수 있을 경우에만 사용되는 경향이 있는데 배는 풋배일 경우 딱딱해서 전혀 먹지 못함), *올고구마는 존재하지 않고(조생종과 만생종으로 구분되는 것이 아님), *부자뱅이는 접미사 '−뱅이'가 바람직하지 않다고 생각되는 경우에만 쓰이기 때문에 이들이 어색한 것이다. 이런 '의미 연구' 내용이나 결과가 국어 교육에 이용될 수 있는 것이다. 특히 어휘 의미론의 결과로 連語(collocation)에 대한 연구 결과는 적절한 어휘 사용에 큰 도움을 줄 수 있을 것이다.

위와 같이 국어 교육에서 언어학의 관련은 여러 면에서 언어 사용 능력을 기르는 데 도움을 줄 수 있음이 보인다. 다만 이 도움이 되는 언

---

13) 언어에 관한 모든 설명은 의미(meaning)에 관한 설명이며, 언어학자의 직무는 산 언어를 관찰하여 그가 이러한 설명을 가장 잘 할 수 있도록 해 줄 수 있는 이론, 즉 언어가 어떻게 작용하는가에 관한 이론을 창출해내는 것이다(차진순, 1987: 161−2). 따라서 언어 사용에서 의미는 매우 중요하며, 의미를 정확하게 파악하고 표현 전달하는 능력은 의미에 대한 지식에서 생긴다고 볼 수 있다.

어학을 좀더 효과적으로 국어 교육에 이용하기 위해서는 현재의 언어학 기술에 부족한 점이 많기 때문에 이를 극복해야 할 것이다. 그렇기 때문에 완전한 "국어 교육을 위한 언어학"의 개발이야 있을 수 없겠지만 국어 교육에 알맞는 언어학의 기술이 전제되어야 국어 교육에 효과적으로 언어학을 이용할 수 있을 것이다.

국어 교육이 언어학과 다르다면 국어 교육을 위한 이론을 찾아야지 언어학 이론으로 국어 교육을 하면 안 된다. 또한 국어 교육을 위한 언어학(교육 언어학)이 필요하다면 이를 개발하여야 할 것이다. 따라서 국어 교육에 필요한 언어학은 앞에서 기술한 바와 같이 언어 사용 능력을 신장시킬 수 있도록 기술되어야 한다. 그러기 위하여 교육 언어학의 독립과 교육 언어학자의 역할이 필요하다. 그리고 교육 언어학의 바탕 위에 언어 교육이 이루어져야 한다.

3.2. 국어 교육 문법의 개발

국어 교육을 위한 문법은 이제까지의 규범 문법에 그쳐서는 안 된다. 언어 사용 능력을 신장시킬 수 있는 문법이 되기 위해서는 이론 문법, 학문 문법에서 실용 문법으로서 의사 소통 능력을 길러줄 수 있는 국어 교육에 적절한 문법으로 이루어져야 한다. 이는 언어에의 접근 방법에서 기술에 이르기까지 기존의 문법 틀에서 벗어나 교육 문법(educational grammar)으로서의 국어 교육 문법이어야 한다. 이의 개발을 위해서 필요한 것은 국어 교육을 위해 필요한 언어의 기술에 대한 개발이 이루어져야 한다. 이런 언어의 기술은 언어 사용 행위와 관련되거나, 언어의 의사 소통 기능 향상을 위해 이루어진다.

의사 소통 능력 향상을 목표로 하는 국어 교육을 위한 문법에 필요한 생각 및 연구는 다음과 같다.

김경한(1972)은 학교 문법은 생활에 중심을 두어 언어 현실에 부합된 실제적이요, 체험적인 이론을 세워서, 그에 따라, 생활어의 통일을 꾀하고 나아가서는 그 생활어로 하여금, 앞으로 나아갈 바 바른 방향을 잡게 해 주는 데 의의가 있다고 하였으며, 이철수(1985)는 학문 문법과 학교 문법은 대립되거나 상치되는 것이 아니며, 학문 문법의 발달에 따라 보편적 규칙을 선택하고 정화하여 이를 교육적으로 지도 운용하는 것이 학교 문법인 것이라 하였다. 윤희원(1988: 14)은 학교 문법에서 다루는 규칙들을 언어 수행의 과정에 적용시킨다하여 의사 소통 능력 향상을 위한 문법으로서의 학교 문법을 논하고 있다. 이은희(1990)는 문법 교육이 상황 맥락을 고려하고, 전체 글로 범위가 확대되고, 기능과 의미 중심으로 나가는 면으로 변화되어야 한다고 하였다. 이은희(1993)는 텍스트 언어학적인 연구 방법을 취하여 접속 관계의 본질을 규명하였다. 김대행(1991)은 기존의 언어학이 언어 사용의 교육을 위한 설명에 무력하다고 하면서 언어학과 언어 교육의 괴리를 지적하였다. 서혁(1991)은 "형태론과 통사론 중심의 문법 연구는 문장의 분석과 이해라는 차원을 넘어서는 글(text)의 처리를 위한 학습 지도에는 큰 도움을 주지 못하고 있으며, 뚜렷한 지도 방안 또한 마련해 주지 못하고 있는 실정이다. 따라서 읽기 지도에 있어서 문장의 단위를 넘어서는 텍스트에 대한 관심은 자연스런 결과라 하겠다(서혁, 1991: 16)."면서 국어 교육을 위해서 텍스트에 관련된 문법 연구의 필요성을 제기하고 있다. 또한 서덕현(1992)도 "사회언어학에서 관심을 가지고 있는 사회적 요인과 같은 것은 국어의 경어법 기술에 도움을 된다(서덕현, 1992: 231)."면서 "앞으로는 문 안에서만이 아니라 담화 층위에서도 경어법의 호응 관계가 기술되어야 한다고 생각한다(서덕현, 1992: 251)."라며 학교 문법의 담화 층위에의 확대와 사회 언어학적인 기술의 필요성을 밝히고 있다. 주경희(1992)는 국어 대명사가 담화에서 어떻게 쓰이는가에 따른 분석을 통하여 기존의 문법과의 차이를 밝히고 이를 어떻게 교육할 것인가에 대한 연구를 통하여 담화 분석이 교육 문법에 필요함을 말하고 있다. 최영환(1991)은 교육 언어학의 필요성을 제기하고 있으며, 최영환(1992)는 교육 문법은 언어 사용을 고려한 문법이라야 한다고 주장하였다. 또한 학생들에게 모어를 가르치는 교사들을 위한 문법도 필요하며, 이의 기술은 교육 언어학의 구체적인 영역이 되어야 한다고 주장하였다.

위의 연구들의 공통점은 국어 교육의 주된 목표는 언어의 의사 소통 기능의 향상이며, 이를 위한 문법의 기술은 이제까지의 문장 단위의 규범적 문법으로서 언어학적 지식을 기술하는 문법이 아닌 실제 언어 사용에 관련된 언어 사용 관련 문법이 필요하다는 것이며, 또한 문장 단위를 넘어 텍스트, 담화와 관련된 문법의 기술이 필요하다는 점이다. 이런 문법의 기술은 이제까지의 학교 문법이 갖는 문제를 어느 정도 해소할 수 있을 것이다. 또한 이런 연구의 결과는 교육 문법을 어떻게 기술할 것인가에 대한 단서를 제공해 줄 수 있을 것이다.

교육 문법의 기술은 교육 언어학에 관련되어야 하고, 교육 언어학을 바탕으로 교육 문법의 기술이 이루어져야 할 것이다. 또한 교육 문법을 교육하기 위해서는 교육 문법의 교육 과정, 교재, 교수법, 평가 등에 대한 연구와 교육 문법을 가르칠 수 있도록 교사의 양성에 필요한 교과까지 개발되어야 할 것이다. 그러나 어떠한 문법 기술도 문제는 있을 수 있다는 점에서 교육 언어학에 입각한 교육 문법의 개발은 기존의 문제점을 줄인다는 의미를 가질 뿐이다. 언어는 변하고 교육은 언어의 변화를 바로 수용하여 교육할 수 없기 때문에 더욱 그러하다.

4. 정리

국어 교육과 언어학의 관계는 부정적 견해에도 불구하고 밀접한 관련을 맺는다. 국어 교육에서 언어학은 배제될 수도 없고, 또 배제되어서는 안 되는 것이다. 그러나 기존의 언어학은 국어 교육에 적절하게 기술되어 있지 않기 때문에 국어 교육에 큰 도움을 주지 못하고 있다. 이제까지의 언어학의 기술이 국어 교육에 큰 도움을 주지 못하였다면 그 이유를 밝혀 개선해야 한다. 그 주된 이유는 바로 이제까지의 언어학이 언어 교육을 위하여 기술된 것이 아니라는 데 귀착한다. 따라서 국어 교육에 알맞는 언어학인 교육 언어학의 개발이 필요할 뿐 아니라, 언어학 중에서 국어 교육에 역할이 크다고 할 수 있는 문법을 기술하기 위하여 또한 교육 문법이 필요하다는 것을 알 수 있다. 즉, 교육의 목적 및 정도에 적절하게 수정, 변화된 언어학 이론에 의해 교육 문법을 기술하고 이를 교육하기 위한 교육 문법의 교육 과정, 교재, 교수법, 평가 등에 대한 연구와 교육 문법을 가르칠 수 있도록 교사의 양성에 필요한 교과까지 개발되어야 할 것이다.

언어 사용 기능(의사 소통 기능)의 향상을 주요 목표로 하는 국어 교육에서 언어학은 언어 사용 기능을 향상시킬 수 있도록 개발되어야 하고, 교육 문법의 개발은 언어학을 국어 교육에 관련시킬 수 있는 방법 중에서 특히 필요한 일이다.

제 2 장

국어 교육 문법

1. 도입

광복 이후 오늘날까지의 국어과 교육은 대체로 언어 사용 기능, 언어학(언어 지식), 문학에 대하여 가르쳐 왔다. 새로운 교육 과정인 7차 교육 과정에서도 이 틀은 그대로 유지되는 것으로 보인다. 따라서 제도적 교육으로서의 국어과 교육은 "언어 사용 기능(말하기, 듣기, 읽기, 쓰기), 언어학('언어' 영역으로 국어학 또는 국어 지식으로 표현되기도 함), 문학"을 교육하는 것으로 인식되고 있다. 이 장에서는 국어과 교육으로서의 이런 기본 틀을 벗어나 "현 제도에서의 교과 교육"이 아닌 "언어 교육으로서의 국어 교육"으로 한정하고 논의하는 것이다.1) 국어 교육이 언어 교

---

1) 국어 교육에 문학이 무관하다는 것이 아니라 이 장의 기술에서 문학의 문제를 다루지 않는다는 것이다. 언어 교육에 문학이 왜 필요한가에 대한 많은 논의가 있는데 이들에 대한 것은 본 글의 성격에 벗어난다고 본다. 이 장에서는 국어 사용 능력의 신장을 위하여 국어 문법이 어떻게 관련을 갖는가에 주된 논의를 하기 위하여 언어와 국어의 여러 부분

육이라는 것을 전제로 할 때 우리는 언어 교육의 목표와 내용은 어떠해야 할 것인가를 논의해야 할 것이다. 그리고 나아가서 교육 방법과 평가 방법, 교재와 기타 관련되는 여러 부문을 다루어야 할 것이다. 이 경우 국어 교육에서는 언어 사용 기능의 교육과 언어학 교육이 필요한데 이 때의 언어학은 주로 '국어와 국어학'을 필요로 하고 보편 언어로서의 이해를 돕기 위한 '언어와 언어학'이 부차적으로 필요할 것이다.

Widdowson(1979), Corder(1979), Stern(1984), Stubbs(1988) 등은 언어학자가 기술하는 언어의 측면과 언어 교육에 필요한 언어의 측면은 다르기 때문에, 언어 교육에 수용되는 언어학 이론은 언어 교육의 목적 및 정도에 따라 적절하게 수정 변화되어야 한다고 하였다. 1990년대에 들어와 담화 분석이나 텍스트 언어학, 상황 의미론 등에 관련을 둔 국어 교육 방법에 관심이 쏠리면서 주경희(1992), 이은희(1993), 이종철(1993), 이삼형(1994), 이성영(1994), 서혁(1996) 등의 학위 논문은 국어 교육에 필요한 국어의 기술을 국어학의 성과와 연결 짓고 있다. 또한 이길록(1972, 1974), 이용주(1979), 이철수(1985), 민현식(1992), 이도영(1995)과 서울대 국어교육연구소의 1996년도 학술 세미나 〈언어 지식 영역의 체계화 연구〉, 한국국어교육연구회의 1997년도 연구 발표 대회 〈언어 지식 영역의 교수·학습〉 등이 국어 교육과 관련된 국어학(국어 지식)에 대한 연구들이다. 이와 같은 국어 교육에서의 언어학(언어 지식), 국어학, 국어 문법 등에 대한 연구는 앞으로의 이 방면 교육에 큰 도움을 줄 것이다. 이들의 대부분이 현 제도의 국어과 교육으로서의 국어 교육에서의 언어와 국어의 지식의 관련을 논하였다. 즉, 언어학과 국어학이 국어 교육에서 갖는 관련은 문화와 가치, 언어 사용 능력 신장, 고등 정신 능력(사고력) 신장, 언어 능력의 신장 등에 대한

또한 논의에서 제외됨을 밝힌다.

것으로서 본 장의 의사 소통 능력의 향상을 위한 국어 교육과 국어 문법의 관련에 대한 논의와는 차이가 있다.

국어 교육과 관련을 맺을 수 있도록 기술된 국어 문법만이 국어 교육에 관련된다는 가정에서 본 장의 기술은 시작한다. 또한 국어 교육의 주된 목표는 국어를 이용한 언어 사용 능력의 신장이며 이를 위한 문법은 실제 언어 사용과 관련한 문법이라는 입장에서 이에 관한 기초적인 고찰을 한다. 따라서 이제까지의 '교육 문법'이나 '규범 문법'의 문제들을 분석하고 이들 문제를 해결하기 위한 독자적인 국어 교육 문법을 기술하기 위한 기초적인 조건도 고찰한다. 이에 따라 국어 교육에 필요한 언어학(언어와 언어학)과 국어학(국어와 국어학)을 규명하고 국어 교육 문법의 위상과 성격, 국어 교육 문법 개발에 필요한 언어학 등을 고찰한다.

2. 언어 교육에서의 언어학

2.1. 언어 교육의 목표에 대한 견해

언어 교육은 Goodman et al.(1987: 171)에 의하면, ㄱ) 언어 학습 (learning language): 아동으로 하여금 더 효과적인 언어 사용자가 되게끔 도와주는 학습, ㄴ) 언어를 통한 학습(learning through language): 아동들이 사회적으로 바람직한 방향에서 의사 소통할 수 있도록 해 주기 위한 학습, ㄷ) 언어에 관한 학습(learning about language): 아동들에게 언어에 관한 지식과 술어를 제공함으로써 언어가 어떻게 작용하는지를 이해하고 논의하게 하는 학습으로 나눌 수 있다.

언어 교육의 목표로 언어를 통한 가치 교육, 문화 교육을 드는 것은 이들이 국어를 통하여 학습할 수 있는 것이지만 다른 교과를 통해서도 달성할 수 있는 것이기 때문에 언어 교육의 목표라기보다는 교육의 일반 목적으로 설정하는 것이 타당하다. 이는 국어 교육에서도 마찬가지이다. 국어 교육의 목적(성격)은 교육의 일반 목적의 하위 층위에 있으면서 다른 교과와 구별되는 대등한 특성을 보여 주는 것으로 제시하여야 한다(최영환, 1994: 85-6). 따라서 이런 언어 교육, 국어 교육에 대한 견해는 언어 교육, 국어 교육의 본연의 목적이 언어(국어) 사용 능력의 신장이라는 것을 전제로 할 때에만 가능하다. 그런데 우리 나라의 국어과 교육(현 제도의 교과로서의 국어 교육)에서는 언어 사용 능력을 신장시키고, 국어학, 문학을 가르쳐 가치 교육으로서의 민족 문화 창조에 이바지하는 것을 국어 교육이라고 규정짓고 있다(교육부, 1993: 27).

언어 교육의 목표로 다루어지고 있는 언어 능력 신장, 언어 사용 능력 신장, 고등 정신 능력(사고력) 신장에 대한 견해는 다음과 같다.

2.1.1. 언어 능력 신장

언어 능력은 언어를 사용하는 능력 이외에 다른 요소들을 포함한다. 언어 능력을 촘스키의 용어로 처리하면 1) 문법적인 표현과 비문법적인 표현을 판단하는 능력, 2) 무한수의 문법적인 문장을 이해하고 만들어낼 수 있는 능력, 3) 표면 구조가 서로 다른 문장이 동의(同意)임을 알아내는 능력, 4) 한 가지 문장이 (표면 구조상) 둘 또는 그 이상의 뜻으로 해석될 수 있음을 알 수 있는 능력을 가리킨다. 이럴 경우 이들 언어 능력은 선천적으로 갖고 있는 것임으로 언어 교육에서 이를 확대한다는 것은 쉽지 않으며 언어 교육의 목표로 정하기 곤란하다. 그러나 박수자(1991), 최영환(1992)은 1) 문법적 언어 능력(문법 구조와 어휘에 대한 앎), 2) 담화적 언어 능력(통일된 구어와 문어 텍스트 생산을 위해 문법 구조 결합 방식에 대한 앎), 3) 전략적 언어 능력(의사 소통 장애를 다루거나 수사적인 효과를 더하는 전략의 사용), 4) 사회언어학적 언어 능력(담화의 언어 사용에 대한 사회적 규칙에 대한 앎) 등으로 언어 능력을 기술하였는데 이 경우 우리는 언어 교육으로 이들 언어 능력을 확대하는 것이 가능하다. 그러나 언어 능력은 그 중 일부분만이 언어 사용 능력, 즉 의사 소통 능력에 필요하다고 볼 수 있기 때문에 언어 사용 능력의 신장을 목적으로 하는 언어 교육은 언어 능력의 신장을 목적으로 하는 언어 교육보다 그 내용이 줄어든다.

한철우 외(1994)는 국어과 교육의 목표는 언어 기능의 신장이 아니라 언(국)어 능력의 신장이어야 한다면서, 국어 능력은 언어 기능적 신장뿐만 아니라 국어학, 문학적 지식을 포함하며, 국어학과 문학을 통하여 길러지는 능력을 포함하며, 국어과 교육의 목표는 국어 사용 능력의 신장이 아니라 국어 능력의 신장이 되어야 할 것이라고 하였다(한철우 외, 1994: 5-6). 이는 국어 사용 능력의 신장보다 한 단계 위로 국어과 교육의 목표를 설정한 것이다. 이 경우의 언어 능력을 이루는 국어학, 국문학은 국어 사용 능력의 신장을 위해 필요한 부분과는 다른 많은 부분이 포함된다. 본고가 언어 사용 능력의 신장을 위한 문법에 대한 것으로 국한한 것은 바로 이러한 국어학, 국문학의 교육에 대한 논의를 제외한 언어 사용을 위한 국어 문법에 한정하여 기술하기 위함이다.

2.1.2. 언어 사용 능력 신장

언어 사용 능력의 주된 기능은 언어를 사용한 의사 소통일 것이다. 따라서 의사 소통 능력[2]을 신장하기 위해서는 많은 부분이 언어 교육

---

2) 이도영(1994 : 475-6)은 의사 소통 능력을 1) 사물, 사건, 현상 등을 바르게 지시할 수 있는 능력, 2) 타인과 합리적인 관계를 형성할 수 있는 능력, 3) 자신의 내부 세계를 진실하게 표현할 수 있는 능력, 4) 이해할 수 있는 능력(1), 2), 3)을 평가할 수 있는

에 의존해야 한다. 따라서 언어를 통한 의사 소통은 언어 사용과 밀접한 관련이 있다. 화자, 청자, 상황 맥락, 언어, 대상의 다섯 요소가 주로 의사 소통에 관여하는데 이들 요소간의 연결은 언어로서 가능하다. 즉, 언어를 매체로 하여 화자와 청자를 연결하는 의미 전달 매체, 상황과 맥락의 표현과 이해의 도구로서 언어가 필요한 것이다. 이도영은 언어 사용의 두 방향을 '언어로 의사 소통하는 행위'와 '언어로 사고하는 행위'로 나누고, 언어 사용 능력은 비언어적 요소를 언어적 요소와 관련시키는 능력(이도영, 1994: 474-5)이라 하였다. 본고와 관련이 있는 부분은 바로 언어로 의사 소통하는 행위인 언어 사용 능력이다. 바로 이 언어 사용 능력의 신장은 언어 교육으로서의 국어 교육, 언어 사용 능력을 신장하기 위한 국어 교육의 목표가 된다.

2.1.3. 고등 정신 능력(사고력) 신장

"지식은 사고에 도움을 주고 지식의 교육은 궁극적으로 사고력 교육이 된다. 그렇다면 언어 교육의 궁극적 목적은 사고력 교육이라고 할 수 있을 것3)"이라는 논리는 모든 교육을 사고력 교육으로 설명할 수

능력), 5) 언어 규범(규칙)을 알고 활용할 수 있는 능력으로 보았다. 이 중 5)는 언어 사용 능력의 신장에 문법이 필요하다는 것을 보여 주는 것이다. 의사 소통 능력(communicative competence)은 문법적 능력(grammatical competence), 화용적 능력(pragmatic competence), 사회언어적 능력(sociolinguistic competence)으로 이루어진다.

3) "언어 교육의 목적 중의 하나가 지적 훈련이라고 본다면 문법이나 문학사적 지식의 교육은 그 나름으로 타당성이 전혀 없는 것이 아니다. 지적 훈련은 오늘날의 사고력 신장에 다름 아니다. ……사고력 교육은 수학이나 과학 교육의 유일한 목적이거나 중심 목적은 아니지만 사고력 신장은 하나의 중요한 목적이거나 그들 교육의 한 방법일 수도 있다. 그렇다면 문법의 교육도 그것이 언어 과학일진대 사고력의 교육이 문법 교육의 한 중요한 목적일 수도 있다. 그런 의미에서 6차 교육 과정의 문법 교육이 발견과 탐구의 과정을 강조하고 있는 것은 타당하다."는 주장(한철우 외, 1994: 24)은 교육의 목적이 홍익 인간의 양성이라 한다면 모든 교과 교육의 목적을 홍익 인간의 양성이라고 하는 것과 같은 이상한 결론에 이르게 된다.

있을 것이다. 음악이나 미술 교육을 통하여 예술적 사고력을 기를 수 있다고 해서 예술 교육을 사고력 교육으로 처리한다면 거의 모든 교육이 사고력 교육으로 처리될 수 있을 것이기 때문이다. 그렇다면 교육의 궁극적인 목적을 사고력 신장으로 처리하고 모든 교육을 사고력 교육을 목적으로 한다는 기술은 문제가 있다. 만일 모든 교육이 살아가는데 도움을 주기 위해서라고 한다면 모든 교육을 다 같은 목적으로 설명할 수밖에 없기 때문에 이런 식의 기술은 문제가 있는 것이다. 교육법 제1조의 "교육은 홍익 인간의 이념 아래 모든 국민으로 하여금 인격을 완성하고 자주적 생활 능력과 공민으로서의 자질을 구유하게 하여 민주 국가 발전에 봉사하며 인류 공영의 이상 실현에 기여하게 함을 목적으로 한다."는 학교 교육의 목적 아래 이루어지는 모든 하위 교육의 목적을 서로 구분함이 교육법 1조와 같은 목적이라고 하고 국어 교육의 목적도 이와 같다고 말하는 것은 지나친 확대 해석이라고 본다. 마찬가지로 국어 교육의 목적을 고등 정신 능력의 신장으로 보는 것도 지나친 확대 해석이라 할 수 있을 것이다. 본고에서는 이런 국어 교육의 목적을 사고력 교육이라고 기술하는 것에 동의하지 않는다. 이보다 앞 단계인 언어 능력을 기른다거나, 언어 사용 능력을 기른다는 것이 고등 정신 능력(사고력)을 신장한다는 기술보다 타당하다고 생각하기 때문이다. 물론 국어 교육을 통한 사고력 교육도 가능하고 국어가 사고력을 신장하기 위하여 교육될 수도 있다. 그러나 교육의 일반적 목적이거나 모든 교과 교육과 공통되는 면을 특정 교과의 교육 목적으로 기술하는 것은 문제가 있다.

위와 같이 언어 교육의 목표에 대한 여러 견해를 고찰할 때 우리는 지나치게 언어 교육의 본질을 넓게 해석하고 있다는 느낌을 갖게 된다. 교과 교육으로서의 국어과 교육이 언어와 가치를 교육하거나 고등 정신 능력(사고력)을 신장시키거나 하는 것을 궁극적인 언어 교육의 목적으로 보기에는 우리가 지나치게 교육의 목적을 확대하는 것으로 보인다. 따라서 더 많은 연구가 있어야 되겠지만 이제까지의 국어 교육(과)의 목적이나 언어 교육으로서의 국어 교육에 대한 목적의 기술 방법에 대한 검토가 필요하다.

2.2. 언어학과 언어 교육의 관련

언어 교육은 "언어 사용 기능을 신장하는 것"을 주요 목표로 한다. 이와 같은 전제는 언어 교육에서 언어 사용 기능을 신장하기 위하여 언어학이 필요하다면 언어 교육에서 언어학의 교육도 필요하다는 합의를 도출하게 된다. 언어학이 언어 사용 기능의 향상을 위하여 도움이 될 수 있는가에 대한 연구를 살펴보면 다음과 같다.

2.2.1. 언어학이 언어 교육에 도움이 된다는 견해

언어학이 언어 교육에 많은 관련이 있고 언어학의 지식이 언어 교육에 도움이 된다는 견해는 다음과 같다.

Halliday 등(1964)에 의하면 언어학은 교사에게 1) 언어 기술과 평가, 2) 교수 자료 생산, 3) 언어 교육 과정 계획·연구, 4) 학습 결과 평가의 바탕을 제공한다고 하였다. Wilkins, D. A.(1972)는 언어학이 언어 교육에 1) 통찰, 2) 암시, 3) 적용을 줄 수 있지만 언어학자들의 모든 기술이 모두 그대로 학습 자료로 쓰일 수 있는 것은 아니라고 하였다. 이용주(1986)는 언어학이 언어 교육에 도움이 되는 면으로 1) 언어에 대한 전문 지식의 제공, 2) 언어관의 제시, 3) 언어관의 확립과 언어 교육에 기능·용법·지식을 제공, 4) 교육의 내용과 자료의 제공,

5) 교육 방법에 대한 시사를 들었다.

언어가 무엇인지 모르고 언어를 가르치는 일이 제대로 될 수는 없다. 언어가 무엇인지 정확하게 안 연후에 그것을 올바로 가르칠 수 있는 것이다. 또 언어의 기능과 용법에 관한 지식이 없이 언어 형식의 의미를 정확히 파악하기는 어려울 것이며 언어의 적절하고도 효과적인 사용은 더구나 어려울 것이다. 바로 이런 점에서 언어가 무엇이고, 언어의 기능과 용법, 언어 형식의 의미 등을 파악하기 위해서는 언어학의 성과가 언어 교육에 필요한 것이다. 따라서 언어학은 어떤 형태로든 언어학의 대상인 언어를 가르쳐야 하는 언어 교육에 관련을 갖는다. 언어는 규칙의 지배를 받으면서도 동시에 창조적이다. 모든 언어 교수 이론은 언어의 다른 부분을 희생하고, 어떤 부분을 강조하는 가공품으로 언어학은 언어에 대해 비판적 · 구성적으로 사고하도록 도움을 줄 수 있다.

2.2.2. 언어학이 언어 교육에 도움이 되지 않는다는 견해

이제까지의 언어 교육에 대한 언어학의 관련설에 대해 언어학이 언어 교육에 별 도움이 되지 않는다는 부정적 견해는 다음과 같다.

Bender(1935), Catherwood(1932)는 문법 규칙을 인용할 수 있는 능력은 문장을 작성할 때 문장 문법성을 향상시켜주지 못했으며, Ellen Fronger(1934)는 직접적으로 문법 교육을 받은 학생보다 자신이 쓴 작문을 신중하게 분석하는 것에 의해서 문장 구조를 배운 학생들이 더 잘 학습한다는 사실을 발표하였다. Evans(1939)는 문법 규칙을 먼저 가르치는 것보다는 이해에 도움을 주는 예문들을 사용하여 지도하는 것이 구두법의 교육에 더 효과적이라 했으며, Segal과 Barr는 1923년에 형식 문법과 응용 문법 사이에 관련성이 없다고 하였다 (Goodman, 1987: 171-6).

노명완 외(1990: 84-5)는 문법 교육과 국어 사용 기능 신장과의 관련에 대해, "문법을 배움에도 불구하고 학생들의 언어 생활에서 문법 학습의 효과는 나타나지 않는다. 학생들의 말은 문법을 배우기 이전의 말 그대로이며, 학생들의 작문도 마찬가지이다. 그 이유는 1) 학교 문법이 지나치게 규범적, 2) 문법의 유형에 따라 언어 생활에의 효과가 달라짐, 3) 문법의 지도 방법이 잘못됨이며, 아마 이 세 가지 가정이 모두 학교에서의 문법 지도가 언어 생활에 긍정적인 효과를 주지 못하는 이유가 될 수 있을 것이다."고 하면서 현행 학교 문법에 문제가 있다고 하였다. 기존의 언어학과 언어 교육에 관한 많은 연구들이 위의 인용과 비슷한 결론을 내리고 있다.

이들 부정적 견해의 약점은 이들이 실험 대상으로 사용한 문법이 언어 교육에 필요한 문법이 아닐 가능성이 크다는 것이다. 우리가 이미 알고 있는 바와 같이 기존의 문법은 기술의 방법이나 목적이 언어를 사용하는 기능을 높이는 데 있는 것이 아니라 언어의 현상을 여러 관점에서 정확하게 기술하는 데 있었다. 이 중에서 많은 부분은 언어 사용과 관련이 없는 것이다. 또한 교육적인 관점에서 언어를 기술하는 시도는, 언어 현실에 적합하다기보다는 교육의 편의를 위한 기술 태도를 가졌을 뿐 아니라 그 내용이 언어 현실과 동떨어지거나, 비과학적인 경우가 많은 규범 문법이었기 때문에 이를 배운 것이 언어 사용 기능에 눈에 띄는 효과를 가져 오지 못했을 것이다. 또한 저명한 국어학자가 惡文을 쓰고 앞뒤가 맞지 않는 발화를 하는 것을 예로 들어 문법과 언어 사용 능력의 관련성을 부정한다면, 이론과 실제의 차이 ― 아는 것과 행동하는 것은 별개라는 대답이 가능할 것이다. 또한 언어 능력에 대한 평가에 있어서도, 다른 지식의 측정과 달라 피험자의 경험의 총체가 평가 결과에 나타나기 때문에 적절한 평가를 할 수 없었을 가능성도 있다.

기존의 실험 결과를 그대로 받아 들이기 전에 그 실험의 문제점을 고려해서 결과를 해석하여야 한다. 언어 사용 기능의 신장에 필요한 잘 기술된 문법을 가르칠 수 있었을까에 대한 고려와, 제대로 평가할 수 있었을까에 대한 원론적인 의심4)을 가졌어야 한다고 볼 때, 위의 결과에 대하여는 그 결과를 그대로 수용하기가 곤란하다. 언어학과 언어 교육은 각기 나름의 연구 대상과 방법론을 갖는 별개의 학문이기 때문에, 언어학적 입장에서 제기되는 몇몇 문제들은 언어 교사에게는 무관한 것일 수 있고, 마찬가지로 언어 교육에서의 모든 양상이 언어학과 연관되는 것은 아니라는 관점(한정길, 1989: 88)에서, 우리는 이제까지의 연구가 이런 기본적이고 당연한 사실을 지나쳐 버린 것을 알 수 있다. 언어학이 언어 교육에 관련된 것이 아닐 때, 그 언어학은 언어 교육에 별 도움이 되지 않는 것이다.

2.3. 언어 교육에 관련되는 언어학의 분야

국어 교육에서 언어학이 갖는 관련은 언어 교육에서 언어학이 갖는 관련과 비슷할 것이다. 언어의 일반적인 성질과 언어 교육의 일반적인 성질이 국어의 경우에도 그대로 적용되기 때문에, 우리는 언어학이 국어 교육에 갖는 관련을 고찰함으로써 언어학과 언어 교육의 관련도 찾을 수 있을 것이다. 이제까지 생각하여 온 국어 교육에 도움을 줄 수 있는 언어학의 예를 살피면 다음과 같다. 물론 이런 예들은 일반적으로

---

4) 외국어 교육과 달리 국어 교육(모어 교육)의 성과는 객관적으로 평가하기가 곤란하다. 그 이유는 학습자의 '전 언어 생활의 결과'가 평가에 나타날 수 있기 때문이다. 따라서 현실 언어 생활에 부합하는 언어를 효과적으로 가르쳤다 하더라도 평가로써 교육의 결과를 측정하기가 어려울 뿐 아니라, 현실 언어 생활을 반영하지 못한 규범적인 언어 교육을 실시한 후 언어 학습 결과를 평가한다면 이는 많은 문제점을 가질 것이다. 물론 이런 문제들이 해결된다면 적절한 평가는 가능할 것이다.

국어학이 국어 교육에 관련된다고 볼 수 있는 지극히 초보적인 것으로 국어 교육에 언어학이 관련된다는 주장으로 쓰일 수 있을 뿐이다.

2.3.1. 어휘론

말하기, 듣기, 읽기, 쓰기 등을 분명하고 다양하게 하기 위해서는 문법 규칙이나 음운의 이해보다 어휘의 의미를 잘 알아야 한다. 사람들은 초등 학교 입학 시기에 음운이나 문법에 대하여 의사 소통에 지장이 없을 정도로 많이 알지만(물론 설명할 수는 없지만 언어 사용에서 적절한지 부적절한지를 안다), 어휘에 대하여는 극히 일부분만을 알고 있을 뿐이다. 불과 몇 천 어를 알고 있는 초등 학생과 십만여 어의 의미와 용법을 알고 있는 언어 전문가의 차이는 어휘력이 교육을 통하여 이루어짐을 알 수 있게 한다. 또한 모르는 어휘를 말이나 글에서 접할 때 우리는 이를 이해할 수 없으며, 어떤 의미를 표현하기 위하여 적절한 어휘를 찾지 못하여 제대로 표현하지 못하는 경우는 얼마든지 있다. 그러나 음운이나 문법을 몰라서 표현에 어려움을 나타내거나 이해에 어려움을 겪는 경우는 어휘의 경우에 비하여 매우 적을 것이다. 그렇다면 어휘 교육의 필요성은 음운이나 문법보다도 중요하고, 또한 독서에서만 특히 중요한 것이 아니라 언어 사용 기능의 모든 요소에서 어휘 교육은 절대적으로 필요하다 하겠다. 명태를 나타내는 어휘로는 명태어(전국) / 北魚(강원도, 경기 이남에서 말린 명태를 이름), 凍太(동해 연안), 鮮太(명태 상인들이 신선한 명태를 가리킴, 동해안) // 網太(그물로 잡힌 명태, 함남), 釣太(낚시로 잡은 명태, 함남), 江太(동해 연안에서 강원도 연안까지에서 잡힌 질이 나쁜 냉건품 명태, 동해 연안) / 杆太(동해 연안에서 강원도 간성 연안 사이에서 잡힌 명태의 냉건품, 동해 연안), 은어바지(어부들이 도루묵떼를 쫓는 명태를 가리킴. 함경도), 銀魚(함남), 더덕(살이 노랗고 푸근, 푸근한 최우량 냉건 명태(서울) // 黃太(강원도 고랭지에서 말린 질이 좋고 노란 명태) / 코다리(강원도에서 사용하는 말로 지금은 말린 명태의 상품명으로도 쓰인다.)가 있다.(정문기, 1977) 횡성 지방에서는 북어는 말린 명태를, 그대로인 명태를 생태로, 얼린 명태를 동태로 구분한다. 언어 사용자가 이들 어휘를 알지 못하면 말하기·듣기는 물론, 읽기, 쓰기도 곤란하다. 다시 말하면 표현 어휘로 이해 어휘와 같이 다양한 어휘를 사용하여 적절한 표현을 하려고 할 때 어휘의 부족은 적절한 표현을 불가능하게 한다. 간태(杆太)와 강태(江太)를 구분해서 표현해야 할 경우 이들 어휘의 차이를 알지 못하면 부적절한 표현이 될 수밖에 없다.

언어학 용어가 언어 교육에 필요한 경우가 있는데, 이는 언어학 용어가 모두 언어의 이해에 도움을 줄 수 있기 때문이다. 즉, 언중은 용어의 이해로써 그 용어가 나타내는 개념을 이해할 수 있을 뿐만 아니라 국어의 사용 기능을 이해할 수 있기 때문에 해당 언어의 사용법을 효과적으로 습득하게 할 수 있다. 이것은 언어학의 내용을 용어를 사용하여 국어 교육에 도움이 되게 하는 것이다. 우리는 어떠한 개념을 용어로 쉽게 전달함으로써 국어의 이해를 쉽게 하고, 그 사용법을 이해시키는 것이다. 하나의 예를 어문 규정에서 들어보면, 어문 규정을 가르친다는 것은 언어의 공적인 사용 기능을 갖추게 하기 위한 것이다. 한글맞춤법에는 구개음화나 두음법칙과 같은 음성학 이론을 이용하여 이들 규정을 기술하고 있다. 이런 어문 규정에 나타난 용어는 그 용어의 문제점에도 불구하고 언어 이해와 언어 사용에 도움을 주고 있다.

2.3.2. 음운론

음성 언어 사용 기능을 익히기 위해서는 음운에 대한 이해가 필요하다. 음운에 대한 설명은 음운론의 성과를 이용해야 하고, 새로운 언어를 배울 때 정확한 발음을 습득하기 위해서는 I.P.A.를 이용해야만 한다. 사회 규범에 맞는 음성 언어의 사용은 언어의 사회적 기능을 고려할 때 필수적이다. 정확한 음운에 대한 기술과 체계적인 설명은 이의 습득에 도움을 준다. 방언의 사용에 따르는 문제 중 많은 부분이 음운과 관련을 맺는다. 문자 언어 사용 기능의 교수에서도 음운론의 이해가 필요하다. 소리 글자는 소리나는 대로 표기하고, 표기 대로 읽으면 된다고 생각하기 쉽지만 실제로는 표기와 읽기는 어법에 맞도록 해야 한다. 이는 표기와 읽기를 배울 때 어법을 알아야 한다는 이야기가 된다. 바로 이 어법이 음운론의 연구 결과를 반영한 것임을 생각한다면 음운론의 관련 없이는 표기와 읽기를 바르게 할 수 없다는 것을 알게 한다.

　음운론과 관련하여 문자론은 구어를 문어로 전사(轉寫)한다는 면에서 중요하다. 음성·음운을 그대로 전사할 수 있을 때 구어를 문어로, 문어를 구어로 전환하는 데 도움을 줄 수 있으며 말하기의 교육이나 듣기·쓰기·읽기 등에 도움을 줄 수 있다. 따라서 다음과 같은 표기 방법은 문자론, 표기 방법에 대한 연구가 국어 교육에 어떻게 도움을 줄 수 있는가를 보여 준다.

(철자법)
'Yes, but I don't see why they should lose marks for this'

(음운적 전사)
// ɪ – **jes** // 4ˌbˀtaⁱ / dəᵘnt siⁱ / waⁱ ðeⁱ ʃˀd luᵘz / **maˀks** fˀ / ðis //

(음성적 전사)

ˈjɛs, bət aˌ ˈdoᴍnt sˌi ˈwaˌ ðeˌ ʃᴍd lᴍuz ˈmaːks fə ˈðis

음성학에서 음운론으로 이동할 때, 시각적 상징화의 필요성은 없어
지지 않으며, 규칙적으로 두 가지 음성적, 음운적 전사법을 모두 이용
할 수 있다. 이런 표기는 인간 발화의 일반적 설명과 특정 언어에 관한
비전문적인 언급 등과 같은 그러한 목적에 훨씬 더 적합하다.5) 우리는
만화에서의 표기 방법(신음, 큰 소리, 더듬거리는 말 등을 표기하는 방법)이 얼
마나 구어와 문어의 차이를 줄일 수 있는지를 잘 안다. 바로 이런 표기
방법을 더 개발하는 것이 언어 교육에 도움을 줄 수 있는 것이다.

2.3.3. 통사론

통사론은 그 기술이 얼마나 언어 현실을 잘 반영할 수 있느냐에 따라
국어 교육에 관련을 갖는 정도가 다를 것이다. 통사론이 국어 교육에
도움을 줄 수 있기 위해서는 국어 교육과 관련이 있는 문법이 개발되어
야 할 것이다.

국어의 격조사에 대한 이론을 교육하고 이를 국어 사용에서 도움이
되도록 한다고 했을 때 일어날 수 있는 상황은 다음과 같이 가정할 수
있다. "주격 조사 '-이/-가'는 주어에 붙어서 앞의 체언이 주어가 됨을
나타낸다."고 했을 때, 여럿이 모인 장소에서 화자의 "나 간다."와 "내가
간다.", "나는 간다."의 상황에 따른 의미의 차이를 설명하기에는 무리
가 따를 것이다. 이 때 '-가'는 단순히 '주격 조사'로서 '앞의 체언이 주
어됨을 나타내준다.'고 볼 수 없기 때문이다. 이를 '격조사의 생략'으로
"나 간다."를 "내가 간다."와 같은 의미로 설명하면, 언어 사용에 문제가

---

5) 이충우·주경희 역(1993: 86~9) 참조. 이런 전사 방법과 이용에 대한 기술은 표기의
색갈이나 濃淡·크기로 나타낼 수도 있을 것이다. 또한 음성이나 음운의 차이를 컴퓨터
를 이용하여 표기하는 방법을 생각할 수도 있다. 이 경우 문어와 구어의 차이를 감소시
킬 수 있을 뿐만 아니라 우리가 언어 교육에서 해결하지 못한 실제 언어와 문어의 괴리
를 해결할 수 있으리라 믿는다. 녹음 자료로 처리하는 경우 시간에 제한을 받는 문제를
시각 자료로 해결할 수 있는 것이다.

생길 수밖에 없다. 따라서, 이런 문제를 극복한 통사론의 기술이 필요하고, 이런 문제가 해결된 통사론이 언어 교육에 사용된다면 언어 사용 능력의 신장에 도움을 줄 수 있다.

통사론이 국어 교육과 갖는 관련은 초등 학교에 입학하는 어린이가 국어 통사에 대한 올바른 사용 능력(설명할 수는 없겠지만 대다수의 말이 적절한가를 아는 능력)을 거의 모두 알고 있기 때문에 외국어 교육에서와는 그 비중이 다르겠지만 체계적인 언어 지식을 앎으로서 언어 사용이나 이해에 도움을 얻을 수 있다는 것이다. 즉, 언중이 용인하지 못하는 언어 습관을 언중이 용인하는 언어에 맞게 가르치기 위하여는 학습자가 모어 화자일지라도 통사론이 필요하다. 우리는 규범에 맞게 모든 언어를 습득하는 것이 아니라 생활하면서 자신의 언어 규칙을 언중에 맞게 수정 보완하며 언어 규범을 익히는 것이다. 따라서 통사론은 모어 화자의 규범적 언어 교수에서도 필요하다.

2.3.4. 의미론

언어의 사용이란 문자 언어나 음성 언어 모두 그 형식에 의미를 전달하는 것으로 이루어진다. 따라서 언어의 의미에 대한 연구는 국어 교육에 관련을 갖는다.[6] 예를 들면 어휘의 사용법을 배우는 데 있어서 "*풋배, *올고구마, *부자뱅이 등이 어색하거나 부자연스러움을 설명하는데 '의미 연구' 내용이나 결과가 필요(신현숙, 1989: 48~9)"할 것이다. 이들

---

[6] 언어에 관한 모든 설명은 의미(meaning)에 관한 설명이며, 언어학자의 직무는 산 언어를 관찰하여 그가 이러한 설명을 가장 잘 할 수 있도록 해 줄 수 있는 이론, 즉 언어가 어떻게 작용하는가에 관한 이론을 창출해내는 것이다(차진순, 1987 : 161~2). 따라서 언어 사용에서 의미는 매우 중요하며, 의미를 정확하게 파악하고 표현 전달하는 능력은 의미에 대한 지식에서 생긴다고 볼 수 있다. 즉, 언어 행위에서 화자는 나타내고자 하는 '의미'를 언어 '형식'에 담아 전달(표현)하고 청자는 전달된 '형식'인 언어의 '의미'를 파악하여 수용(이해)하는 것이기 때문에 '의미'가 배제된 언어는 생각할 수 없다.

은 *풋배가 실제로 언중에게 쓰일 필요가 적고(풋과일은 먹을 수 있을 경우에만 사용되는 경향이 있는데 배는 풋배일 경우 딱딱해서 전혀 먹지 못함), *올고구마는 존재하지 않고(조생종과 만생종으로 구분하지 않음), *부자뱅이는 접미사 '-뱅이'가 바림직하지 않다고 생각되는 경우에만 쓰이기 때문에 이들이 어색한 것이다. 이런 '의미 연구' 내용이나 결과가 국어 교육에 이용될 수 있는 것이다. 특히 어휘 의미론의 결과로 연어(連語, collocation)에 대한 연구 결과는 적절한 어휘 사용에 큰 도움을 줄 수 있을 것이다.

  이상의 분야 이외에도 여러 분야가 언어 교육에 필요할 것이다. 화용론, 방언론, 문체론, 어문론, 언어 정책론, 언어 사용 이론 등이 언어 교육에 도움을 줄 수 있다.

3. 국어 교육 문법

3.1. 문법 교육과 교육 문법

  언어 교육과 언어학은 밀접한 관련은 있으나 서로 다른 분야임을 전제로 한다. 언어학은 다양한 목적을 가지고 기술되며, 각각의 목적에 따라 서로 다른 진술 방식을 가진다. 언어 교육을 위한 문법7)은 언어학자를 위해 쓰여진 문법과 다르며, 언어 병리학자(speech pathologist)를 위해 쓰여진 문법도 다른 것들과 상이하다(Halliday etc. 이충우·주경희 역, 1993: 196). 이렇기 때문에 이론 언어학과 교육을 위한 언어학은 다른 것이다. 이론 언어학을 교육하는 것을 언어학 교육, 교육을 위한

---

7) 본고에서의 문법은 넓은 의미의 문법으로서 형태론, 통사론, 음운론, 의미론, 언어 용법 등도 포함하는 개념의 문법이다.

언어학을 교육 언어학이라 하고 이 둘을 구별하는 것처럼 이를 문법에 적용하면 문법 교육, 교육 문법을 구별할 수 있다.

이철수는 "학교 문법은 '우리의 언어 생활에서 실제로 직면하는 언어적 사실의 일반적 질서, 곧 문법적 지식을 학습하고, 자신의 언어 생활을 반성하는 능력을 기르며, 동시에 정확한 언어 표현의 요령을 습득시키는 실용적이며 실제적인 의의를 지니는 기능 문법이다(이철수, 1985: 431).'라며, 학교 문법의 내용은 '순수한 문법 부문 자체에서 좀 이탈된 부문일지라도 언어 활동으로서의 표현과 이해의 능력을 기르는 것이 국어과 교육의 중요한 목표이므로 형태론과 통사론 뿐만 아니라 음운(음성을 포함한), 어휘 의미, 대우법, 정서법 등 언어 표현의 제상(諸相)에 관한 내용이 학습되어야 한다(이철수, 1985: 431~2).'고 하였다. 필자는 여기서 "언어 생활에서 실제로 직면하는 언어적 사실의 일반적 질서, 곧 문법적 지식"을 교육하는 것은 "문법 교육"으로, "자신의 언어 생활을 반성하는 능력을 기르며, 동시에 정확한 언어 표현의 요령을 습득시키는 실용적이며 실제적인 의의를 지니는 기능 문법'은 "교육 문법"에 가까운 것으로 보고자 한다. 이를 좀더 상술하면 다음과 같다.

3.1.1. 문법 교육

순수 국어학 교육도 포함되는 문법의 교육을 "문법 교육"이라 한다면 문법 교육의 대상인 문법은 주로 기존의 규범 문법이며 이는 언어의 사용과 관련된 문법이라고 보기보다는 순수한 언어의 규칙을 말하며 이럴 때 문법 교육은 "규범 문법을 교육하는 것"에 지나지 않는다. 김광해(1996)는 국어 교육의 목표는 (1) 언어 학습, (2) 언어를 통한 학습, (3) 언어에 관한 학습을 골고루 포함하여야 한다고 주장하며, (3)은 국어 지식 영역의 구체적인 교육 목표라고 주장하고 있다. 그리고 이론 언어학의 성과와 이를 단순화한 학교 문법을 교육적으로 다루어야 할 때 이제까지의 국어 교육에서와는 달리 국어 지식 전반을 새로운 방식으로 다루어야 한다고 주장하였다. 요컨대 국어 지식 전반을 새로운 방식으로 다루어야 한다는 것이다. 이는 순수한 문법의 교육을 말하며 국어 교육의 목표가 국어 사용 능력의 향상과 국어 문화 요소의 이해일 때 가능한 목표라고 볼 수 있다. 이제까지의 국어과 교육에서 이루어진 문법 교육이 대체로 김광해(1996)의 문법 교육에 해당한다고 볼 수 있다. 물론 문법 교육에서 순수한 국어 문법의 교육 이외에 의사 소통을 위한 교육 문법의 교육도 겸하여 이루어져 왔기 때문에 기존 문법 교육의 문법에는 교육 문법의 요소가 일부 포함된다.

3.1.2. 교육 문법

좁게는 언어 사용 능력 신장, 넓게는 언어 능력 신장을 위하여 개발된 문법을 "국어 교육(언어 사용 기능)을 위한 교육(용) 문법"이라 하고 이에 적절하게 언어의 규칙을 기술한 문법을 "교육 문법"이라 한다. 이에 관련된 국내의 연구를 보면 이길록은 문법 교육의 성격을 "문법 교육은 말을 매개로 한 이해 표현의 기능을 정확하게 효율적으로 하는 데 그 목적이 있으므로, 문법 이론을 가르치는 것이 아니고, 실용적 가치를 가진 곧 언어 생활에 유용하게 응용할 수 있는 문법을 가르치는 것(이길록, 1972: 385)"이며, "문법 지식은 실제의 언어 능력을 구사하는 데 유용한 가치성을 가진 것이라야 한다(이길록, 1972: 392)"고 하였다. 이 때의 문법 지식은 기존의 문법 지식과 달리 언어 교육을 위해 필요한 문법 지식으로 보아야 한다면 이는 언어 사용 기능 교육을 위한 "교육 문법(educational grammar)"이라 할 수 있고 이러한 언어학은 "교육 언어학(educational linguistics)"이라 할 것이다.

3.2. 국어 교육 문법의 위상

국어 교육 문법이 언어 사용 기능의 향상, 언어 능력의 향상을 위한 것임을 전제로 할 때, 국어 교육 문법의 위상은 "언어 사용 영역의 하위 분야"로 볼 수 밖에 없을 것이다. 물론 국어 사용 기능의 향상과 국어 문화를 교육해 온 국어과 교육의 입장에서는 언어학을 "언어 사용 영역의 하위 분야"와 "언어 사용 영역과 독립적인 것"으로 보는 두 경우를 합한 '언어 사용 기능을 위한 국어 지식'과 '독립적인 '국어 지식'을 모두 인정할 수밖에 없다. 즉, 국어과 교육에서는 '언어 사용 기능 교육을 위한 국어 지식'과 '국어 지식 교육을 위한 국어 지식'의 차이를 인정하며 따라서 두 경우 모두 필요하다는 것이다. 즉, 두 가지의 국어 지식이 존재할 수 있다고 보는 것이다. 이와 같이 국어 지식은 국어 사용 기능의 신장에 도움을 줄 수 있는 부분과 도움을 줄 수 없는 부분으로 나누어질 수 있기 때문에 국어학 교육의 위상은 국어 지식 자체의 가치만으로 존재한다고 보기는 어렵다고 본다. 그러나 본 글은 '국어 사용 기능의 향상을 위한 국어 교육'에 한정하였기 때문에 국어 교육 문법은 당연히 "언어 사용 영역의 하위 분야"로 보아야 하는 것이다.

국어학 교육은 국어과 교육의 목표 가운데 하나인 국어 사용 능력 신장을 도와주는 종속 영역으로서도 존재할 수 있고 국어학 자체로서 독자적인 문화 영역으로서 존재할 수도 있는 것이다. 따라서 국어과 교육에서 국어학 교육은 결코 '독자적인 국어학'만이거나 '국어 사용 기능 신장의 하위 영역'만이 아니라 두 가지 모두 중요한 것이라고 본다. '국어 사용 기능 의 신장을 위한 국어학'과 '독립적인 국어학'을 교육하기 위한 문법을 구별할 때 전자를 교육 국어학으로 다루고 후자를 순수 국어학으로 다루는 것이 타당하다고 생각한다. 왜 그런가 하면 '독립적인 국어학'은 교육적인 고려가 배제되었기 때문이다. 이때의 교육적인 고려란 '언어 교육으로서의 국어 교육'은 '의사 소통 능력의 향상'을 목표로 한다는 것을 전제로 한 것이다.

국어 교육 문법의 위상은 위와 같이 국어 교육의 성격을 어떻게 규정하고 국어 교육의 목표를 어떻게 정하느냐에 따라 달라지는 것이다. 기존의 논의가 주로 "국어과 교육으로서의 국어 교육"을 전제로 하고 논의되었으며 기존의 국어과 교육은 "국어학 + 국문학 + 국어 사용 기능"을 다루었기 때문에 자연히 국어 교육에서 문법의 위상이 "국어 사용 능력의 신장, 국어 능력 신장을 목표로 하는 국어 교육"에서의 문법의 위상과 다를 수 밖에 없었던 것이다. 후자의 경우는 문법이 "교육 문법으로서의 문법"이기 때문에 전자와는 다른 것이다. 따라서 국어 교육 문법의 위상은 (국어 능력 향상) 국어 교육에서 "언어 사용 능력의 하위 분야"일 수밖에 없다.

3.3. 국어 교육 문법의 성격

언어는 의사 소통의 목적으로 쓰인다. 이에 대한 지식은 화행론(speech act), 화용론(pragmtics), 담화 분석론(discourse anlysis) 등이 해당되는데, 이들에 의하여 학생들의 의사 소통 능력을 길러주는 '언어' 영역 기술이 가능할 것이다. 이제까지는 주로 '문법(grammar)' 위주의 교육에서 '이야기'와 관련된 기술이 많지 않았으나, 담화 분석론, 화용론 등이 앞으로 관심이 기울어져야 할 부분이다. 물론 이들이 모든 것을 해결해 주는 것은 아니고, 언어에 대한 이제까지의 모든 연구도 나름대로 언어 교육에 도움을 줄 수 있을 것으로 여겨진다. 다만, 이제까지의 문법이 기대에 비해 언어 교육에 큰 도움을 주지 못했기 때문에 교육에 보다 도움을 줄 수 있는 교육 문법이 필요하게 된 것이다. 따라서 언어 교육을 위한 문법은 언어 운용을 설명할 수 있어야 하고, 의사 소통 능력 향상과 관련이 있어야 한다.

국어 교육 문법의 요건으로 이성영은 규범성과 통일성, 교육적 유용성, 심리적 타당성을 들었다.(이성영, 1997: 21) 민현식은 '학교 문법이 실용성, 기능성, 규범성, 보편성, 간결성 등을 특징으로 한다는 점은 불변하다(민현식, 1992: 49)'고 하였다. 여기서의 학교 문법은 교육 문법의 개념과 큰 차이가 나지 않는다. 필자는 교육 문법의 요건으로 규범성, 기술성, 생산성, 통일성, 간결성이 있어야 할 것으로 보았다. 언어 생활에 도움을 주기 위하여 언어 현실을 제대로 기술한 문법이 필요하다는 생각에서 기술성을, 교육을 통하여 새로운 문법을 익혀 문법 능력을 확장시켜야 한다는 점에서 생산성을 조건으로 들었다. 이들 교육 문법의 성격은 언어 교육의 성격에 따라 중요도가 달라질 수 있다. 이들은 다음과 같다.

3.3.1. 규범성

교육 문법이 규범성을 가져야 하는 것은 언어 사용은 사회의 언어 사용 규범을 따르는 것이기 때문이다. 다만 이 규범은 맞다, 틀리다의 규범이 아니라 더 적절하다, 덜 적절하다의 규범이어야 할 것이다. 따라서 교육 문법의 규범성은 사회 언중이 용인할 수 있는 언어 사용법을 기술한다는 면에서 하나의 규범을 제시한다고 보아야 한다. 단, 이 규범은 변화할 수 있음을 전제로 해야 할 것이다.

3.3.2. 기술성

교육 문법이 기술성을 가져야 하는 것은 규범성을 가져야 한다는 부분과 모순되는 것처럼 보인다. 그러나 이 둘의 관계는 상호 보완의 관계에 있는 것이다. 규범이 언어 현실을 반영하기 어려운 반면 기술은 언어 현실을 반영할 수 있다. 따라서 언어 현실에 벗어나는 언어 규범을 언어 현실에 적합하도록 기술하는 것은 언어의 적절한 사용을 위해서 필요한 것이다. 다만 이런 기술을 규범적으로 처리하거나, 규범들을 가능한 한도에서 언어 현실을 반영할 수 있도록 해야 한다는 점에서 규범과 기술은 상보적 관계일 수 있는 것이다. 또한 학습자의 발달에 따른 문법의 기술은 언어 교육에 필수적이다.

3.3.3. 생산성

교육이란 더 많은 것을 알게 한다는 점에서 생산적이다. 교육 문법은 언어 사용 기능을 신장시킬 수 있도록 기술되어야 한다는 점에서 생산성을 가진다. 학습자가 아직 경험하지 못한 언어 사용에 대해 새로운 언어 사용을 할 수 있도록 언어에 대해 제시한다면 이는 생산적인 것이며, 의사 소통 능력 신장을 고려한 문법이라면 당연히 생산성이 있을 것이다. 다만 문법이 생산성을 갖기 위해서 어떻게 기술되어야 하느냐는 많은 연구가 필요할 것이다.

3.3.4. 통일성

중등 학교 학생에게 교육 문법을 가르친다고 할 때, 다양하게 기술된 문법을 제시할 수는 없을 것이다. 또한, 언어 교육의 결과가 각종 평가를 통해 우열을 가려야 하는 제도에 반영되어야 한다면 통일된 문법이 아니고는 평가가 어려울 수 밖에 없다. 따라서 언어 교육이 문법 교육을 의미하지는 않지만 언어 교육의 배경 지식으로서 평가의 대상이 될 교육 문법은 통일성을 가져야 할 것이다. 다만, 이 통일성이란 것은 언어에 대한 설명의 편리와 교육에 나타나는 문제들을 해결하기 위해서만 필요한 것이다. 규범이 여럿으로 달리 기술되지 않고 통일되어야 한다는 것이다.

3.3.5. 간결성

언어의 다양함을 완전하게 기술한다는 것은 가능하지도 않고 교육에 꼭 필요한 것도 아닐 것이다. 다만 언어의 기술이 완전하려면 지나치게 복잡한 문법의 기술이 필요할 것이며, 언어학의 기술이 간결하다면 언어의 다양함을 제대로 기술하지 못할 것이다. 교육 문법이 국어 교육에 적용되려면 간결한 기술이 요구된다. 복잡한 기술은 교수 학습에 도움을 주기 어렵기 때문이다. 따라서 간결하면서도 언어를 완전에 가깝도록 기술하기 위해서 많은 연구가 필요할 것이다.

위와 같이 규범성, 기술성, 생산성, 통일성, 간결성 등이 교육 문법의 성격으로 필요한데 문제는 이들이 서로 조화되기가 어렵다는 것이다. 규범성과 기술성, 기술성과 통일성, 기술성과 간결성 등이 조화를 이룬다는 것은 쉬운 일이 아니다. 이를 극복하여야 교육 문법이 소기의 목적을 달성할 수 있을 것이며, 언어 교육과 언어학의 관계가 확립될 것이다. 기존의 교육 문법에 많은 도움을 줄 수 있는 것과 전혀 도움이 안 되는 것이 있을 것이며, 교육 문법을 위한 새로운 문법의 기술이 필요하다. 따라서 언어 교육을 위한 새로운 방법으로 기술된 교육 문법은 독립된 언어학으로서 그 필요성이 매우 높다.

3.4. 국어 교육 문법의 개발에 필요한 언어학

국어 교육 언어학으로서의 국어 교육 문법이 개발되어야 하는 것은 작금의 국어 교육에서의 문법 교육이 국어학으로서의 문법, 순수 문법에 치우쳤기 때문에 국어 사용 기능의 신장에 별로 도움을 주지 못하였다는 반성과 함께 국어 교육으로서의 교육 언어학이 정립하기 위하여는 교육 문법의 기술이 이루어져야 하기 때문이다. 교육 국어학의 여러 분야 가운데 특히 교육 문법이 중요한 것은 언어 사용 규범으로서의 언어 사용 규칙인 교육 문법이 다른 분야보다 국어 교육에서 더욱 효과적으로 국어 사용 능력을 신장시킬 수 있으리라는 가정에 근거한다.

이러한 중요성을 가진 국어 교육 문법을 개발하는 데 필요한 언어학은 기존의 국어 교육에 원용됐던 언어학 이외에도 다음과 같은 언어학이 도움을 줄 수 있다. 이에 대하여 고찰하면 다음과 같다.8)

3.4.1. 기능주의 언어학(functional linguistics)

기능주의 언어학은 언어를 의사 소통(communication) 상에서의 기능에 의해 설명하는 것이다. 기능주의 언어 이론은 언어는 근본적으로 의사 소통의 도구이며, 의사 소통 혹은 담화의 여러 가지 기능이나 의미가 언어의 구조나 형태를 결정하는 데 중요한 역할을 한다고 믿는다. 따라서 어떤 형태가 어떤 의미 및 담화상의 기능을 가지고 쓰이는가에 관심이 있으며, 문법적인 현상을 지배하는 담화 화용론적 혹은 인지적 원리들을 찾아내고 이들을 체계화하려고 노력하고 있다. 또한 언어는 반복되는 의사 소통의 양식(patterns)이나 전략(strategies)이 습관화되고 제도화됨으로서 생긴다고 생각한다.(G. Lakoff, 1991: 55) Kuno의

---

8) 장석진 엮음(1994)에 나타난 현대 언어학에서 국어 교육 문법의 개발에 도움이 된다고 생각한 언어학들을 참고하였다. 이들 이외에도 여러 언어학이 교육 문법의 개발에 도움을 줄 수 있을 것이나 이곳에서 언급된 언어학에 국한하기로 한다. 기존의 언어학이 국어 교육에 도움을 주는 것에 대하여는 이제까지 나타난 문헌에서 찾아 볼 수 있다. 특히 구조 언어학과 생성 언어학이 언어 교육에 주는 도움에 대하여는 K. C. Diller(1971)가 있다.

기능 통사론에서 문법 현상들이 부분적으로는 구조에 따르는 형식적 원칙에 지배를 받지만, 상당 부분은 이들이 의사 소통 과정에서 가지는 담화상의 기능에 의해 지배를 받는다고 주장한다. 담화 화용론적 기능론은 의미 혹은 담화 화용론적 기능과 밀접한 관계가 있다는 주장이다. Dik의 기능 문법은 언어의 구조를 세 가지 기능의 결합에 의하여 기술하고 생성한다. 즉, 의미적 기능, 통사적 기능, 화용적 기능이다. 의미적 기능은 행위자, 피영향자, 목표와 같은 어떤 사건이나 사태에서 개체들이 담당하는 역할을 나타낸다. 문법적 기능은 주어나 목적어 같은 개체들이 문장에서 담당하는 통사적 역할을 규정하며, 화용적 기능은 주제(topic)나 초점(focus) 등 담화의 현장에서 개체들이 가지는 정보 가치를 나타낸다(박승윤, 1994).

일찍이 이길록은 학교 문법은 실생활의 언어 기능에 역점을 둔 기능 문법이라야 한다면서 기능 문법이란 '언어 생활에 있어서 표현, 이해의 실천 과정에서 문제 해결의 가치를 가진 문법'이며, '기능 문법은 언어 능력을 개발할 수 있는 유용한 문법 사항을 선택하고, 교육적 가치를 가진 중요한 문법 사실을 가진 언어 현상에 먼저 접촉 또는 관심을 갖게 하여 언어상의 법칙을 발견케 하는 귀납 방식을 그 원리로 삼아야 한다(이길록, 1972: 394)고 하였다.

3.4.2. 인지 문법

이 모형은 언어를 독립적이라 생각하지 않고, 그래서 이것은 인지 과정의 언급 없이 기술될 수 있다고 생각하지도 않는다. 문법 구조는 원래부터 상징적인 것으로, 개념 내용을 구조화하고 이것을 관습적으로 상징한다. 어휘부, 형태, 통사는 상징 단위의 연속 변차선을 이루므로, 이들은 인위적으로만이 별개의 부분으로 나누어질 수 있다. 그러므로 의미를 생각하지 않고 문법 단위를 분석하는 것은, 낱말의 뜻을 빼놓는 사전을 만드는 것만큼이나 무용한 것이다. 둘째 이유로, 의미 구조의 가치는 생각하는 상황의 내용뿐만 아니라 이 상황이 어떻게 구성되고 해석되느냐를 반영하기 때문이다(이기동, 1994).

3.4.3. 텍스트 언어학

텍스트 언어학은 연구 영역을 문장의 층위 이상으로 확대시키는 것이다. 많은 언어학자들은 하나의 텍스트가 문장의 한 연쇄일 뿐만 아니라 화행의 한 연쇄로 파악될 수 있다고 믿고, 화행 연쇄의 분석에 관심을 기울였다. 이들은 영국의 화행 이론에 연결시켜 어떠한 개별적인 표현들이 기능의 관점에서 분석되고 발화의 내용이 참이냐 거짓이냐 하는 문제뿐만 아니라 우리가 발화를 통하여 만드는 의미 내용이 경고, 위협, 약속, 명령, 질문의 어디에 속하는가 하는 문제에 관심을 기울였다(고영근, 1994).

3.4.4. 통합 문법론

통합 문법론(unified theory of grammar)은 문 단위의 문법을 확장한 담화와 화용의 양상을 체계적으로 포괄하는 통합된 문법 이론이다. 통합 이론은 문문법과 별개인 담화 문법을 설정하는 것이 아니며 단일문의 영역과 단일 화자의 경계를 넘는 담화의 특성을 반영하는 문법이다. 따라서 문문법의 확장으로 파악하는 이런 담화와 화용의 문법을 담화 문법(discourse grammar)이라 부를 수도 있다(장석진, 1994).

텍스트 언어학과 통합 문법론은 텍스트·담화 문법으로 국어 교육에서 연구되기 시작하여 주경희(1992)의 '국어 대명사의 담화 분석적 연구', 이은희(1993)의 '접속 관계의 텍스트 언어학적 연구', 이삼형(1994)

의 '설명적 텍스트의 내용 구조 분석 방법과 교육적 적용 연구' 등의 학위 논문에서 국어 교육을 위한 국어의 기술로 다루어졌다. 이들은 이제까지의 문장 문법에 바탕을 둔 국어 교육을 위한 문법은 담화·텍스트 문법에 바탕을 두어야 한다고 주장하였다.9) 물론 이 의견이 갖는 한계는 있을 것이나 기존의 교육 문법이 언어 사용 능력을 신장하는 데 실패한 이유 중의 하나로 문장 단위의 문법 기술에 의존하였기 때문임을 고려하면 국어 교육 문법의 개발에 담화·텍스트 언어학이 도움을 줄 가능성이 크다 하겠다.

3.4.5. 전산 학습론과 전산 언어학10)

컴퓨터를 이용한 국어 교육의 가능성은 비단 어문 규정이나 규범 문법에 어긋난 글을 정정할 수 있는 데서 벗어나 적절한 언어 표현을 가르치고 이에 상응하는 훈련을 시킬 수 있는 프로그램의 개발이나, 국어 교육에 필요한 정보를 제공하거나, 컴퓨터를 이용한 여러 학습 방법을 제공할 수 있다. 따라서 전산 학습론은 국어 교육에 많은 도움을 줄 수 있다(김한곤, 1994). 전산 학습론은 구어와 문어의 표현 효과의 차이를 극복하는 방법을 개발할 수 있는데 예를 들면 문어를 구어로 옮기거나 구어를 문어로 옮길 때 처리하기 힘든 음운적인 문제들을 해결할 수 있는 것이다. 또한 2개 국어 이상을 번역(통역)하는 일을 컴퓨터의 도움으로 이룰 수 있다. 이렇게 하기 위하여는 번역 기계의 개발이 필요한데 각 언어의 동의 관계, 다의 관계 등 의미의 문제가 단순한 형태나

---

9) 담화·텍스트 언어학의 연구와 함께 학교 문법(고등 학교 문법 교과서)에서 이야기 문법이 기술되면서 이에 대한 관심이 높아지고 있다.

10) 이 때의 전산 언어학은 컴퓨터 언어를 다루는 '전산 언어학'과는 달리 컴퓨터를 이용한 언어학의 문제를 다루는 언어학으로서의 '전산 언어학'이기 때문에 용어에 대한 충분한 검토가 필요하다.

음운으로 구분될 수 없기 때문에 완벽한 번역을 기계에 의존할 수는 없을 것으로 보인다. 언어는 다양하고 이들이 갖는 복잡성은 어느 한 가지 이론으로 설명할 수 있는 것이 아니기 때문이다. 아주 기초적인 번역의 문제도 기계가 완벽하게 할 수 있으리라곤 믿지 않지만 인간의 의미 해석도 또한 그렇게 완벽하지 않음을 고려할 때 우리는 기계의 도움으로 번역을 보다 잘 할 수는 있을 것이다. 구어와 문어의 차이, 언어 사용자에 따른 차이, 언어를 번역하기 등에 따르는 복잡한 문제들을 컴퓨터를 이용하여 조금이라도 해결할 수 있다면 이를 이용한 국어 교육이 더욱 효과적일 수 있다. 이 경우 전산 학습론의 응용이 요구된다. 기초적이고 기본적인 음성·음운을 전사(轉寫)하기 위한 프로그램의 개발이나 번역 프로그램의 개발은 컴퓨터 관련 학자들과 언어학자, 언어 교육자들의 공동 연구로 가능하다고 하겠다. 이 경우 우리는 전산 언어학이라는 용어를 사용해야 할 것이다.

이들 언어학 이외의 많은 언어학이 국어 교육에 도움을 줄 수 있지만 몇 예만 들었을 뿐이다. 기존의 국어 교육을 위해 원용된 많은 언어학들과 위에 거론된 언어학들을 이용하여 언어 사용 능력 신장을 가능하게 하는 기술 방법을 적절히 개발하여 국어 문법 기술에 원용하면 국어 교육 문법의 개발이 가능할 것으로 보인다. 기존의 학교 문법이 갖는 한계를 극복할 수 있는 언어학적 기술이 가능할 때 우리는 언어 사용 능력을 신장할 수 있는 문법을 개발할 수 있을 것이다. 언어 사용의 다양한 요인을 고려하여 문법을 기술하고 그 기술이 언어 사용 능력을 신장할 수 있게 하기 위한 기술 방법의 개발은 국어 교육 문법 개발의 전제 조건이다.

4. 정리

　본 장은 국어 교육을 위한 교육 문법으로서의 국어 교육 문법에 관한 글이다. 국어 교육과 관련을 맺을 수 있도록 기술된 국어 문법만이 국어 교육에 관련된다는 가정에서 본 장의 기술은 시작하였다.

　국어 교육의 주된 목표를 국어를 이용한 언어 사용 능력의 신장으로 보고 이를 위한 교육 문법은 어떠해야 하는가를 고찰하기 위하여 교육 문법의 위상과 성격, 국어 교육 문법 개발에 필요한 언어학 등을 고찰하였다. 언어학이 언어 교육에 관련된 것이 아닐 때, 그 언어학은 언어 교육에 별 도움이 되지 않는 것이다. 따라서 언어 교육에 필요한 언어학의 개발이 필요하다.

　언어 교육에 관련되는 언어학의 분야는 1) 어휘론, 2) 음운론, 3) 통사론, 4) 의미론 이외에도 화용론, 방언론, 문체론, 어문론, 언어 정책론, 언어 사용 이론 등이 언어 교육에 도움을 줄 수 있다. 이론 언어학을 교육하는 것을 언어학 교육, 교육을 위한 언어학을 교육 언어학이라 하고 이 둘을 구별하는 것처럼 이를 문법에 적용하면 문법 교육, 교육 문법을 구별할 수 있다. 좁게는 언어 사용 능력 신장, 넓게는 언어 능력 신장을 위하여 개발된 문법을 "국어 교육(언어 사용 기능)을 위한 교육(용) 문법"이라 하고 이에 적절하게 언어의 규칙을 기술한 문법을 "교육 문법"이라 한다. '국어 사용 능력의 향상을 위한 국어 교육'에 한정하였을 경우 국어 교육 문법은 당연히 "언어 사용 영역의 하위 분야"로 보아야 하는 것이다. 이는 국어 교육의 목표가 달라질 때 당연히 그 위상이 달라진다. 국어 교육 문법의 성격으로는 1) 규범성, 2) 기술성, 3) 생산성, 4) 통일성, 5) 간결성을 들 수 있다.

　국어 교육으로서의 교육 언어학이 정립하기 위하여는 교육 문법의 기술이 이루어져야 하기 때문에 국어 교육 문법의 개발에 필요한 언어학을 고찰하였다. 교육 국어학의 여러 분야 가운데 특히 교육 문법이 중요한 것은 언어 사용 규범으로서의 언어 사용 규칙인 교육 문법이 다른 분야보다 국어 교육에서 더욱 효과적으로 국어 사용 능력을 신장시킬 수 있으리라는 가정에 근거한다. 이에는 기존의 국어 교육에 원용돼 온 언어학 이외에도 1) 기능주의 언어학(functional linguistics), 2) 인지 문법, 3) 텍스트 언어학, 4) 통합 문법론, 5) 전산 학습론과 전산 언어학 등이 있다.

국어 교육 문법의 개발을 위하여는 많은 국어학, 국어학과 국어 교육, 국어 교육학을 전공한 학자들의 공동 연구가 필요할 것이다. 이들의 공동 연구로 국어 교육의 목표인 국어 사용 능력의 신장을 도울 수 있는 국어학의 기술과 기술 방법에 대한 많은 검토가 이루어져야 국어 교육 문법이 개발될 수 있을 것이다.

제 3 장

국어과 '문법〔국어 지식〕' 영역의 지도

1. 본질

국어 교육에서 문법 교육은 '언어, 언어와 국어에 대한 지식'을 다루기 때문에 언어, 언어학, 국어학에 해당하는 부분이 주로 다루어진다. 따라서 언어〔국어〕에 대한 기본 지식, 개념, 원리, 규범 등이 필요하다. 즉 7차 국어과 교육 과정에서 문법은 국민 공통 기본 교육 과정의 '국어 지식'과 심화 선택 과목의 '문법'으로 구성되는데 '국어 지식' 영역은 '문법' 영역과 일치하고 따라서 '국어 지식' 영역은 '언어와 언어에 대한 지식'의 영역이다. 교육 과정에 나타난 '국어 지식' 영역의 목표는 "언어의 본질을 총체적으로 이해하고, 국어를 정확하고 효과적으로 사용하며, 국어 문화를 바르게 이해하고, 국어의 발전과 민족의 언어 문화 창달에 이바지 할 수 있는 능력과 태도를 기른다."로 요약할 수 있다. 이러한 '문법〔국어 지식〕' 영역은 '문학' 영역과 함께 내용 중심 국어 교육

관에서 중시하는 부분임으로 과정 중심 국어 교육관에서 중시하는 '언어 사용 기능' 영역과 달리 교사 위주의 지식 전달 수업이 행해져 왔으며, 또한 교과서나 기존의 규범을 절대시해 왔기 때문에 사고력 향상에 별 도움이 되지 못하였을 뿐 아니라, '언어 지식은 언어 현상 자체를 탐구하는 학문'으로서의 제구실을 못하고 현실과 부합하지 않는 지식을 전하는 경향도 있었기 때문에 '문법〔국어 지식〕' 영역의 교육은 오래도록 비난을 받아 왔다. 또한 이제까지의 국어 교육이 내용 위주로 이루어져 왔기 때문에 '문법〔국어 지식〕' 영역이 '언어 사용 기능' 영역보다 강조되었고 효율적인 국어 활동을 위한 능력을 기르기보다는 단순한 지식의 전수에 그치는 국어과 교육이 이루어지기도 하였었다.

현행 중·고등 학교의 언어 지식에 관한 교육은 문법으로 다루어진다. 따라서 '국어 지식' 영역의 성격은 '문법' 영역의 성격과 분리하여 다룰 수 없다. 이는 용어상의 문제일 수도 있으나, 본 장에서는 '국어 지식 = 문법'의 관점에서 설명되고 있다.

기존의 문법(언어 사용시 지켜야 할 언어 규범의 집합. 특정 개별 언어를 이용한 표현과 이해를 가능하게 해 주는, 청자와 화자에게 내재되어 있는 체계) 교육이 갖고 있는 결정적인 문제는 이들이 교육 대상으로 사용한 문법이 언어 교육에 필요한 문법이 아닐 가능성이 크다는 것이다. 우리가 이미 알고 있는 바와 같이 기존의 문법은 기술의 방법이나 목적이 언어를 사용하는 기능을 높이는 데 있는 것이 아니라 언어의 현상을 여러 관점에서 정확하게 기술하는 데 있었다. 그런데 교육적인 관점에서 언어를 기술하는 시도는, 언어 현실에 적합하다기보다는 교육의 편의를 위한 기술 태도를 가졌을 뿐 아니라 그 내용이 언어 현실과 동떨어지거나, 비과학적인 경우가 많은 규범 문법이었기 때문에 이를 배운 것이 언어 사용 기능에 눈에 띄는 효과를 가져오지 못했을 것이다. 또한 언어 능력에 대한 평가에 있어서도, 다른 지식의 측정과 달라 피험자의 경험의 총체가 평가 결과에 나타나기 때문에 적절한 평가를 할 수 없었을 가능성이 있다. 기존의 실험 결과를 결과 그대로 받아 들이기 전에 그 실험의 문제점을 고려해서 결과를 해석하여야 한다. 언어 사용 기능의 신장에 필요한 잘 기술된 문법을 가르칠 수 있었을까에 대한 고려와, 제대로 평가할 수 있었을까에 대한 원론적인 의심을 가졌어야 한다고 볼 때, 위의 결과에 대하여는 그 결과를 그대로 수용하기가 곤란하다는 생각을 버릴 수가 없다. 언어학과 언어 교육은 각기 나름의 연구 대상과 방법론을 갖는 별개의 학문이기 때문에, 언어학적 입장에서 제기되는 몇몇 문제들은 언어 교사에게는 무관한 것일 수 있고, 마찬가지로 언어 교육에서의 모든 양상이 언어학과 연관되는 것은 아니라는 관점을 고려할 때, 우리는 이제까지의 연구가 이런 기본적이고 당연한 사실을 지나쳐 버린 것을 발견할 수 있다. 언어학이 언어 교육에 관련된 것이 아닐 때, 그 언어학은 언어 교육과 별 관련이 없는 것이다.

'7차 국어과 교육 과정의 국어지식' 영역의 성격, 목표, 내용을 살피면 다음과 같다.

1.1. 성격

문법에 해당하는 7차 국어과 국민 공통 기본 교육 과정의 '국어 지식' 영역의 성격을 정리하면 "'국어 지식'은 언어와 국어에 대한 기본적인 지식을 바탕으로 언어 현상을 탐구하고 국어 생활에 활용하는 능력을 기르는 영역이고, '국어 지식' 학습은 언어 현상에서 규칙을 찾아 내는 탐구 학습 활동을 중심으로 하되, 학습한 지식을 국어 사용 상황에 적용하는 활동을 강조한다."이다.

국어 교육의 목표는 학습자에게 국어의 사용 능력을 신장시켜 국어 생활을 보다 효율적으로 영위하게 하는 것이다. 이를 위하여는 국어를 효과적으로 가르쳐야 하고 국어를 효과적으로 가르치기 위해서는 국어와 관련된 여러 내용을 가르쳐야 한다. 국어 교육에서 언어에 대한 지식을 가르치는 것은 언어에 대한 지식을 앎으로서 보다 효율적인 언어 생활을 영위할 수 있기 때문이다. 언어에 관한 지식을 국어 교육의 내용으로 다루기 위해서는 국어 교사가 "언어에 관한 지식 교육(문법 교육)"에 대한 지식을 갖춰야 하는 것을 전제로 한다. 또한 언어에 관한 지식 내용(문법)이 교육 과정과 교과서에 반영되어야 할 것이다.

학교 문법은 다른 문법과 구분되며 규범 문법과는 가장 비슷한 성격을 갖는다. 학교 문법이 갖는 특성은 규범성, 실용성, 통일성이다(이용주, 1987: 16). "언어와 국어에 관한 일반적인 지식"은 '언어학, 국어학'에 해당하며 이는 독립된 교과목인 '문법'의 내용이기도 하다. 따라서 성격의 기술을 '문법'이란 용어를 사용하면 다음과 같다.

1.1.1. 규범성

문법은 말과 글을 올바로 사용하는 규칙이고, 문법 교육은 이 규칙을 가르치는 것이라면, 문법 규칙은 규범성을 띨 것이다. 규범성은 문법 교육에서 지나치게 절대시되어 왔다. 학교 문법은 언어 교육의 규범으로 이의 규범 규칙과 사용 금지의 규칙이 피교육자에게 절대적으로 지켜지도록 요구되었다(이용주, 1987). 그러나 언어는 변하는 것이고 규범 또한 언어 현실을 반영하는 것이라면 현실에 맞게 변해야 하는데, 학교 문법은 지나치게 보수적이어서 언어 현실에 어긋난 규범을 강요하는 잘못이 많았다. 따라서 문법 교육에서의 규범성은 언어 생활을 보다 효율적으로 운용하기 위한 교육 목표에 맞게, 지나친 보수성을 버리고 현실을 반영하는 노력이 있어야만 된다.

1.1.2. 실용성

언어 생활을 효율적으로 운용하기 위한 문법 교육은 실제 언어 생활을 원활히 할 수 있도록 실용성이 있어야 한다. 의사 소통 능력은 문법 능력(grammartical competence: 한 언어로서 표현하고 이해할 수 있도록 해 주는, 언어 내적 약속을 구사하는 능력)에 절대적으로 의존한다. 이 문법 능력이 의사 소통 능력에 쓰이려면 현실과 괴리되어서는 아니 된다. 따라서 문법 교육은 현실을 반영한 것이어야 하고, 그래야만 실용성을 가질 수 있다. 문법 교육의 규범성은 보수성이 강하지만 이 실용성을 반영하지 않으면 죽은 언어의 규범일 뿐이다. 문법 교육은 현실을 무시할 수 없고 또한 실용성이 있어야만 한다.

1.1.3. 통일성

문법 교육이 교과서 집필자의 의견에 따라 통일되지 않은 문법 교과서에 의하여 이루어진다면 교육의 파행을 초래할 뿐 아니라 규범성, 실용성도 잃게 된다. 따라서 문법 교육은 통일된 문법에 따라 통일성 있게 이루어져야 한다. 문법 이론은 실용성을 손상치 않는 범위에서 체계화하고, 자체 체계 안에서의 전후 관계에 모순이 없어야 한다. 또한 이론상 양립되는 문제점은 체계 자체에 모순이 없는 범위에서 교육적 효과(이해도와 활용적 가치)를 고려해서 결정해야 한다. 문법 이론이 교육되는 과정에서 규범성, 실용성을 높이기 위해서는 통일성이 절대적으로 요구된다.

1.2. 목표

7차 국어과 국민 공통 기본 교육 과정에 나타난 '국어 지식' 영역의 목표는 "언어의 본질을 총체적으로 이해하고, 국어를 정확하고 효과적으로 사용하며, 국어 문화를 바르게 이해하고, 국어의 발전과 민족의 언어 문화 창달에 이바지 할 수 있는 능력과 태도를 기른다."로 요약할 수 있다. 언어와 국어에 관한 일반적인 지식을 바탕으로 국어를 정확하고 효과적으로 사용하기 위해서는 국어 문화에 대한 바른 이해가 필요하고, 국어 문화를 바르게 이해하는 것은 국어에 대한 그릇된 지식을 버리고, 국어의 실체를 알게 된다는 것을 의미한다고 볼 수 있다. 언어에 대한 이해는 언어를 어떻게 보느냐하는 언어관과 연관된다. 언어관은 여러 가지가 있으나 교육 과정에 맞는 언어관은 의사 소통의 도구로서의 언어관이어야 할 것이다. 언어를 의사 소통의 도구로 보고, 그 도구인 언어를 바르게 이해하고 사용하는 것은 의사 소통 능력을 높인다고 보는 것이다.

국어를 정확하고 효과적으로 사용하기 위해서는 국어에 대한 올바른 이해가 있어야 할 뿐만 아니라, 언어 생활에서 용인되는 언어와 용인되지 않는 언어를 구별하여 사용할 수 있어야 한다. 따라서 '국어 지식' 영역의 목표를 달성하기 위하여 '언어에 대한 지식, 즉 언어학'에 대한 지식이 필요하며, 언어 자체에 대한 지식도 필요하다. 특정 언어인 국어 사용 능력을 기르기 위해서 일반 언어에 대한 올바른 이해와 특정 언어인 국어 모두에 대한 이해가 있어야 하는 것이다. 그렇기 때문에 '언어란 무엇인가'에 대한 이해가 필요한 것이다.

교육 과정의 '국어를 정확하고 효과적으로 사용한다'는 '이론상의 언어'가 아닌, 산 언어로서의 '실제 언어'의 사용과 같은 언어 구사를 나타낸다고 보아야 한다.

1.3. 내용

7차 국어과 국민 공통 기본 교육 과정에 나타난 '국어 지식' 영역의 내용은 다음과 같다.

 1) 국어의 본질
  ① 언어의 특성
  ② 국어의 특질
  ③ 국어의 변천
 2) 국어의 이해와 탐구
  ① 음운
  ② 낱말
  ③ 어휘
  ④ 문장
  ⑤ 의미
  ⑥ 담화
 3) 국어에 대한 태도
  ① 동기
  ② 흥미
  ③ 습관
  ④ 가치
 4) 국어의 규범과 적용
  ① 표준어와 표준 발음
  ② 맞춤법
  ③ 문법

국어 교육에서 내용이 되는 언어는 '사회인이 옳다고 하는 언어'이어야 한다. 사회인이 옳다고 하는 것은 문법에 의한 것이 아닌 국어 사용자들이 사용하는 실제 언어이다. 따라서 국어 교육의 내용으로서의 국어는 문법학자가 제시하는 규범적인 언어여야 하는 것이 아니고 모어 화자(여기서는 대한 민국에서 태어나 한국어를 사용하며 살아온 한국인을 말한다)가 자연스럽다고 여기는 정상적인 국어이면 되는 것이다. 또한, 국어 교육에서는 '좋은 언어'를 가르쳐야 하고 '나쁜 언어'는 가르치면 안 되는가? 속어·비어·욕설은 '나쁜 언어'이니 배워서도 안 되고 써서도 안 되는 것일까? 이제까지의 국어 교육은 내용은 이른바 '좋은 언어'였고 그것을 가르치기 위해 이른바 '나쁜 언어'가 극히 소수 다루어졌다. '좋다'는 것과 '나쁘다'는 기준을 만드는 '가치'는 정당한가 생각해 봐야 한다. 모든 지식은 그의 정당성을 얻기 위해서는 '실재'에 근거를 두어야 한다. 속어·비어·욕설을 써야 할 때 그렇지 않은 언어를 쓰는 것이 '실재'이지도 않고 '정당'하지도 않은 것임은 사실이다. '좋은 언어'만을 써야 한다는 것과 '좋은 언어'만을 가르쳐야 한다는 것은 '지식의 정당화'를 이루지 못한다. '효과적인 언어 생활'을 영위하기 위해 필요한 언어는 교육 내용이 될 수 있다. 따라서 방언·비속어·욕설이라도 필요하다면 가르칠 수 있는 것이다. 다만 한정된 시간에 한정된 내용을 가르치기 위해서는 더 중요하다고 생각되는 언어부터 가르쳐야 하는데 방언·비속어·욕설 등은 그 중요성이 덜하기 때문에 다루어지지 않는다면 문제될 것이 없다.

언어는 의사 소통의 목적으로 쓰인다. 이에 대한 지식은 화행론(speech act theory), 화용론(pragmtics), 담화 분석론(discourse anlysis), 텍스트 언어학(text linguistics) 등이 해당되는데, 이들에 의하여 학생들의 의사 소통 능력을 길러주는 '언어' 영역 기술이 가능할 것이다. 이제까지는 주로 '문법(grammar)' 위주의 교육에서 '이야기'와 관련된 기술이 많지 않았으나, 담화 분석론, 텍스트 언어학 등이 앞으로 관심이 기울어져야 할 부분이다.

이를 다음 표가 잘 설명해 준다.

표-1 언어 지식과 언어 사용 능력

언어 지식	언어 사용 능력
언어에 대한 지식	담화를 사용할 줄 아는 능력
언어 구조에 대한 지식 : 문법(보통의 학교 문법)	담화 표현/이해 활동을 수행하는 능력: 담화 문법
구조 언어학의 대상	국어 교육학의 대상
입문기 규범적 성격 부각	중등기 이후 표현 / 이해 활동의 효율성 부각

위 표와 같이 언어에 대한 지식(언어학·문법)과 언어 사용 능력에 대한 능력은 구분된다. 교육 과정의 '언어' 영역은 위 표의 모두가 다 포함되어야 할 것이다. 따라서 '언어' 영역의 내용이 될 언어학은 ; 1) 언어 교육을 위한 언어학일 것, 2) 언어 운용을 설명할 수 있는 언어학일 것, 3) 의사 소통 기능과 관련 있는 언어학일 것이 요구된다.

2. 지도 방법

7차 국어과 국민 공통 기본 교육 과정에 나타난 '국어 지식' 영역의 지도 방법은 다음과 같다.

국어 지식 지도에서는 지식에 대한 설명보다 탐구 학습을 통하여 지식을 생성해내는 경험을 강조하되, 학습한 내용을 창조적 국어 생활에 활용할 수 있도록 한다.

단순한 지식 자체를 전달하는 지도가 아닌 언어 사용 기능을 신장할 수 있도록 지도하여야 한다는 것은, 사고력을 신장할 수 있도록 지도해야 한다는 것을 뜻하기도 한다. 사고 능력에 의해 언어 사용 능력이 신장되기 때문이다. 언어 교육 방법에 대한 기본적인 이해를 돕기 위하여 Hallyday 등(1966)의 언어 교육 방법을 예로 들면 다음과 같다.

1) 규범적 언어 교육

피교육자가 몸에 붙인 언어 습관 가운데 용인 불가능한 것을 용인 가능한 것으로 바꾸어 주는 것이 학교 언어 교육의 주된 임무 중의 하나이다. 규범적 언어 교육은 용인 가능한 언어 습관, 언어 활동의 유형을 하나의 규범으로 제시한다. 따라서 용인 불가능한 것을 금지하도록 하는 것이 주된 목적이다. 언어 교육의 규범성은 기술적이라기보다 제도적, 인위적 조작에 의함이 보통인데 대표적인 것이 표준어와 맞춤법이라 할 수 있다. 문법 교육에서 규범에 맞다 틀리다로 언어 생활을 지나치게 통제하는 것은 바람직하지 못하고, 언어 현실에 바탕을 두고 더 적합하다 덜 적합하다는 지도가 바람직하다.

2) 기술적 언어 교육

'기술'은 기술 언어학이라고 할 때의 '기술'과 같은 의미로 사용된 것으로 있는 사실을 그대로 기록하는 것을 가리킨다.

기술적 언어 교육은 언어가 어떻게 작용하며 사용되고 있는가를 가르치려는 입장에 있는 것이다. 언어 교육이 대상 언어의 정확하고 효과적인 사용을 목표로 한다면 정확하게 기술되고 조직화된 언어가 요구된다. 따라서 국어의 정확한 기술은 국어 교육의 밑바탕이 되는 것이다. 기술적 언어 교육은 피교육자의 연령과 경험에 따라 이루어져야 한다. 그리고 여러 단계의 언어 교육이 적절한 시기에 실시될 수 있도록 학생들의 언어, 기타의 발달에 종합적인 기초 연구가 있어야 한다.

3) 생산적 언어 교육

'생산적'이란 피교육자가 학습하지 못한 새로운 언어 습관, 언어 사용의 능력을 습득하는 것과 관련된다. 기초적인 언어 습관, 언어 기능 가운데 용인될 수 없는 것을 용인될 수 있는 다른 언어 습관, 언어 기능으로 바꾸도록 하는 언어 교육이 규범적인 언어 교육이라면, 생산적 언어 교육은 이미 습득된 언어 습관 위에 새로운 언어 습관을 습득하는 것이다.

생산적 언어 교육은 새로운 어휘 항목이나 새로운 문법적 구성법을 학습하게 하는 것도 중요하지만 그것보다도 이미 습득한 어휘 항목이나 문법적 구성의 변화 있는 의미나 용법을 알도록 가르치는 것 또한 새로운 지식이나 기능의 첨가이므로 생산적이다.

위와 같은 세 가지 언어 교육 방법은 결코 어느 한 가지 방법만으로 운용될 수 없다. 왜 그런가 하면 어떠한 언어 교육 방법에서도 다른 언어 교육 방법이 관여하기 때문이다. 따라서 우리는 이들을 서로 조화시켜 목적에 알맞는 언어 교육 방법으로 사용해야 한다. 규범적이며 기술적이면서도 생산적인 언어 교육이 이루어지지 않는다면 절름발이 언어 교육일 수밖에 없다. 이를 기초로 '언어' 교수—학습 모형을 세우면 다음과 같은 면에서 도움이 될 것이다.

첫째, 규범적 언어 교육은 일정한 규범을 요구한다. 그 규범은 절대적인 규칙이 아닌 규칙성을 학생에게 습득시킴으로써 규범에 맞는 언어를 사용할 수 있게 한다.

둘째, 기술적 언어 교육은 현실 언어를 가르친다는 점에서 언어 사용 기능 신장에 도움을 준다. 그러나 규범적 언어 교육이 필요로 하는 통일된 이론을 제시하지 못한다. 따라서 기술적인 언어 교육과 규범적인 언어 교육을 적절히 조화시키면 현실을 반영한 규칙성 있는 언어 규범을 학생들이 학습할 수 있다.

셋째, 생산적 언어 교육은 새로운 규범, 현실에 맞는 규범을 익힘으로써 언어 사용 기능을 신장시킨다. 용인 불가능한 언어 습관을 용인 가능한 언어 습관으로 바꾸는 것은 규범적 언어 교육인 동시에, 언어 현실을 제대로 기술한 규범을 학습함으로써 학생의 언어가 현실 언어 생활에 더 적합하도록 한다. 이들 세 가지 교육 방법이 조화를 이룰 때 언어 교육은 목표하는 언어 사용 능력을 높일 수 있는 것이다. 따라서 '언어' 영역의 지도 방법은 이들 세 가지 교육 방법을 조화시킬 수 있어야 한다.

이들 세 가지 교육 방법을 조화시키고 사고력 신장을 위한 교수-학습 모형은 다음과 같이 세울 수 있을 것이다.

표-2 언어 (규범) 교수-학습 모형

Ⅰ. 언어 자료 제시	현실 언어(가능한 한 학생들이 사용하는 언어)를 다양하게 선정
Ⅱ. 규범 적용	선정된 언어에 학교 문법을 적용. 적용 상에 나타나는 문제에 대하여 탐구
Ⅲ. 규칙성 찾기	규범 적용에서 나타난 규칙성을 정리. 규범과 규칙성의 연관성 이해
Ⅳ. 규범 이해	교육에 필요한 규범의 실체(교과서나 규범은 절대적이지는 않으나 필요한 것)를 이해
Ⅴ. 언어 생활 적용	규범에 어긋난 언어는 틀린 것이 아니라 덜 적합한 것임을 알고 더 적합한 언어 사용

위 표의 교수—학습 모형은 규범적 언어 교육의 문제를 해결할 수 있도록 현실 언어를 반영하여 기술적 언어 교육의 방법을 이용한 동시에 언어 생활에 적용함으로써 생산적 언어 교육 방법을 이용하였다. 모든 '언어' 내용에 적용 가능한 것은 아니라는 제한점이 있음에도 불구하고 이제까지의 규범 위주의 교육에서 안고 있는 문제인 규범의 절대성을 규칙성으로 이해시킴으로써 학생들이 자신의 사고 능력을 응용, 개발할 수 있도록 한 것이다. 이 교수·학습 모형은 언어 지식(문법)에 적당하다. 제재에 따라 다른 교수·학습 모형이 요구될 것이다.

언어에 대한 사고력을 신장시키기 위하여, 고유어·한자어·외래어의 문제를 예로 들어 고유어가 한자어보다 쉽다든가, 한자어가 외래어보다 좋은 것이라는 생각에 문제가 있음을 알아보면 다음과 같다.

다음 글을 읽고, 물음에 답해 보자.
(가) 천연 고무는 흡수성이 있어 지방에 의해 침범되기 쉽고, 노화가 빠르며, 변형 팽윤이 빠르다.
(나) 생고무는 빨아들이는 성질이 있어 기름에 약하고, 쉽사리 상하며, 쉽게 모양이 달라지거나 굳어지게 된다.
(다) 사람이 피크닉을 가거나 바캉스를 가며 레저 생활을 엔조이하는 것은, 새로운 아이디어를 창출하는 데 효과적이라고 피아르하는 사람도 있다.
(라) 사람이 소풍을 가거나 여름 휴가를 가며 취미 생활을 즐기는 것은, 새로운 생각을 만들어 내는 데 효과적이라고 선전하는 사람도 있다.
(1) (가)보다 (나)가 쉬운 이유는 무엇인가?
(2) (라)가 (다)보다 어려운 이유는 무엇인가?
(3) 이해하기 쉬운 글은 어떤 글인지 말해 보자.

(중학교 국어 1-1, 1989: 31-2)

우리는 대체로 이해하기 쉬운 글은 어려운 한자어·외래어를 사용하지 않고 쉬운 고유어나 일반적인 어휘를 사용한 글이라고 받아들인다. 그러나 이런 생각에는 지나치게 어려운, 현학적인 어휘의 사용이나 생경한 외래어의 남용일 경우와 그렇지 않은 한자어·외래어, 전문어의 사용을 동일시한 경우가 많다. 위의 경우를 보면 결코 글 (가)가 글 (나)보다 비효과적이라고 볼 수 없으며, 글 (다)와 (라) 사이도 비슷한 문제가 존재한다. 이를 비교하면 다음과 같다.

① 천연 고무 : 생고무 — 둘 다 「한자어 + 외래어」 구조이며 '생고무'가 '천연 고무'보다 비전문적이라 하겠으나 의미는 별 차이 없다.

② 흡수성(吸收性) : 빨아들이는 성질 — '흡수성'이 '빨아들이는 성질'보다 경제적이다. 언어 생활은 경제성이 큰 비중을 차지한다. 다만 초등 학교 저학년 학생에게 이야기하는 경우라면 '흡수성'은 이해가 어려워 비경제적이고 이때는 '빨아들이는 성질'이 경제적이다. 그러나 중학생에게 '흡수성'이란 단어는 어려움이 없다.

③ 지방(脂肪) : 기름 — '지방'과 '기름'의 관계는 동의어가 아니라 '기름'이 '지방'의 上位語에 해당한다. 또한 고유어와 한자어의 1 : 多 의미 대응 현상에 속하기도 한다. 따라서 '지방'은 의미의 정확성에서 '기름'보다 뛰어나다. 이런 이유로 한자어가 고유어보다 의사 소통에서 효과적인 경우가 많다. 그러므로 쉬운 말이라는 규정을 어린이나 일반인이 알 수 있는 말이라고 규정할 것이 아니라 독자 또는 청자가 어느 정도의 지식이 있느냐에 따라 '이해가 정확하게 전달되기가 쉬운 말'로 규정해야 할 것이다. 위의 경우 중학교 학생에게는 '지방'이 '기름'보다 정확한 의미를 전달할 수 있어 쉬운 말이 된다.

④ 침범되기 쉽고 : 약하고 — '약하고'가 언어 경제성으로 볼 때 '침범되기 쉽고'보다 뛰어나다.

⑤ 노화(老化)가 빠르며 : 쉽사리 상하며 — '노화'는 '상하다'보다 구체적으로 설명되는 점에서 전문어로서 타당하다. 따라서 전문가에

> 게 쓰일 경우에는 '상하다'보다 효과적이나 이외의 경우에는 '상하
> 다' 가 일반 어휘로서 효과적이다.
> ⑥ 변형(變形) 팽윤(膨潤)이 빠르다 : 쉽게 모양이 달라지거나 굳어
> 지게 된다 — '변형-'이 '쉽게-'보다 字數로는 경제적이다. ⑤의
> 경우와 같다.
> ⑦ 피크닉 : 소풍 — 의미상으로 차이가 있으나 '소풍'이 일반적이고
> 이해가 빠르다.
> ⑧ 바캉스 : 여름 휴가 — '바캉스'가 주로 피서지나 요양지에서 여가
> 를 보내는 것임에 비해 '여름 휴가'는 '바캉스'에 비해 피서지나 요
> 양지와 관련이 적다.
> ⑨ 레저 : 취미 — ⑦과 같다.
> ⑩ 아이디어 : 생각 — 아이디어가 더 정확하게 의미를 전달할 수 있
> 다. 생각은 아이디어보다 더 넓은 의미를 가진다. ③ 지방(脂肪) :
> 기름에서의 '지방'과 '아이디어'의 경우가 같다.

(가)와 (다)가 (나)와 (라)보다 어려운 이유를 묻는 (1), (2)의 질문은 전문어보다는 일반어가, 한자어·외래어보다는 고유어가 쉽다는 것을 전제로 하는 질문인데 이는 지나치게 단순한 결론을 유도할 수 있다. 한자어나 외래어는 나쁜 것이라는 판단은 학생들을 흑백 논리에 빠지게 하는 것이다. 언어 사용자에 따라서는 고유어보다 한자어가 의미를 이해하기가 훨씬 쉽고, 외래어가 한자어보다 정확한 의미를 전달할 수 있는 것이다. 위의 분석처럼 고유어·한자어·외래어의 경우 모두가 그 쓰임의 차이를 갖고 있으며, 따라서 서로의 우열을 한 마디로 논할 수 없다. 고유어화한 한자어는 중국어가 아니라 우리 국어이며, 우리의 언어 생활을 풍부하게 해 준다. 언어의 다양성을 이해하는 것이 학생의 사고력 신장에 기본적으로 요구된다.

3. 평가

7차 국어과 국민 공통 기본 교육 과정의 '국어 지식' 영역의 평가에 대한 기술은 다음과 같다.

> 1) 평가 목표와 내용: 국어 지식 영역의 평가 목표는 단편적인 언어 지식 그 자체보다는 언어 지식을 도출하는 탐구 과정과 언어 지식의 활용에 중점을 두어 설정한다.
> 2) 평가 방법: 국어 지식 영역의 평가는 지필 평가, 면접법, 조사법 등을 사용하여 국어 지식과 그 지식의 적용력을 평가한다.

정확하고 효과적인 국어 사용 능력을 기르는 '언어' 교육은 '맞다, 틀리다'가 아닌 '더 적합하다, 덜 적합하다'는 답을 할 수 있는 능력이 요구되기 때문에, '제일 적합한 답', '더 적절한 답'을 요구하는 평가여야 한다. 또한 '왜 이러한 표현은 바르지 않은가?', '왜 이러한 표현이 사용되는가?' 등의 설명을 요구하는 것도 필요하다. 따라서 평가 문제도 '맞다, 틀리다'가 아닌 '더 적합하다, 덜 적합하다'로 인식할 수 있도록 만들어야 하고, 다양한 답을 인정할 수 있는 준거를 갖추어야 한다.

'되다'와 '되어지다'를 예로 들면 다음과 같다.

> 다음 글을 읽고 어느 글이 우리의 언어 표현에 더 적합한지 설명해보자.
> 1) 철수는 규칙적인 생활을 함으로써 건강한 사람이 되었다.
> 2) 철수는 규칙적인 생활을 함으로써 건강한 사람이 되어졌다.
> 3) 철수는 규칙적인 생활로 건강한 사람이 되었다.
> 4) 철수는 규칙적인 생활로 건강한 사람이 되어졌다.

'되어지다'보다는 '되다'가 '더 적합하다'는 식의 설명이, '되다'는 맞고

'되어지다'는 틀리다는 설명보다 적절하다. 이 때 '되다'는 이제까지의 언어 생활을 조사해보면 '되다' 자체에 〈+피동〉의 의미가 있기 때문에 〈+피동〉을 나타내는 접미사 〈-지-〉가 필요하지 않다는 설명으로써 〈되어지다〉가 현실 언어에 '덜 적합하다'고 답할 수 있다. 또한 1), 2) 보다는 3), 4)가 더 간결한 언어이며 '생활로'의 〈-로〉는 〈+수단〉의 의미가 있기 때문에 〈-을 함으로써〉로 표현하는 의미를 나타낼 수 있다고 설명할 수 있다. 따라서 '3)이 제일 적합하다'는 답을 할 수 있는 것이다.

각종 평가에서 출제자는 하나의 답을 요구하였는데, 정답이 둘이라는 반론이 제기되는 경우가 있다. 이들 가운데는 '더 적절한 답'과 '덜 적절한 답'에 대한 인식 부족일 경우가 있는데, 이는 '맞다, 틀리다' 식의 정답관을 가지고 평가 문항을 분석한 결과로서 출제자의 '제일 적합한 답'을 요구하는 문항이 '……맞는 답을 고르시오'로 나타났을 때 특히 문제가 된다. 이 때 '맞는 답 = 제일 적합한 답'이라는 이해를 하지 못하는 경우가 있기 때문이다.

제 4 장

국어과 교사의 문법〔국어 지식*〕 평가 전문성

1. 도입

국어과 교사의 국어 지식 영역 평가 전문성은 국어 교사가 국어 지식 평가를 적절히 수행할 수 있게 하여 국어 지식 교육을 향상시킬 수 있는 바탕이 된다. 또한 향상된 국어 지식 교육은 국어 사용 기능 신장을 궁극적 목적으로 하는 국어 교육에서 국어 사용 기능 신장에 기여함으로써 국어 교육을 정상화시키고 발전시킬 것이다. 따라서 국어 교육의 정상화와 발전을 위하여 국어과 교사의 국어 지식 영역의 평가 전문성 신장은 필요하다.

국어과 교사의 국어 지식 영역 평가의 전문성을 신장하기 위한 교육 프로그램은 예비 교사 교육을 위한 사범 대학 국어교육과의 교육 프로그램과 현직 교사 교육을 위한 신임 국어과 교사 연수, 국어과 자격 연

---

* 7차 교육 과정에서는 국민 공통 기본 교육 과정의 '국어 지식' 영역이 '문법' 영역에 해당한다.

수와 직무 연수 등의 연수 프로그램이 있다. 이들 현직 교사 연수는 연수 담당 기관에 따라 국가 기관 연수, 시도 교육청 연수, 학교 연수 등으로 나눌 수 있다. 이들 교육 프로그램은 교육 일반, 평가 일반에 관한 내용과 실제를 포함한 국어 지식 영역의 평가 전문성을 구성하는 요인으로 구성되어야 할 것이다.

  국어 지식 영역의 평가 전문성은 크게 1) 국어 지식 영역 평가의 내용 기준(content standards)을 충족시킬 수 있는 배경 지식과 2) 국어 지식 영역 평가의 수행 기준(performance standards)을 충족시킬 수 있는 능력인 수행 능력 요인으로 나눌 수 있다. 국어 지식 영역 평가의 배경 지식은 1) 국어 지식 영역의 교육 과정에 관한 지식, 2) 국어 지식 영역의 교수·학습에 관한 지식, 3) 국어 지식 영역의 교육 평가에 관한 지식, 4) 국어 지식 영역의 내용 지식, 5) 국어 지식 영역의 평가와 인접 분야의 관련성에 관한 지식, 6) 국어 지식 학습자에 관한 지식 등으로 이루어진다. 또한 국어 지식 영역 평가의 수행 능력은 1) 평가 계획 수립 능력, 2) 평가 도구 개발 능력, 3) 평가 시행 능력, 4) 평가 결과 분석과 해석 능력, 5) 평가 결과 보고와 활용 능력, 6) 평가에 대한 평가 능력 등으로 나눌 수 있다.

  본 장에서는 국어과 교사의 국어 지식 영역 평가 전문성을 신장하기 위한 교육의 내용과 방법을 제시하고 이를 구성하는 국어 지식 영역 평가의 내용 기준(content standards)을 충족시킬 수 있는 배경 지식과 국어 지식 영역 평가의 수행 기준(performance standards)을 충족시킬 수 있는 능력인 수행 능력 요인에 대한 전문성 기준을 설정한다. 그리하여 국어과 교사가 국어 지식 영역 평가 전문성을 갖추는 데 필요한 기준이 무엇인가를 밝히고 이를 국어 교사 평가 전문성 신장 교육 프로그램에

투입할 수 있도록 하는 것이다.

본 장은 글의 성격상 현 국어과 교육 과정과 국어 교육학 이론, 일반 평가 이론 등을 반영하였으며 학교 교육 현실을 고려해 기술하였기 때문에 현 7차 교육 과정을 크게 벗어나지 않는다. 따라서 국어과 교육의 성격이 바뀌어 교육 과정의 교육 목표와 내용이 바뀌면 이 기준도 바뀌어야 한다.

2. 국어 지식 영역 평가 전문성 신장 교육의 내용과 방법

국어과 교사의 국어 지식 영역의 평가 전문성을 신장하기 위해서는 국어과 교사의 양성 과정에서부터 국어과 평가 능력을 신장하여야 한다. 전문성은 단기간에 완성되는 것이 아니며 초임 교사라도 평가 전문성을 제대로 갖추어야 정상적인 교육이 가능하기 때문이다. 이를 위한 기초적인 교육은 사범 대학 교육 과정에 '국어과 평가론' 강좌를 개설하여 운영하는 것으로 가능하다. 또한 현직 교사의 국어 지식 영역의 평가 전문성은 각종 연수를 이수하게 함으로써 신장할 수 있다. 현직 교사의 연수는 국가 차원의 연수, 시·도 교육청 단위의 연수, 학교 차원의 연수가 있으며, 이들은 자격 연수 과정과 직무 연수 과정의 연수로 나눌 수 있다. 교사 양성 기관에서의 교육은 주로 사범대 학생을 대상으로 이루어진다고 할 수 있으나 교사 자격을 전제로 이수하는 교육 대학원 국어 교육 전공, 대학의 국어과 교사 자격 취득을 목적으로 하는 부전공, 복수 전공, 교직 과정 이수를 통해 국어 교사 자격을 취득하려는 학생 등도 교육 대상이다. 현직 교육인 연수는 현직 교사의 평가 전문성을 높일 수 있는 기회로서 교육 대상자의 수준에 따라 연수 내용이 적절하게 편성되어야 한다.

2.1. 국어 지식 평가 전문성 신장 교육 내용

국어과 교사의 국어 지식 영역의 평가 전문성을 신장할 수 있으려면 다음과 같은 내용이 교육되어야 한다.

1. 교육 평가론, 언어 평가론 등 일반적이고 보편적인 평가 이론
2. 국어과 평가론, 국어 지식 평가론 등 개별적이고 특수한 평가 이론
3. 국어 지식 영역 평가에 관련된 인접 분야에 대한 지식

이러한 내용들은 교사 양성 과정에서 교육되거나, 현직 교사의 연수 과정에서 다루어질 수 있다.

2.1.1. 교사 양성 과정의 교육

국어 지식 영역의 평가 전문성을 신장하기 위한 교사 양성 과정의 교육은 교육 평가론, 언어 평가론 등 일반적이고 보편적인 평가 이론, 국어 교육 평가론, 국어 지식 평가론 등 개별적이고 특수한 평가 이론과 국어 지식 영역 평가에 관련된 인접 분야에 대한 지식 등을 내용으로 한다.

이들 중 개별적이고 특수한 평가 이론인 '국어 교육 평가론'이나 '국어 지식 평가론'을 교육한다면 국어 지식 평가 전문성을 신장하는 데 많은 도움이 될 것이다. 그러나 이 경우 한정된 이수 학점 중에 특정 강좌를 필수 강좌로 이수할 수 없는 것이 교사 양성 기관의 현실이기 때문에 국어 지식 평가에 대한 교육은 '국어 지식 교육론'의 한 영역으로 다루거나, '국어 교육 평가론'을 '평가 일반 이론, 국어 교육 평가의

일반 이론, 각 영역별 평가 이론'으로 나누었을 경우 각 영역별 평가 이론의 하나로 국어 지식 영역 평가 이론을 다루고, 또한 표현·이해 영역에서 통합 평가의 하나로 국어 지식의 평가를 다룰 수 있다.

교육 현장의 현실을 고려하면 독립된 '국어 지식 평가론' 강좌는 비현실적이어서 '국어과 평가론' 강좌를 개설하여 운영하는 것이 국어 교사의 평가 전문성을 기르는 데는 더 적절할 것으로 보인다. 따라서 본고에서는 '국어 지식 평가에 대한 교육은 '국어과 평가론'에서 다루는 것을 제안한다.

'국어과 평가론' 강좌의 각 영역 공통 내용을 제외한 '국어 지식 평가의 이론과 실제'에 관한 교육 내용은 다음과 같은 것이 포함되어야 한다.1)

(가) 국어 지식 영역 평가의 배경 지식

(1) 국어 지식 영역의 교육 과정
(2) 국어 지식 영역의 교수·학습
(3) 국어 지식 영역의 교육 평가
(4) 국어 지식 영역의 내용
(5) 국어 지식 영역의 평가와 인접 분야
(6) 국어 지식 학습자

(나) 국어 지식 영역 평가의 수행 능력

(1) 평가 계획 수립
(2) 평가 도구 개발
(3) 평가 시행
(4) 평가 결과 분석과 해석
(5) 평가 결과 보고와 활용
(6) 평가에 대한 평가

---

1) 이들 내용은 기본적으로 교사 임용 이후의 내용과 같기 때문에 다음의 교사 임용 이후의 내용에서 상술한다.

이상의 내용은 예비 국어 교사인 학생들이 국어 지식 영역 평가의 배경 지식으로서 1) 교육 평가론, 국어 교육론, 국어과 교육 과정, 국어과 교수 학습론, 국어과 평가론 등과 2) 언어학 개론, 국어학 개론, 국어 음운론, 국어 문법론, 국어 의미론, 국어사 개설, 국어 화용론, 국어 문장론, 국어 어문 규정 등에 대한 지식을 갖추고 있을 때 더욱 효과적으로 '국어 지식 평가 전문성'을 갖출 수 있게 한다. 따라서 '국어 지식 영역 평가 전문성'을 신장하기 위한 교육 내용으로서 교사 양성 기관의 교육 과정은 위의 모든 배경 지식을 구성하는 강좌와 '국어 교육 평가론'이 개설되어 운영되어야 한다.

2.1.2. 교사 임용 이후의 교육2)

국어 지식 영역의 평가 전문성을 신장하기 위한 현직 교사 연수 과정의 교육도 교사 양성 교육의 과정처럼 '국어 지식 영역 평가'를 '국어 지식 교육론'에서 한 영역으로 다루거나, '국어 교육 평가론'에서 독립된 부분으로 다룰 수 있다. 교육 현장의 현실을 고려하면 독립된 '국어 지식 평가 연수'를 독립된 연수 과정으로 운영하는 것보다 '국어과 평가 연수'에서 관련 강좌를 운영하는 것이 효율적으로 보인다.

'국어 교육 평가 연수' 과정의 각 영역 공통 내용을 제외한 '국어 지식 평가의 이론과 실제'에 관한 연수 내용은 교사 양성 과정의 '국어 교육 평가론'의 국어 지식 영역 내용을 학교 현장과 연결하여 교사의 경험을 바탕으로 한 보다 실천적인 면을 강조하면 될 것이다.

'국어과 평가론' 연수의 각 영역 공통 내용을 제외한 '국어 지식 평가의 이론과 실제'에 관한 연수 내용은 다음과 같은 것이 포함되어야 한다.

---

2) 현직 교사 연수에는 학교 내 연수, 시도 교육청 단위 연수, 국가 단위 연수와 학회 및 특수 연수 기관(대학, 교원 단체 등)의 연수가 있으나 본고에서는 시도 교육청의 직무 연수를 전제로 연수 내용을 기술하고자 한다.

(가) 국어 지식 영역 평가의 배경 지식

1) 국어 지식 영역의 교육 과정
   ① 국어 지식 영역의 목표와 내용, ② 국어 지식과 표현·이해의
   관련성

2) 국어 지식 영역의 교수·학습
   ① 학습자 특성, ② 교육 목표 성취에 적합한 교수 전략, ③ 교수·
   학습에 동원되어야 할 교수 자료

3) 국어 지식 영역의 교육 평가
   ① 교육 평가에 대한 개념, ② 교육 평가의 유형, ③ 교육 평가의 방
   법, ④ 교육 평가 도구 개발 방법, ⑤ 교육 평가 시행, ⑥ 평가 결과
   분석과 해석, ⑦ 평가 결과 활용 방법

4) 국어 지식 영역의 교육 내용
   ① 국어 지식의 구조, ② 국어 지식 영역의 핵심 지식, ③ 국어 지식
   교육 내용의 위계와 범위

5) 국어 지식 영역의 평가와 인접 분야
   ① 국어과 다른 영역과의 관련성, ② 교육 과정의 다른 범주들과의
   관련성

6) 국어 지식 학습자
   ① 국어 지식의 발달, ② 언어 경험과 국어 지식에 대한 태도

(나) 국어 지식 영역 평가의 수행 능력

1) 평가 계획 및 준비
   ① 평가 목표 설정, ② 평가 내용 결정, ③ 성취 기준 및 평가 기준
정하기, ④ 평가 방법 선정

2) 평가 도구 개발하기

① 형식 평가의 도구 개발, ② 비형식 평가의 도구 개발, ③ 성취 기준 및 평가 기준 정하기

3) 평가 시행
① 평가 환경 조성, ② 평가 방법 및 절차 안내, ③ 평가 과정 조절, ④ 자료의 수집과 정리

4) 채점과 결과 해석
① 채점, ② 결과 분석과 해석

5) 평가 결과 보고와 활용
① 결과 기록과 보고, ② 평가 결과의 활용, ③ 평가의 평가

6) 평가에 대한 평가

2.2. 국어 지식 평가 전문성 신장을 위한 교육 방법

국어 지식 평가 전문성 신장을 위한 교육은 평가 전문성이 이론과 실제 모두에 대한 것임을 고려하여 이론과 실습을 겸한 교육을 시행하여야 한다. 특히 현직 교사 연수를 위해서는 자격을 갖춘 강사를 확보해야 하고, 평가의 이론과 실제에 관한 많은 연구를 교사가 접하고 교육 현장에서 실행할 수 있도록 행정적 제도 개선도 필요하다. 또한 사범 대학의 교육 과정에 '교육 평가론'과 '국어과 평가론'을 개설하여 평가의 이론과 실제를 모두 익히도록 권장하는 것이 필요하다.

교육 방법에는 1) 강의, 2) 워크숍 3) 현장 관찰과 실습, 4) 사례 발표, 5) 현장 연구(field research) 등을 활용할 수 있다. 이들 방법은 교육 환경(사범 대학, 연수원 등)과 수요자(사범 대학생, 현직 교사)의 필요성을 고려하여 적절하게 선정하여 활용할 수 있어야 한다.

국어 지식 평가 전문성 신장을 위한 교육 방법은 평가 전문성이 이론

과 실제 모두에 대한 것임을 고려하여 이론과 실습을 겸한 교육을 시행하여야 한다.

3. 국어 지식 영역 평가에 관한 교사 전문성 기준

3.1. 국어 지식 영역 평가의 배경 지식

국어 지식 영역 평가 전문성을 갖춘 교사는 국어 지식 영역 평가의 내용 기준을 충족시킬 수 있는 배경 지식을 갖추어야 한다. 국어 지식 영역 평가의 내용 기준을 충족시킬 수 있는 배경 지식으로는 1) 국어 지식 영역의 교육 과정에 관한 지식, 2) 국어 지식 영역의 교수·학습에 관한 지식, 3) 국어 지식 영역의 교육 평가에 관한 지식, 4) 국어 지식 영역의 교육 내용에 관한 지식, 5) 국어 지식 영역의 평가와 인접 분야의 관련성에 관한 지식 등이 있다. 이들 배경 지식에 관한 국어과 교사의 전문성 기준은 다음과 같다.

기준 1) 국어 지식 영역의 교육 과정

국어 지식 평가 전문성을 갖춘 교사는 학생의 국어 지식 영역을 평가하기 위해 국어 지식 영역의 교육 과정에 관한 지식을 갖추어야 한다.
일반적으로 교사는 자신이 가르칠 교과 교육 과정에 대한 지식으로 ① 교육 과정의 구성 철학과 추구하는 인간상에 대한 이해, ② 교과의 교육 과정 목표에 대한 이해, ③ 교과의 교육 과정 내용 체계에 대한 이해, ④ 교과의 교육 과정 학년별 내용에 대한 이해 등에 대하여 알아야 한다. 이러한 일반적인 교육 과정에 대한 지식 이외에 국어 지식 영역의 교육 과정의 특수한 지식으로는 ① 국어 지식 영역의 목표와 내용에 대한 지식, ② 국어 지식과 표현·이해의 관련성에 대한 지식 등이 있다.

① 국어 지식 영역의 목표와 내용

국어과 교사는 국어 지식 영역의 목표와 내용에 대한 지식을 갖추어야 한다.

국어과 교육 과정에서 국어 지식 영역은 국어 사용 능력을 신장시키는 목표 달성에만 가치를 두고 있으며, 그 내용은 ① 국어의 본질에 해당하는 언어의 특성, 국어의 특질, 국어의 변천에 대한 지식 등 인간 삶의 여러 국면에 대한 기본적인 지식, ② 원리에 해당하는 국어의 이해와 탐구를 구성하는 음운, 낱말, 어휘, 문장, 의미, 담화에 대한 지식을 습득시키기 위한 내용, ③ 실제에 해당하는 국어의 규범과 적용을 구성하는 표준어, 표준 발음, 맞춤법, 문법 등의 실제 국어 생활과 관련된 내용, ④ 국어에 대한 태도에 해당하는 국어의 정확한 사용 태도와 습관 등 정의적 지도 내용 등으로 이루어져 있다.

교육 과정에 나타난 국어 지식 영역의 구체적인 내용은 "언어의 중요성, 언어와 국어, 언어의 특성, 언어와 인간, 언어와 사회, 국어의 특질과 변천, 음운의 체계와 변동, 단어의 형성과 유형, 문장의 구성 요소와 기능, 단어의 의미, 문장과 이야기, 표준어와 표준 발음, 맞춤법, 국어 순화, 국어를 정확하고 효과적으로 사용하는 태도 및 습관"이기 때문에 이 내용이 평가에서 반영되어야 할 것이다.

교육 목표를 달성하기 위해 교육 내용을 선정하고, 교육 내용을 학습자에게 교육하기 위하여 교육 평가를 시행하기 때문에 교육 평가의 목표와 내용은 교육 과정의 목표와 내용과 밀접한 관련이 있다. 이들 국어 지식 영역의 교육 목표와 내용, 국어 지식 영역의 평가 목표와 내용 사이의 관련성에 대한 충분한 지식이 국어 교사에게 필요한 것이다.

② 국어 지식과 표현 · 이해의 관련성

국어과 교사는 교육 과정에서 국어 지식 영역과 표현 · 이해 영역과의 관련성에 대한 지식을 갖추어야 한다.

국어 지식 영역은 현 교육 과정에 의하면 국어 사용 기능을 신장하기 위한 것이고, 국어 사용 기능 신장과 관련된 국어 지식의 중요성은 학습자의 문장 사용 능력을 향상시키는 데 국어 지식이 중요한 역할을 할 수 있다는 것이다.

국어 지식은 정확하고 효율적인 문장 표현을 가능하게 하는 문장 구성의 하위 요소로 기능한다. 문장 능력의 하위 구성 요소에는 어휘 처리 능력, 문장의 음운 처리 능력, 문장의 통사 처리 능력, 문장의 의미 처리 능력, 문장의 화용 처리 능력 등의 국어 지식이 있는데 이들이 국어 표현 활동을 돕는 것이다. 따라서 문장의 사용에는 음운적, 어휘적, 통사론적, 의미론적, 화용론적 하위 처리가 총체적으로 작용한다. 또한, 국어 지식은 텍스트의 이해를 돕는 기능이 있다. 읽기에서 중요한 것은 일차적으로 텍스트이고 언어 자료이다. 어휘나 문장 처리 능력이 발달하지 않으면 텍스트의 언어 자료를 제대로 다룰 수 없고 이렇게 되면 의미의 재구성은 불가능하다(이춘근, 2001). 따라서 국어 지식 영역의 교육 내용인 어휘와 문장에 대한 지식을 표현과 이해 교육의 한 요소로 설정하여 통합적으로 교육할 수 있는 것이다.

기준 2) 국어 지식 영역의 교수·학습

국어 지식 영역 평가 전문성을 지닌 교사는 학생의 국어 지식 영역 학습 촉진을 위해 교육 활동을 효과적이고 능률적으로 수행하는 데 필요한 국어 지식의 교수·학습에 관한 지식을 갖추어야 한다. 국어 지식 영역의 교수·학습에 관한 지식으로는 ① 학습자 특성에 대한 지식, ② 국어 지식 영역 교육 목표 성취에 적합한 교수 전략에 대한 지식, ③ 국어 지식 영역의 교수·학습에 사용되어야 할 교수 자료에 대한 지식 등으로 이루어진다.

① 학습자 특성

국어과 교사는 학생의 국어 지식의 발달적 요인과 정의적 요인에 대한 충분한 지식을 갖추어야 한다.

교사는 학생의 국어 지식 발달 요인을 파악하여 이를 교수·학습에 반영하여야 한다. 지식의 발달에 관한 이해는 학년별 수업의 결과와 각종 자료를 통하여 알 수 있다. 또한 교사는 학생의 국어 지식에 대한 정의적 요인을 파악하여 이를 교수·학습에 반영하여야 한다. 국어 지식의 교수·학습에서 교사는 문화적 차이에 대한 인식인 개인과 집단의 언어 사용 방식의 다양성, 언어 사용 맥락의 다양성 등에 대하여 학생들이 비판적으로 인식하는가를 파악하여 이를 교수·학습에 이용해야 한다. 국어 지식 영역은 언어 지식 그 자체의 습득이 목적이 아니라, 언어 습관의 교정과 나아가서 새로운 언어 습관의 습득을 위한 과정으로 교육되어야 하고, 이 때 교사는 학습자의 학년별 수업의 결과 등 학생의 국어 지식의 발달 요인과 정의적 요인을 정확히 파악할 수 있어야 국어 지식을 적절하게 교수할 수 있다.

② 교육 목표 성취에 적합한 교수 전략

국어과 교사는 국어 지식 영역의 교육 목표 성취에 적합한 교수 전략에 대한 지식으로 1) 언어 교육의 방법에 지식, 2) 국어 지식의 교수·학습 방법과 이의 활용에 관한 지식을 갖추어야 한다. 국어 지식 교수·학습법으로는 강의법, 탐구 학습법, 직접 교수법 등이 있다. 또한 국어과의 국어 지식은 국어 사용 능력 신장을 위한 것이므로 국어 지식 영역을 다른 영역(국어 시용 기능 영역과 문학 영역)과 통합하여 교수·학습하는 통합 교수법을 활용할 수 있어야 한다.

(1) 언어 교육의 방법

언어 교육의 방법으로는 규범적 언어 교육 방법, 기술적 언어 교육 방법, 생산적 언어 교육 방법이 있다.

규범적 언어 교육은 일정한 규범을 요구하지만 언어 현실을 제대로 반영할 수 없다. 그러므로 언어 교육에서의 규범은 절대적인 규칙이 아닌 규칙성을 학생에게 습득시킴으로써 규범에 맞는 언어를 사용할 수 있게 한다. 기술적 언어 교육은 현실 언어를 가르친다는 점에서 언어 사용 기능 신장에 도움을 주지만 규범적 언어 교육이 필요로 하는 통일된 이론을 제시하지 못한다. 따라서 기술적인 언어 교육과 규범적인 언어 교육을 적절히 조화시키면 현실을 반영한 규칙성 있는 언어 규범을 학생들이 학습할 수 있다. 생산적 언어 교육은 새로운 규범, 현실에 맞는 규범을 익힘으로써 언어 사용 기능을 신장시키는 것이다. 이들 세 가지 교육 방법이 조화를 이룰 때 언어 교육은 목표하는 언어 사용 능력을 높일 수 있는 것이다. 따라서 국어 지식 영역의 지도 방법은 이들 세 가지 교육 방법을 조화시킬 수 있어야 한다.

(2) 국어 지식 영역의 교수·학습 방법

국어 지식의 교수·학습은 다양한 방법으로 이루어져야 한다. 현 교육 과정에서 탐구 학습법을 강조하고는 있으나 교육 내용에 따라 이에 적합한 교수·학습 방법은 다르기 때문에 국어 교사는 항상 가르치려는 국어 지식에 제일 효율적인 방법을 선택하여 교육에 이용할 수 있는 능력을 갖추어야 한다.

국어 지식의 교수·학습법에는 설명 학습 모형 또는 유의미 수용 학습 모형, 개념 학습 모형, 탐구 학습 모형 등이 있다.

국어 지식 영역의 교수·학습에서 가장 강조되는 교수·학습법은 '탐구 학습법'이다. 이는 국어 지식 영역이 국어 사용 능력을 신장하기 위한 것이며, 궁극적으로 국어 지식 영역이 탐구력을 신장하여 국어 사용 능력을 신장할 수 있다고 보기 때문이다[3].

탐구 학습 방법은 여러 가지가 있는데[4], 이들은 국어 지식의 이해력

---

3) 현 교육 과정은 국어 지식 지도에서 지식에 대한 설명보다 탐구 학습을 통하여 지식을 생성해 내는 경험을 강조하되, 학습한 내용이 창조적 국어 생활에 활용될 수 있도록 하는 것을 권장하고 있다. 국어 지식을 지도하는 교수·학습 상황에서도 국어 지식의 성격에 따라 지도 방법에 차이가 난다. 특히, 국어 지식은 국어 사용과 관련을 맺을 수 있게 지도해야 한다. 국어 지식은 궁극적으로 듣기, 말하기, 읽기, 쓰기 활동 속에서 효과적으로 습득할 수 있기 때문이다. 따라서 국어 지식에 대한 지도는 설명보다는 여러 언어 자료를 통하여 학습자 스스로 지식을 터득할 수 있도록 탐구 학습을 강조할 필요가 있다(박영목·한철우·윤희원, 2001: 62~3).

4) 탐구 학습 모형을 간단히 제시하면 다음과 같다(이인제 외, 1997: 148~153).
김광해의 4단계 안: 문제의 정의 → 의문의 구체화 → 결론 진술 → 결론의 적용 및 구체화
김광해의 5단계 안: 문제의 정의 → 가설 설정 → 잠정적 결론(가설) 검증 → 결론 진술 → 결론의 적용 및 일반화
박영목·한철우·윤희원 안: 목표 설정 → 기본 학습 → 탐구 학습 → 발전 학습 → 발전 학습 → 평가
이충우 안: 언어 자료 제시 → 규범 적용 → 규칙성 찾기 → 규범 이해 → 언어 생활 적용
한영목 안: 계획 및 진단 → 교수·학습(문제의 발견→문제의 이해 및 해결 → 발전 → 평가) → 평가 결과의 분석 및 보충 학습

을 높이기 위해서 사용할 수 있다. 국어 지식의 원리나 규칙을 탐구할 때 이용하면 효과를 볼 것이다. 한편 위의 방법들은 가르칠 내용에 따라 적합한 것이 각각 따로 있을 수 있다. 예를 들어, '언어의 사회성'에 대한 이해는 '김광해의 4단계 안'으로, '어미와 접사'는 '김광해의 5단계 안'으로, '국어 순화'는 '박영목·한철우·윤희원 안'으로, '언어의 규칙성과 적용'은 '이충우 안'으로, '음운 변동'은 '한영목 안'으로 수업을 설계하면 좋을 것이다(이인제 외, 1997: 152~3).

③ 교수·학습에 동원되어야 할 교수 자료

국어과 교사는 국어 지식 영역의 교수·학습에 동원되어야 할 교수 자료에 대한 충분한 지식을 갖추어야 한다.

전통적인 국어 지식 영역의 학습에 동원된 교수 자료는 규범에 어긋난 글의 경우는 규범에 맞게 고쳐야 할 경우에만 사용되었으며, 이외에는 항상 규범에 맞는 글만 교과서에서 다루어 왔다. 이는 지나친 규범적 언어 교육의 방법으로서 학생 스스로가 접하는 다양한 언어 자료를 도외시한 것이다. 국어 지식의 다양성을 인정한다면 규범에 맞는 글이 아니더라도 그 글이 어떠한 상황에서 어떻게 언어 사용자들에게 사용되는지, 그리하여 우리의 언어 생활에 어떠한 영향을 미치는가를 교수·학습에서 다루어야 할 것이다. 따라서 국어 지식 영역의 교수 자료는 국어 규범에 맞는 모범적인 글만이 아니라 학생이 접할 수 있는 다양한 국어 활동과 관련되는 것으로서 표현과 이해와 관련된 것이어야 한다.

또한 새로운 언어 이론을 수용하여 국어 지식 영역의 교수 자료로 활용하여야 한다. 박영목·한철우·윤희원(2001)에 따르면 국어 지식 영역의 언어 이론 수용 방향은 1) 언어의 상황성을 중시한다. 국어 지식 교육에서는 음성 언어와 문자 언어의 차이를 고려한 상황에 맞는 국어 지식을 중시해야 한다, 2) 전체 텍스트의 층위로 범위를 확대한다, 3) 언어의 기능과 의미를 중시한다 등이다. 이것은 전통적 언어 교육이 모범적인 문어와 문장 위주의 국어 지식을 교육한 것과는 달리, 다양한 형태의 언어를, 문장의 범위를 넘어 텍스트의 층위까지, 또한 형식만이 아닌 기능과 의미를 중시하고 개인과 사회의 언어 특성까지 고려하여 교육할 수 있게 한 것이다. 이에 따라 다양한 교수 자료가 국어 지식 영역의 교육에 동원될 수 있는 것이다.

기준 3) 국어 지식 영역의 교육 평가

국어과 평가 전문성을 갖춘 교사는 학생을 평가하기 위해 학생의 학습과 행동 및 여러 교육 조건을 국어 지식 영역의 교육 목적에 비추어 측정하고, 이에 대하여 가치 판단을 하는 데에 필요한 지식을 갖추어야 한다.

국어 지식 영역의 교육 평가에 관한 지식은 ① 교육 평가에 대한 개념, ② 교육 평가의 유형, ③ 교육 평가의 방법, ④ 교육 평가 도구 개발 방법, ⑤ 교육 평가 시행, ⑥ 평가 결과 분석 방법, ⑦ 평가 결과 활용 방법에 대한 지식 등으로 이루어진다.

① 교육 평가에 대한 개념

국어과 교사는 교육 평가에 대한 개념에 대한 지식을 갖추어야 한다. 교육 평가에 대한 개념을 이해하는 것은 평가에 대한 지식을 갖추는 데 기초가 된다.

② 교육 평가의 유형

국어과 교사는 교육 평가의 유형에 대한 지식을 갖추어야 한다. 평가의 유형에 대한 지식은 교사가 다양한 평가를 수행할 수 있게 한다.

③ 교육 평가의 방법

국어과 교사는 교육 평가의 방법에 대한 지식을 갖추어야 한다. 다양한 평가의 방법에 대한 지식은 교사로 하여금 다양한 평가 방법을 활용할 수 있게 한다.

④ 교육 평가 도구 개발 방법

국어과 교사는 교육 평가 도구 개발 방법에 대한 지식을 갖추어야 한다. 교육 평가 도구 개발 방법에 대한 지식은 교사가 평가 도구를 개발하는 데 도움이 된다.

⑤ 교육 평가 시행

국어과 교사는 교육 평가 시행에 대한 지식을 갖추어야 한다. 교육 평가 시행에 대한 지식은 교사가 교육 평가를 시행하는 데 바탕이 되며 시행 상의 유의점을 지켜 적절한 평가를 할 수 있도록 해 준다.

⑥ 평가 결과 분석과 해석

국어과 교사는 평가 결과에 대한 분석과 해석 방법에 대한 지식을 갖추어야 한다. 평가 결과를 분석하고 해석하는 것에 대한 지식은 교사가 평가 결과를 파악하는 데 도움이 된다.

⑦ 평가 결과 활용 방법

국어과 교사는 평가 결과 활용 방법에 대한 지식을 갖추어야 한다.

평가는 학생의 학습에 도움을 주어야 하며, 수업은 평가와 분리할 수 없는 것이다. 따라서 교사는 평가를 통해 학생의 상태를 정확하게 측정하여 그 결과를 활용하여 수업을 개선할 수 있어야 한다. 평가 결과 활용 방법에 대한 지식이 없으면 평가 결과를 활용할 수 없고, 수업이 제대로 개선되기 어렵다.

기준 4) 국어 지식 영역의 교육 내용

국어 지식 평가 전문성을 갖춘 교사는 학습자를 평가하기 위해 국어 지식 영역의 교육 내용에 관한 지식을 갖추어야 한다.

국어과 교사는 국어과 내용에 대한 지식을 갖추어야 하고, 특히 국어 지식 영역을 평가하기 위해서는 국어 지식 영역의 교육 내용과 이와 관련된 배경 학문에 대한 지식을 갖추어야 한다. 국어 지식 영역의 교육 내용에 대한 지식으로는 ① 국어 지식의 구조, ② 국어 지식 영역의 핵심 지식, ③ 국어 지식 교육 내용의 위계와 범위 등에 대한 지식으로 이루어진다.

이와 같은 국어 지식 영역의 교육 내용은 국어과에서 국어 지식의 지도 방향을 어떻게 잡는가에 따라 달라질 수 있으며 지도 방향이 달라지면 국어 지식의 구조와 핵심 내용, 내용의 위계와 범위도 달라진다.[5]

---

5) 국어 지식 영역의 국어과에서의 필요성에 대한 견해는 대략 다음과 같다.

독자적 입장은 국어 지식 자체의 독자성을 유지하자는 입장으로 한글 창제와 한글에 대한 문화적 가치 등은 언어 사용 능력 향상에 도움을 주지 않지만 국어 교육에서 다루지 않을 수 없다고 주장한다. 통합적 입장은 국어 사용 기능의 신장에 도움이 되는 내용에 한해서만 가르치자는 입장으로, 문법 지도는 언어 사용 능력의 향상을 위해 학습자들이 지켜야 할 국어 지식을 체계적으로 제시하고, 이러한 지식의 제시가 개념적인 것에서 벗

① 국어 지식의 구조

국어과 교사는 국어 지식의 구조에 대한 지식을 갖추어야 한다. 국어 지식의 구조는 '국어의 본질에 관한 지식', '국어의 이해에 관한 지식', '국어에 대한 태도에 관한 지식', '국어의 규범에 관한 지식'의 네 가지로 체계화된다.

국어의 본질에 해당하는 지식에는 언어의 특성, 국어의 특질, 국어의 변천에 관한 지식 등이 있다. 국어의 이해에 관한 지식으로는 음운, 낱말, 어휘, 문장, 의미, 담화 등이 있으며, 국어 규범에 관한 지식으로는 표준어와 표준 발음, 맞춤법, 문법 등이 있다. '국어에 대한 태도에 대한 지식은 동기, 흥미, 습관, 가치 등에 대한 지식이다. 이들 지식은 국어 활동과 연계되어 실제 생활에서 효과적으로 국어 활동을 할 수 있도록 하기 위한 것이기 때문에 국어 지식의 이해와 활용이 국어 지식 영역의 중요한 교육 내용의 구조이다.

② 국어 지식 영역의 핵심 지식

국어과 교사는 국어 지식 영역의 핵심 지식에 대해 충분한 지식을 갖추어야 한다. 국어 지식 영역은 단순히 국어학이나 언어학만이 아니라 '국어 사용 능력 신장'과 관련된 표현력과 이해력도 포함되며 '문법' 영역과 밀접한 관련을 갖는다. 초·중등 국어과의 국어 교육은 언어학 일반이나 국어학의 지식 체계를 가르치는 것이 목적이 아니므로 국어 지식 영역은 언어학이나 국어학만을 가르치는 것이 아니라 '국어에 대한 여러 지식'이 포함된다.

어나서 국어 사용과 직접적으로 연결될 수 있는 절차적인 것으로까지 나가야 한다고 한다. 상호 보완적 입장은 국어 사용 기능 영역과 국어 지식 영역의 독립성은 인정하되, 한 영역에서 다루지 못하는 부분을 다른 영역이 채워줌으로써 완성된 전체를 이룬다는 입장이다.

국어 지식 영역의 핵심 내용은 1) 지식에 해당하는 언어와 인간, 언어와 사회, 언어의 성격, 국어의 특질과 변천, 음운의 체계와 변동, 단어의 형성과 유형, 문장의 구성 요소와 기능, 단어의 의미, 문장과 이야기, 2) 적용력에 해당하는 국어 지식에 적절한 표현과 이해, 표준어와 표준 발음, 맞춤법, 국어 순화, 3) 태도에 해당하는 단어와 문장을 효과적으로 사용하는 태도 및 습관으로 이루어진다.

③ 국어 지식 교육 내용의 위계와 범위

국어과 교사는 국어 지식 교육 내용의 위계와 범위 등에 대한 지식을 갖추어야 한다.

국어 지식 영역의 내용의 위계와 범위는 교육 목표 및 학생을 고려하여야 하며, 교육 목표를 달성할 수 있도록 구성되어야 한다. 따라서 학년별, 학기별 혹은 단원별로 지식의 난이도와 순차성, 언어 구조의 복잡성, 다른 영역의 교육 내용과의 관련성을 고려하여 위계와 범위를 정해야 한다. 현 교육 과정에서는 '국어의 이해와 탐구' 범주의 교육 내용을 '언어의 본질적 속성→언어와 주변 세계와의 관계' 순으로 '국어에 대한 태도' 범주의 교육 내용은 '우리말의 중요성 인식→규범에 맞는 국어 사용의 태도 형성→우리말을 가꾸고 발전시키려는 태도의 형성'과 같이 내용을 배열하였다.

기준 5) 국어 지식 영역의 평가와 인접 분야

국어과 평가 전문성을 갖춘 교사는 국어 지식과 관련되는 다양한 분야에 대한 기본 지식을 갖추고, 이와 관련한 다양한 결과물을 국어 지식 영역과 다른 영역의 통합적 평가에 활용할 수 있어야 한다.

국어 지식 평가는 국어과의 표현 영역과 이해 영역 등과 관련될 뿐만 아니라 교육 과정의 다른 범주와도 관련된다. 따라서 국어 지식 평가와 국어 지식과 관련되는 다양한 분야에 대한 기본 지식을 갖추고, 이와 관련한 다양한 결과물을 국어 지식 영역과 다른 영역의 통합적 평가에 활용할 수 있어야 국어 지식 평가를 효율적으로 수행하게 할 수 있다.

① 국어과 다른 영역과의 관련성

국어 교사는 국어 지식 평가와 국어과 다른 영역과의 관련성에 대한 지식을 갖추어야 한다.

국어 지식은 국어과의 듣기, 말하기, 쓰기, 문학 영역과 관련을 가진다. 따라서 교사는 국어지식이 어떻게 이들 영역과 어떻게 관련을 맺는가에 대한 다양한 결과물을 활용하여 국어 활동과 통합된 국어 지식 평가 방법을 모색할 수 있어야 한다.

② 교육 과정의 다른 범주들과의 관련성

국어과 교사는 국어 지식 평가가 교육 과정 상의 다른 범주들과의 관련성에 대한 지식을 활용하여 국어 지식 영역 평가를 수행할 수 있어야 한다.

교육 평가는 교육의 목표와 내용, 교수・학습 방법과 절차, 교재 등 교육 과정을 구성하는 다른 범주들과 관련성을 가진다. 교육 평가는 교육 목표를 도달했는가를 확인할 수 있어야 하며, 그러기 위하여 교육 내용을 평가 내용으로 치환해야 하고, 교수・학습 방법과 절차에 따라 이에 적합하게 평가하여야 한다. 또한 학생들이 배운 교재의 내용을 얼마나, 어떻게 평가에 반영할 것인가도 고려하여야 한다. 평가 결과는 교육의 목표와 내용, 교수・학습 방법과 절차, 교재 등 교육 과정을 구성하는 모든 범주들의 문제를 발견할 수 있는 자료가 되며, 교사는 평가 결과를 통해 교육 과정 상의 문제를 발견하고 이를 수정 보완할 수 있어야 한다.

기준 6) 국어 지식 학습자

국어과 평가 전문성을 갖춘 교사는 학생들의 ① 국어 지식의 발달, ② 언어 경험과 국어 지식에 대한 태도 등 학생들에 관한 지식을 충분히 갖추어야 하며, 이 지식을 바탕으로 학생들의 국어 지식을 평가할 수 있어야 한다.

① 국어 지식의 발달

국어과 교사는 학생들의 국어 지식의 발달에 대한 지식을 갖추어야 하며, 이 지식을 바탕으로 학생들의 국어 지식을 평가할 수 있어야 한다.

학생들의 국어 지식이 어느 정도인지, 국어 지식 능력의 발달은 어떠한 순서로 이루어지는지에 대한 교사의 지식은 국어 지식 교수·학습의 기초이며 동시에 국어 지식 평가의 기초이기도 하다. 특히 초등 학생의 경우 조사와 어미의 사용(5-6세), 경어법의 올바른 구사(7-8세), 문장의 변형 조작(9-11세), 시상·존비·관용구의 일치 여부(10-12세) 등 국어 지식 능력의 발달 지표를 교사가 이해할 수 있다면 이들 지표를 고려한 교수·학습과 평가가 효율적으로 이루어질 수 있다.6) 이와 같은 학생들의 국어 지식 발달 요인과 관련된 것은 각종 연구물과 학년별 국어 지식 내용, 이미 학습된 국어 지식의 내용을 참고하면 파악할 수 있다.

---

6) 국어 지식의 발달 지표는 이인섭(1986: 267)을 참조함.

② 언어 경험과 국어 지식에 대한 태도

국어과 교사는 학습자의 언어 경험과 국어 지식에 대한 태도에 관련된 지식을 갖추고, 이 지식을 바탕으로 학생들의 국어 지식을 평가할 수 있어야 한다.

국어 지식 영역은 언어 지식 그 자체의 습득이 목적이 아니라, 언어 습관의 교정과 나아가서 새로운 언어 습관의 습득을 위한 과정으로 교육되어야 한다. 따라서 학생의 언어 경험은 학생의 언어 습관의 문제를 파악할 수 있는 자료이며 이를 교수·학습에 반영함은 물론 평가에서도 이러한 학생의 언어 경험을 고려하여야만 적절한 국어 지식 평가가 이루어질 수 있다. 또한 교사는 문화적 차이에 대한 인식인 개인과 집단의 언어 사용 방식의 다양성, 언어 사용 맥락의 다양성 등에 대하여 학생들이 비판적으로 인식하는가를 평가해야 한다.

국어 지식에 대한 태도는 정의적 영역에 해당하는 '국어와 민족의 언어 문화의 창조적 계승 발전과 관련된 '태도 및 습관 요인' 이 있다. 이들은 발달 정도를 정확하게 평가하기 어렵다는 특성이 있기 때문에 평가할 때 교사의 전문적 지식이 더욱 필요한 것이다.

3.2. 국어 지식 영역 평가에 대한 수행 능력

국어 지식 영역 평가 전문성을 가진 교사는 국어 지식 영역의 평가 내용에 대한 배경 지식과 아울러 평가 수행 능력도 잘 갖추어야 한다. 따라서 평가 수행 능력은 국어과 교사의 평가 전문성을 구성하는 주요 요소로서 일반 평가 수행 능력과 국어과 평가 수행 능력 모두를 잘 갖추어야 하는데, 국어 지식 영역 평가를 잘 하기 위한 평가 수행 능력은 이들 모두의 수행 능력과 국어 지식 영역만의 특정 평가 능력을 다 갖추어야 한다. 국어 지식 영역 평가 수행 능력은 일반적인 평가 수행 능력과 같이 ① 평가 계획 및 준비 능력, ② 평가 시행 능력, ③ 평가 결과 분석 및 해석 능력, ④ 평가 결과 보고 및 활용 능력 등으로 구성된다. 교사는 이들 능력을 국어 지식 영역의 특수성을 고려하여 평가 수행 과정에 반영할 수 있어야 한다.

기준 1) 평가 계획 및 준비

국어 지식 평가 전문성을 갖춘 교사는 국어 지식의 학습 목표와 내용에 맞는 평가 계획을 수립하고 준비할 수 있는 능력을 갖추어야 한다. 국어 지식 영역 평가 계획 수립 능력에는 ① 평가 목표 설정 능력, ② 평가 내용 결정 능력, ③ 평가 방법 선정 능력, ④ 평가 도구 개발 능력, ⑤ 평가 시행 계획 능력, ⑥ 평가 결과 분석 및 해석 계획 수립 능력, ⑦ 평가 결과 활용 계획 수립 능력 등이 있다.

국어과 교사는 국어 지식 평가의 목적과 내용에 맞게 국어 지식 평가 계획을 수립할 수 있어야 한다. 평가 계획을 수립할 때에는 국어 지식 영역의 특성을 고려하여 학습자의 국어 지식 능력을 타당하고 신뢰 있게 평가하되, 평가 목표와 내용에 적합한 다양한 평가 방법을 사용하여 지식, 적용력, 태도의 측면을 모두 평가할 수 있게 한다. 따라서 가) 학습자의 국어 지식 수준을 타당하고 신뢰 있게 평가하되, 평가 목표와 내용에 적합한 다양한 평가 방법을 사용하여 본질, 원리, 태도의 측면을 포괄할 수 있게 한다. 나) 평가의 내용이 특정 영역에 편중되지 않도록 하되, 영역 내에서도 학습자의 지식, 기능, 태도 등을 균형 있게 평가한다. 다) 평가의 기준과 방법을 미리 알려주어 평가가 국어 학습과 언어 발달을 적극적으로 도와줄 수 있게 한다. 라) 평가 목적, 평가 상황, 평가 내용 등을 종합적으로 고려하여 질적 평가와 양적 평가, 형식 평가와 비형식 평가를 적절하게 활용한다. 마) 학습 과정과 결과를 모두 중시하여 평가한다. 바) 학습 평가뿐만 아니라 교수 학습 자료, 평가 도구 등에 대해서도 종합적으로 평가한다(교육 인적 자원부, 2001: 79-80)와 같은 사항을 지켜야 한다.

① 평가 목표 설정

국어과 교사는 국어 지식의 평가 목표를 적절하게 설정할 수 있어야 한다.

교육 목표 및 내용은 평가 목표 및 내용을 결정하는 근간이 된다. 교육 목표에 맞게 교육할 내용을 결정하여 교육한 다음 이의 학습 결과를 평가하거나, 교육 목표를 달성할 수 있기 위해서 교육 내용을 어떻게 가르칠 것인가를 알기 위한 진단 평가나 학습 결과를 파악하기 위한 형성 평가나 모든 평가는 교육의 목표와 내용을 벗어나서 이루어질 수 없다. 또한 평가 목표를 달성할 수 있도록 평가 내용이 이루어졌는가의 여부에 따라 평가의 목표 달성 여부가 결정된다. 따라서 교육의 목표와 내용 평가의 목표와 내용의 관련성을 고려하여 평가 목표와 평가 내용을 결정하여야 한다. 따라서 국어 지식 영역의 평가에서도 국어 지식 영역의 교육 목적 및 내용이 국어 지식 영역의 평가 목적과 내용에 반영된다. 따라서 국어 지식 영역의 평가 목표는 국어 지식 영역의 교육 목표를 달성하는 데 도움이 되어야 한다.

현 교육 과정에서 국어 지식 영역의 평가 목표는 단편적인 국어 지식보다는 국어 지식을 도출하는 탐구 과정과 국어 지식의 활용에 중점을 두어 설정한다.

② 평가 내용 결정

국어과 교사는 국어 지식의 평가 목표를 달성할 수 있는 평가 내용을 결정할 수 있어야 한다. 국어과 교사는 평가 내용을 학습자의 지식, 적용력, 태도 등을 균형 있게 평가할 수 있도록 국어 지식의 학습 내용에서 균형 있게 선정할 수 있어야 한다. 또한 국어 지식 능력을 구성하는 하위 요인들이 통합적으로 실현되는 능력을 평가할 수 있게 선정할 수 있어야 한다.

평가의 내용이 특정 부분에 편중되지 않도록 하고, 영역을 통합하여 평가할 때에도, 서로 다른 영역 내에서도 동등하게 다를 수 있도록 한다. 각 영역을 평가할 때도 학습자의 지식, 기능 태도 등을 균형 있게 평가하는 것이 좋다. 단 지식, 기능, 태도는 항상 실제와 밀접한 관련을 가진다는 점을 유의하여 평가해야 할 것이다.

국어 지식 영역의 평가 내용은 다음과 같은 것이 될 것이다

1) 지식: 언어의 중요성, 언어의 성격, 국어의 특질과 변천, 음운의 체계와 변동, 단어의 형성과 유형, 문장의 구성 요소와 기능, 단어의 의미, 문장과 이야기

2) 적용력: 국어지식에 적절한 표현과 이해, 표준어와 표준 발음, 맞춤법, 국어 순화

3) 태도: 단어와 문장을 효과적으로 사용하는 태도 및 습관

③ 평가 방법 선정

국어 교사는 국어 지식의 평가 목표를 달성할 수 있도록 평가 목적, 평가 상황, 평가 내용 등을 종합적으로 고려하여 형식 평가와 비형식 평가를 적절하게 활용할 수 있어야 한다.

국어 지식의 평가 방법으로는 과정 평가, 진위형, 선택형, 결합형,

완성형, 단답형, 논술형 등 지필 평가와 태도 형성력을 평가하는 면접법, 조사법 등이 있는데 교사는 이들 중에서 적절한 방법을 선정하면 된다.

국어 지식의 평가 방법 선정은 평가 목적, 평가의 내용과 목표를 평가하는 데 적합하여야 한다. 또한 국어 지식의 평가는 간접 평가와 직접 평가를 적절하게 활용하되, 가급적 수행 평가를 적극 활용하고 학습자의 성취 수준을 판단할 때에는 과제의 성격을 고려하여 적절한 평가 방법을 활용한다. 따라서 형식 평가는 주로 지필 평가를 실시하여 많은 사람을 한 번에 평가한다. 비형식 평가는 면접법, 조사법 등을 사용하여 국어 지식과 그 지식의 적용력을 평가한다. 또한 국어 지식 영역의 특성 상 표현·이해 영역과 통합한 평가를 활용하는 것이 좋다.

기준 2) 평가 도구 개발하기

국어 지식 영역 평가 전문성을 갖춘 교사는 국어 지식의 평가 목적과 내용, 대상에 맞는 형식적 국어 지식 평가와 비형식적 국어 지식 평가 도구를 개발할 수 있어야 한다. 국어 지식 영역의 평가를 위한 평가 방법이 선정되면 교사는 이 방법에 이용할 도구를 개발하여야 한다.

① 형식 평가의 도구 개발

국어과 교사는 형식 평가에 필요한 도구를 개발할 수 있는 능력을 갖추어야 한다. 형식적 국어 지식 평가로는 지필 검사가 가능한 도구가 이용된다. 이해력, 적용력, 태도 형성력 모든 분야에 적용되는 지필 평가 방법은, 이해력과 적용력 평가에서는 선택형, 서답형이, 태도 형성력 평가에서는 서답형의 한 형식인 논술형이 적절한 도구가 된다.

형식 평가는 많은 사람을 한 번에 평가해야 하기 때문에 관찰이나 면접 등으로 평가할 수 없다. 따라서 지필 검사를 활용하는 것이 무난하다. 이 때 평가 문항은 단순한 국어 지식을 평가하는 것이 아닌 다른 영역과 통합된 문항으로 개발하여 국어 지식의 국어 활동과 연관된 활용 능력을 평가할 수 있도록 해야 한다. 국어 지식은 국어 사용 능력을 향상시킬 수 있을 때 그 필요성이 극대화되는 것이기 때문이다. 또한 국어 지식의 탐구 능력을 평가할 수 있도록 문항을 개발할 필요가 있다7).

형식적 국어 지식 평가에서 이해력, 적용력, 태도 형성력 모든 분야에 적용되는 지필 평가 방법은, 이해력과 적용력 평가에서는 선택형, 서답형이, 태도 형성력 평가에서는 서답형 중 논술형이 적절한 도구가 된다. 선택형은 진위형, 선다형, 결합형이 있으며 서답형은 단답형, 완성형, 논술형이 있다.

② 비형식 평가의 도구 개발

국어과 교사는 비형식 평가에 필요한 도구를 개발할 수 있는 능력을 갖추어야 한다. 비형식 평가의 도구에는 형식 평가에서 사용하는 지필 평가와 수업 시간에 활용할 수 있는 관찰법, 면접법(대화), 오류 분석 (error analysis) 등 다양한 방법이 있으며 이들 각각의 방법에 맞는 도구 개발이 필요하다. 교사는 각 방법의 장단점과 특성을 이해하고 국어

---

7) 국어 지식 영역의 학습이 탐구의 방법으로 전개되어야 한다는 점을 고려하면 다음과 같은 능력을 중심으로 평가하도록 한다(박영목·한철우·윤희원, 2001: 314).
  (1) 탐구의 주제에 적절한 자료를 선정하는 능력
  (2) 예상되는 결론에 적절한 가설을 수립하는 능력
  (3) 문제를 해결하고 원리를 발견해내는 능력
  (4) 합리적 과정에 따라 적절한 결론을 도출해내는 능력
  (5) 도출된 원리나 결론을 적절히 확인, 검증하는 능력
  (6) 도출된 원리나 결론을 활용하여 바른 문장을 만들어 내는 능력

지식 평가 도구를 개발할 수 있어야 한다. 국어 지식 평가 방법 이외에도 국어 지식 성취 기준, 평가 기준 개발, 보고 양식 등을 개발할 수 있어야 한다. 국가 수준이나 시도 교육청 수준에서 개발될 도구들을 적절히 변형하여 활용하는 능력도 갖추어야 한다.

평가 도구로서 선택형 문항은 어떤 방법이나 절차를 거쳐 알게 되었는가에 대한 정보를 제공해주지 못하고, 결과 중심의 학습 활동을 조장할 가능성이 높기 때문에 문항의 형식을 융통성 있고 신축성 있게 조정함으로써 단편적인 지식보다는 문제 해결 능력, 탐구 능력 등을 평가하도록 해야 한다. 서답형 문항은 주어진 문항에 대해 단편적인 지식을 묻는 것보다는 국어 지식 영역이 국어 사용 기능 신장과 연결되어야 한다는 점에 유의하여 통합적인 평가 문항을 개발하여야 한다. 이 때, 답의 주제, 분량, 시간 등을 제한하여 명시하여야 한다. 논술형 문항은 주어진 과제를 논리적 과정을 통해 해결하고 그 결과를 언어로 서술하는 글쓰기로서, 사물을 객관적으로 관찰하고 합리적으로 판단하여 논리적으로 사고하는 사람을 기르기 위한 교육 영역의 평가에 적합하다(최미숙·양정실, 1998: 120). 실기형 문항은: 구술시험, 토의 및 토론, 관찰법 등에서 사용할 수 있다.

③ 성취 기준 및 평가 기준 정하기

국어 교사는 국어 지식 영역의 교육 목표에 적절한 교육 내용을 반영한 성취 기준을 정하고, 평가 목표에 맞는 평가 기준을 정할 수 있어야 한다.

성취 기준은 교육 목표가 반영되어야 하며, 교육 목표는 교육 내용에 반영되기 때문에 교육 내용과 성취 기준은 밀접한 관련을 갖는다. 성취도 평가를 위한 국어과 국어 지식 영역의 성취 기준은 국어 지식 교육의 목표와 내용을 초·중·고등 학교의 연계성과 위계성을 고려하여 결정하여야 한다.

평가 기준은 평가 목표가 무엇이냐에 따라 목표 달성 정도를 정확히 파악할 수 있는 평가 기준을 정하여야 하는데, 교육 목표, 교육 내용, 성취 기준, 평가 기준은 서로 밀접한 관련이 있기 때문에 이를 모두 고려하여 평가 기준을 정하여야 한다. 성취도 평가를 위한 평가 기준의 수준 구분은 상, 중, 하 3 단계 또는 5 단계 등으로 구분한다. 평가를 위한 채점 기준은 국어 지식 평가의 특성을 고려할 수 있도록 언어 상황과 학생과 정답의 다양성을 고려한 채점이 가능하도록 개별 문항의 특성에 맞게 구체화하여야 한다.

기준 3) 평가 시행

국어 지식 평가 전문성을 갖춘 교사는 평가를 원활하게 수행할 수 있는 능력을 갖추어야 한다.

평가 시행과 관련된 수행 능력은 ① 평가 환경 조성, ② 평가 방법 및 절차 안내, ③ 자료의 수집과 정리 등에 관한 능력이다.

① 평가 환경 조성

국어과 교사는 평가를 시행할 장소, 물품, 주위 환경, 시간 등을 평가에 적절하게 준비할 수 있는 능력을 갖추어야 한다.

평가를 시행하기 위해서는 평가 환경의 준비가 필수적이다. 지필 평가를 위한 환경이냐, 수행 평가를 위한 환경이냐에 따라 환경 조성은 달라져야 하고 평가 환경이 좋지 않을 경우 적절한 평가가 이루어질 수 없기 때문이다.

② 평가 방법 및 절차 안내

국어과 교사는 선택, 완성, 서술형, 작문형, 면접형, 관찰형, 보고형 등에 따른 방법별 시행 절차를 정확히 이해하여야 하고, 학습자에게 평가 방법 및 절차를 정확하게 안내할 수 있어야 한다.

학습자가 자신이 치르게 될 평가의 목적, 상황, 내용, 기준 방법 등에 대해 미리 알면, 국어 지식 영역의 학습에서 자신이 무엇을 목표로 학습해야 하는지, 어떠한 방법으로 학습해야 하는지에 대해 계획할 수 있고 이 계획에 따라 학습할 수 있어 효과적인 학습이 이루어질 수 있다. 따라서 교사는 학생에게 평가 방법 및 절차에 대해 상세하게 안내하여야 한다.

③ 평가 과정 조절

국어과 교사는 평가 방법이나 상황 등을 고려하여 평가 과정을 적절하게 조절할 수 있어야 한다.

교사는 평가 방법 및 절차 안내가 끝나면 평가 도구를 투입하고 평가 과정을 조절해야 한다. 학생들이 평가 요소와 방법에 어울리는 활동을 하는지, 평가 절차를 준수하고 있는지를 살펴서 잘못된 방향으로 가고 있다면 바로잡아 주어야 한다. 특히 면접법의 경우 평가자인 교사와 피평가자인 학생과의 상호 작용이 중요한 평가 자료가 되는 경우에는 평가 과정을 적절히 조절하는 것이 더욱 중요하다.

④ 자료의 수집과 정리

국어과 교사는 평가를 통해 학생의 학습 상태나 진행 정도 혹은 결과에 대한 국어 지식 능력을 실질적으로 보여주는 다양한 증거를 수집하고 수집한 자료는 체계적으로 선택하여 정리할 수 있어야 한다.

교사는 수집된 자료에 대하여 분석하기, 분류하기, 채점하기, 질적 자료를 양적 자료로 변환하기, 컴퓨터를 이용하여 증거의 특성을 재조직하기 등의 활동을 통하여 학생의 국어 지식 능력의 발달과 장단점에 대하여 해석할 수 있도록 재조직할 수 있어야 한다.

기준 4) 채점과 결과 해석

국어 지식 평가 전문성을 가진 교사는 평가 목표 및 내용에 적절한 채점 방법을 선택하여 공정하게 채점을 할 수 있어야 하며, 그 결과를 국어 지식 교육에 활용할 수 있도록 분석하고 해석한 뒤 이를 국어 지식의 학습 증진에 활용하는 전략을 수립할 수 있는 능력을 갖추어야 한다.

① 채점

국어과 교사는 국어 지식 영역의 채점을 적절하게 수행할 수 있어야 한다. 국어 지식 평가의 채점은 금과옥조식의 규범적인 정답만을 고집할 것이 아니라 다양한 상황을 고려하여 정답의 적절성을 고려해야 한다. 따라서 가능한 답의 적절성에 따라 채점할 수 있어야 한다. 이 때 답지의 적절성에 대한 해석은 채점자의 국어 상황에 대한 깊은 이해를 필요로 한다. 따라서 국어 지식의 규칙성과 상황성을 고려한 해석의 다양성 등을 고려하여 채점할 수 있어야 한다.

학습자의 수행 능력을 측정하기 위한 국어 지식 영역의 채점은 '맞다, 틀리다'가 아닌 '더 적합하다, 덜 적합하다'고 평가할 수 있는 능력이 요구되기 때문에, '제일 적합한 답', '더 적절한 답'을 요구하는 평가여야 한다. 또한 '왜 이러한 표현은 바르지 않은가?', '왜 이러한 표현이 사용되는가?' 등의 설명을 요구하는 것도 필요하다. 따라서 평가 문제도 '맞다, 틀리다'가 아닌 '더 적합하다, 덜 적합하다'로 인식할 수 있도록 만들어야 하고, 다양한 답을 인정할 수 있는 준거를 갖추어야 한다. 이러한 채점은 공정성과 신뢰성 확보가 중요하므로 이에 대한 충분한 고려가 있어야 한다.

② 결과 분석과 해석

국어과 교사는 국어 지식 영역 평가의 결과를 적절하게 분석하고 해석할 수 있어야 한다. 국어 지식의 평가는 학습자의 국어 지식을 완전하게 측정하는 것이 아니며, 학습자의 국어 지식 발달 지표로서 평가자가 알 수 있는 것에 국한하였음을 알아야 한다.

평가가 끝나고 나면 교사는 평가 결과를 얻게 된다. 평가 결과는 어떻게 평가 결과를 얻게 되었는가에 따라 달라질 수 있다. 평가 목적을 이룰 수 있게 평가 시행의 전 과정이 제대로 이루어졌다면 결과는 신뢰도와 타당도가 클 것이고, 평가 과정이 제대로 이루어지지 못하였다면 그 결과는 신뢰도와 타당도가 적을 것이다. 국어 지식의 평가 결과가 절대적인 국어 지식의 발달 지표인 것은 아니고 단지 평가자가 알 수 있는 것에 국한하였다는 것을 고려하여, 학습자의 국어 지식 정도를 평가 결과를 해석하여야 한다.

평가 결과가 무엇이냐에 따라서 그 결과를 해석하는 방법도 달라진다. 평가 결과는 문제에 대한 학생이 지필 검사에서 답한 결과일 수도 있고, 학생의 문제 해결 과정일 수도 있으며, 교사가 관찰한 학생의 태도일 수도 있다. 따라서 이들 결과의 성격에 따라 분석과 해석의 방법은 달라져야 하며, 어떠한 경우에도 완벽한 평가 결과의 분석과 해석은 어렵다는 것을 고려하여 결과 분석 및 해석에 대한 충분한 고려가 따라야 한다. 국어 지식은 규범만으로 평가할 수 있는 것이 아니기 때문에,

규범과 기술의 차이, 상황에 따른 다양성 등을 모두 고려하여 학습자의 답안, 작품, 기록물, 실제 언어 활동 녹화 테입 등 다양한 형태의 평가 결과에 대한 해석에서 경직되지 않고 유연한 결과 해석이 필요하다.

기준 5) 평가 결과 보고와 활용

국어 지식 평가 전문성을 갖춘 교사는 국어 지식 영역의 평가 결과에 대하여 학습자와 학부모, 동료 교사, 기관 등 교육 공동체 구성원에게 체계적으로 보고할 수 있어야 하며, 전문성을 가지고 평가 결과를 국어 지식 교육의 교수 학습을 증진하는 데 활용할 수 있어야 한다. 또 평가 과정 전체가 제대로 이루어졌는가를 평가할 수 있어야 한다.

① 결과 기록과 보고

국어과 교사는 국어 지식의 평가 결과에 대하여 학습자, 학부모, 동료 교사, 기관 등 교육 공동체 구성원에게 체계적으로 보고할 수 있어야 한다.

평가 결과를 기록하여 보관만 한다면 이는 평가의 의의를 줄이는 것이다. 평가 결과를 단순히 총점과 평균 점수로 기록하기보다는 개별 학생의 학습 내용의 특성별 성취 수준을 구체적으로 알 수 있는 특성 중심으로 기록하여 학생, 학부모, 동료 교사, 기관 등 교육 공동체 구성원에게 보고하여야 한다.

② 평가 결과의 활용

국어과 교사는 전문성을 가지고 평가 결과를 국어 지식의 교육에서 학습 증진 전략, 격려, 충고, 촉진, 지원에 활용할 수 있어야 한다.

국어 지식 평가의 목적에 따라 그 목적에 맞도록 평가 결과를 활용하기 위해서 국어 교사는 평가가 타당하고 신뢰할 수 있는가를 확인해야 한다. 그리고 평가 목적을 달성했을 경우 이를 평가 목적에 활용하여 학습자의 학업 성취도 수준을 파악하여 이들에게 필요한 교수·학습의 내용을 정하거나 보다 나은 교재나 평가 도구 개선을 위한 자료로 활용하여야 한다. 또한 평가 결과를 학습자, 학부모, 교육 관련 행정가에게 알려 주어 학습자의 국어 지식은 물론 이를 토대로 한 국어 사용 능력 수준을 향상시키는 데 활용한다.

기준 6) 평가에 대한 평가

국어 지식 평가 전문성을 갖춘 교사는 국어 지식의 평가가 적절히 이루어졌는가를 평가하여 평가의 전 과정에서 발견된 문제점을 해결하고 개선할 수 있어야 한다.

국어 지식 교육의 평가에 대한 평가는 국어 지식 평가 체제 전반을 평가하되, 평가 활동의 설계, 평가 도구의 구성, 수업 개선을 위한 정보 수집 및 의사 결정에의 기여도, 평가 결과 활용의 용이성 등을 기준으로 평가해야 한다(박영목, 1997: 122). 즉, 평가의 계획, 목적과 목표, 방법, 도구 개발, 평가 시행, 채점과 평가 결과 분석 등 평가와 관련된 모든 단계가 평가 대상이다. 평가에 대한 평가의 결과는 국어 지식 평가를 개선하는 데 활용한다.

4. 정리

국어과 교사가 평가 전문성을 갖추게 되면 국어과 교육이 보다 효율적으로 이루어질 수 있기에 국어과 교사의 평가 전문성을 신장하는 일은 중요한 과제이다. 본고에서는 국어과 교사의 평가 전문성 중에도 국어 지식 영역의 평가 전문성을 신장하기 위하여 예비 국어과 교사와 현직 국어과 교사를 대상으로 하는 '국어 지식 영역 평가 전문성 신장을 위한 교육 프로그램'을 제시하였고, 이 프로그램의 설정 근거와 교육 내용을 밝히기 위하여 '국어 지식 평가 전문성 신장을 위한 배경 지식'과 '국어 지식 영역 평가 수행 능력'에 대한 국어과 교사의 평가 전문성 기준을 제시하였다. 그러나 교사의 평가 전문성은 교육의 성격이 달라지면 이에 따라서 달라질 수 있기 때문에, 국어과 교육의 성격, 목표, 내용이나 인접 분야와 국어 지식 영역의 관련성이 어떻게 변하는가에 따라서도 달라진다.

본 장의 기술은 현 교육 과정의 틀에서 이루어진 것이기 때문에 새로운 교육 과정의 틀에서 국어 지식 영역의 성격이 달라지면 국어 지식 영역의 목표와 내용이 달라지고 따라서 교수·학습 방법, 평가 관련 요인들이 달라질 수 있다. 국어 지식 영역의 평가 전문성은 달라지는 국어 지식 영역의 평가도 잘 수행할 수 있도록 기초가 튼튼해야 한다는 점에서 교사 양성 교육 과정의 평가 관련 교육은 충실하게 이루어져야 하고, 현직 교사 연수도 새로운 평가 이론을 즉시 반영하여 교육에 이용할 수 있도록 해야 할 것이다.

제 5 장

국어 문법 교육의 개선

1. 도입

국어과의 '문법'을 택한 고등 학교가 극히 적다고 한다.1) 이는 문법 교육이 다른 과목에 비해 중요하지 않다고 여기거나, 심화 과목으로서 배울 만큼 그 내용이 깊지 않아서 선택하지 않았다고 할 수 있다. 중학교 국어 시간에 배운 문법만으로도 충분하다고 여기거나 필요하지 않은 영역이 '국어 지식'이라면, 이는 '문법 교육' 전반에 대한 재검토가 필요하다고 할 수 있다.2) 6차 교육 과정이 시작될 때 고등 학교 국어

---

1) 서울시 교육청 관내 고등 학교 인문·사회 과정의 국어과 과정별 필수 과목으로서 문법을 선택한 경우는 15%에 불과하였다. 이는 문학 29%, 작문 28.6%, 독서 24.9%에 비해 매우 낮은 비율이다(이관규, 2000: 57).
2) 국어과 교육 과정에서 종전의 '언어' 영역을 '국어 지식'으로 바꾸었는데 본고에서는 '문법'과 '국어 지식'을 구별할 필요가 있을 때만 구별하여 기술한다. 따라서 본고에 나타난 국어과 교육 과정과 관련한 '문법'은 '국어 지식', '언어 지식' 또는 교과 이름으로서의 '문법'을 지칭한다.

과 과정별 필수 또는 선택 과목에서 제일 적게 선택될 과목이 '문법'이라고 생각한 교사들에게 필자가 한 질문은 '왜 문법이 선택에서 제외될 가능성이 큰가?'였다. 그들의 대답은 '중학교 국어 시간에 배운 문법 내용이나 고등 학교에서 배우는 내용이나 큰 차이가 없다'였다. 물론 이것은 적절한 답은 아니다. 그 이유는 고등 학교의 '문법' 과목은 중학교까지 국어 시간에 배운 것 이외에도 여러 내용을 포함하고 있기 때문이다. 그러나 6차 교육 과정 시행 이후 '문법' 과목을 선택하는 학교가 줄어들고 있다. '문법 교육'의 위기가 온 것이다. 우리는 왜 문법 교육의 위기가 온 것인지, 이 위기를 극복하기 위해서는 어떻게 해야 하는가에 대한 연구를 통해서 '문법'을 제대로 교육할 수 있는 방안을 찾아야 하고, '문법 교육'을 발전시켜야 할 것이다. 이는 '문법 교육을 개선해야 한다는 절박감에 절대적인 문법 교육의 중요성을 제기하여서 해결할 수 있는 것이 아니라, 이제까지의 문법 교육의 문제들에 대한 해결책 (개선 방안)을 찾아내어 이를 실천해야 할 것이다.[3]

문법 교육은 1) 교육 문법의 기술, 2) 문법 교육을 담당하는 교사, 문법 교육의 성격과 내용, 교과서, 교수·학습 방법 등과 3) 제도권 교육인 초·중·고 교육 이외의 대학 교육, 일반 교육을 통한 문법 교육과 국가 공공 기관의 문법 교육 등에 대한 개선이 이루어져야 개선될 수 있다. 따라서 본 장에서는 이들을 고찰하여 문법 교육의 개선 방안을 제시하고자 한다

---

3) 문법 교육에 대한 관심은 학계에서 학술 대회 주제나 전문지의 특집 형식으로 나타났는데 이는 다음과 같다.
　· 1995년: 서울대 국어교육연구소 학술 발표 대회, 언어 지식 영역의 체계화 연구(국어교육연구 2집에 수록됨)
　· 1997년: 한국국어교육연구회 국어교육 연구발표대회, 언어 지식 영역의 교수·학습
　· 2000년: 새국어생활 2000 - 10권 2호(국립국어연구원). 특집: 학교 문법.
　· 2004년: 문법교육학회 창립 학술발표대회.

2. 국어 교육을 위한 국어 교육 문법

2.1. 문법 교육의 필요성

문법 교육의 필요성이 무엇인가에 따라 국어 교육에서의 문법의 역할이 달라질 것이다. 문법 교육의 필요성이 국어 교육의 교육 목표를 달성하는데 도움이 된다면 국어 교육에서의 필요성이 클 것이고, 국어 교육의 목표 달성과 관계없는 독자적인 필요성만 존재한다면 국어 교육에서의 문법 교육의 필요성은 줄어들 것이다. 그런데 현재의 초·중·고 교육에서 문법 교육은 국어(과) 교육에서 이루어지고 있을 뿐이기 때문에 국어 교육의 목적, 목표에 따라 이를 달성하는데 필요한 문법 교육만이 국어 교육에서 필요한 것이라 할 수 있다. 독자적으로도 문법 교육의 필요성이 존재하겠지만, 국어 교육에서의 문법 교육은 원칙적으로 독자적인 필요성을 요구하는 것은 아니라고 보아야 하기 때문이다. 문법 교육의 독자성을 강하게 주장하면 문법 교육이 실생활에 큰 도움을 주지 못하는 것 때문에 학습자가 그 필요성을 인식하기 어려워 문법 교육을 소홀하게 되는 것이다.

기존의 학교 문법이 언어 사용 기능 신장을 제대로 도와주지 못했기 때문에 문법 교육의 위기가 심해지는 것이다. 그러나 언어 사용 기능을 신장할 수 있는, 언어 사용 상황을 고려하여 기술된 (국어 사용 능력 신장을 고려한) 교육 문법을 개발하여 교육한다면, 이 교육 문법을 배워 표현과 이해를 더 잘할 수 있는 실용성 때문에 문법 교육의 필요성에 대한 인식이 높아지게 된다. 언어(국어) 사용 능력을 신장하는 것이 언어 교육, 국어 교육의 주요 목표이기에 문법 능력이 언어 사용 능력을 신장하는 데 기여한다면 문법 교육은 필요한 것이다. 이와 관련하여

문법 능력은 언어 사용 능력의 신장에 도움이 될 것이라는 생각은 오래
전부터 지금까지 존재하고 있다.

2.2. 국어 교육 문법의 개발[4]

언어 교육과 언어학은 밀접한 관련은 있으나 서로 다른 분야임을 전
제로 한다. 언어학은 다양한 목적을 가지고 기술되며, 각각의 목적에
따라 서로 다른 진술 방식을 가진다. 언어 교육을 위한 문법은 언어학
자를 위해 쓰여진 문법과 다르며, 언어 병리학자(speech pathologist)를
위해 쓰여진 문법도 다른 것들과 다르다. 이렇기 때문에 이론 언어학과
교육을 위한 언어학은 다른 것이다. 이론 언어학을 교육하는 것을 언어
학 교육, 교육을 위한 언어학을 교육 언어학이라 하고 이 둘을 구별하는
것처럼 이를 문법에 적용하면 문법 교육, 교육 문법을 구별할 수 있다.

2.2.1. 문법 교육

순수 국어학 교육도 포함되는 문법의 교육을 "문법 교육"이라 한다면
문법 교육의 대상인 문법은 주로 기존의 규범 문법이며 이는 언어의 사
용과 관련된 문법이라고 보기보다는 순수한 언어의 규칙을 말하며 이
럴 때 문법 교육은 "규범 문법을 교육하는 것"에 지나지 않는다. 그러나
순수한 규범 문법을 교육하는 것이 아닌 언어 사용(표현과 이해)을 도울
수 있는 교육 문법을 교육하는 것이 본고에서 주장하는 국어 교육에서
필요한 (국어 사용 기능을 신장할 수 있는) 문법 교육이다.[5]

---

4) 이 부분은 이충우(1997)의 주요 내용을 요약한 것임.
5) 대다수의 학자들은 외국어로서의 한국어 교육에서의 문법 교육은 언어 사용 기능을 돕는
통합적 교육이 필요하지만 모어 교육으로서의 국어 교육에서는 독자적 문법 교육의 중요
성이 더 중요하다고 한다. 본고에서는 대다수 국민들이 아직까지도 제대로 된 문장 능력

2.2.2. 교육 문법

좁게는 언어 사용 능력 신장, 넓게는 언어 능력 신장을 위하여 개발된 문법을 "국어 교육(언어 사용 기능)을 위한 교육(용) 문법"이라 하고 이에 적절하게 언어의 규칙을 기술한 문법을 "교육 문법"이라 한다. 이길록은 문법 교육의 성격을 "문법 교육은 말을 매개로 한 이해 표현의 기능을 정확하게 효율적으로 하는 데 그 목적이 있으므로, 문법 이론을 가르치는 것이 아니고, 실용적 가치를 가진 곧 언어 생활에 유용하게 응용할 수 있는 문법을 가르치는 것(이길록, 1972: 385)"이며, "문법 지식은 실제의 언어 능력을 구사하는 데 유용한 가치성을 가진 것이라야 한다(이길록, 1972: 392)"고 하였다. 이 때의 문법 지식은 기존의 문법 지식과 달리 언어 교육을 위해 필요한 문법 지식으로 보아야 한다면 이는 언어 사용 기능 교육을 위한 "교육 문법(educational grammar)"이라 할 수 있고 이러한 언어학은 "교육 언어학(educational linguistics)"이라 할 것이다.

2.3. 국어 교육 문법의 성격

언어 교육을 위한 문법은 언어 운용을 설명할 수 있어야 하고, 의사소통 능력 향상과 관련이 있어야 한다.

교육 문법의 조건은 언어 교육의 성격에 따라 중요도가 달라질 수 있다. 이들은 다음과 같다.

을 갖추지 못하는 이유를 문법 교육이 지나치게 지식 위주로 이루어져 왔기 때문이라고 본다. 따라서 국어 교육에서도 통합적 문법 교육이 우선돼야 할 뿐만 아니라 순수한 국어 문화 교육, 탐구 능력 신장 교육으로서 필요한 독자적 문법 교육에 대하여는 좀더 현실적인 문제를 고려해야 한다고 생각한다.

2.3.1. 규범성

교육 문법이 규범성을 가져야 하는 것은 언어 사용은 사회의 언어 사용 규범을 따르는 것이기 때문이다. 다만 이 규범은 '맞다, 틀리다'의 규범이 아니라 '더 적절하다, 덜 적절하다'의 규범이어야 할 것이다. 따라서 교육 문법의 규범성은 사회 언중이 용인할 수 있는 언어 사용법을 기술한다는 면에서 하나의 규범을 제시한다고 보아야 한다. 단, 이 규범은 변화할 수 있음을 전제로 해야 할 것이다.

2.3.2. 기술성

교육 문법이 기술성을 가져야 하는 것은 규범성을 가져야 한다는 부분과 모순되는 것처럼 보인다. 그러나 이 둘의 관계는 상호 보완의 관계에 있는 것이다. 규범이 언어 현실에 맞지 않는 것이 있는 반면 기술은 언어 현실을 반영할 수 있다. 따라서 언어 현실에 벗어나는 언어 규범을 언어 현실에 적합하도록 기술하는 것은 언어의 적절한 사용을 위해서 필요한 것이다. 다만 이런 기술을 규범적으로 처리하거나, 규범들을 가능한 한도에서 언어 현실을 반영할 수 있도록 해야 한다는 점에서 규범과 기술은 상보적 관계일 수 있는 것이다. 또한 학습자의 발달에 따른 문법의 기술은 언어 교육에 필수적이다.

2.3.3. 생산성

교육이란 더 많은 것을 알게 한다는 점에서 생산적이다. 교육 문법은 언어 사용 기능을 신장시킬 수 있도록 기술되어야 한다는 점에서 생산성을 가진다. 학습자가 아직 경험하지 못한 언어 사용에 대해 새로운 언어 사용을 할 수 있도록 언어에 대해 제시한다면 이는 생산적인 것이며, 의사 소통 능력 신장을 고려한 문법이라면 당연히 생산성이 있을 것이다. 다만 문법이 생산성을 갖기 위해서 어떻게 기술되어야 하느냐는 많은 연구가 필요할 것이다.

2.3.4. 통일성

중등 학교 학생에게 교육 문법을 가르친다고 할 때, 다양하게 기술된 문법을 제시할 수는 없을 것이다. 또한, 언어 교육의 결과가 각종 평가를 통해 우열을 가려야 하는 제도에 반영되어야 한다면 통일된 문법이 아니고는 평가가 어려울 수 밖에 없다. 따라서 언어 교육의 배경 지식으로서 평가의 대상이 될 교육 문법은 통일성을 가져야 할 것이다. 다만, 이 통일성이란 것은 언어에 대한 설명의 편리와 교육에 나타나는 문제들을 해결하기 위해서만 필요한 것이다. 규범이 여럿으로 달리 기술되지 않고 통일되어야 한다는 것이다.

2.3.5. 간결성

언어의 다양함을 완전하게 기술한다는 것은 가능하지도 않고 교육에 꼭 필요한 것도 아닐 것이다. 다만 언어의 기술이 완전하려면 지나치게 복잡한 문법의 기술이 필요할 것이며, 언어학의 기술이 간결하다면 언어의 다양함을 제대로 기술하지 못할 것이다. 교육 문법이 국어 교육에 적용되려면 간결한 기술이 요구된다. 복잡한 기술은 교수 학습에 도움을 주기 어렵기 때문이다. 따라서 간결하면서도 언어를 완전에 가깝도록 기술하기 위해서 많은 연구가 필요할 것이다.

위와 같이 규범성, 기술성, 생산성, 통일성, 간결성 등이 교육 문법의 성격으로 필요한데 문제는 이들이 서로 조화되기가 어렵다는 것이다. 규범성과 기술성, 기술성과 통일성, 기술성과 간결성 등이 조화를 이룬다는 것은 쉬운 일이 아니다. 이를 극복하여야 교육 문법이 소기의 목적을 달성할 수 있을 것이며, 언어학이 언어 교육에 서 중요한 위치를 확립할 것이다. 국어 지식은 국어 교육에 필요한 것과 필요하지 않은 것이 있을 것이며, 따라서 국어 사용 기능을 신장하는 국어 교육에 필요한 교육 문법이 필요하다.

3. 초·중·고의 문법 교육

초·중·고의 문법 교육은 자격을 갖춘 교사가 국어과 교육 과정에 의거하여 학생에게 문법을 교수하고 이를 학생이 학습하는 것이다. 일반적으로 문법 교육이라고 하면 제도권의 문법 교육을 가리키는 것으로 국어 지식 영역과 관련한 모든 교육을 가리킨다. 이에 대한 문제를 해결할 수 있는 개선 방안으로 교육의 내용인 '문법'에 대하여는 앞 장의 '교육 문법'에서 개선 방안을 제시하였고 나머지는 교사 교육, 문법 교육의 성격, 문법 교육용 교과서, 문법의 교수·학습 방법으로 나누어 제시한다.

3.1. 교사 양성 교육

초·중·고 문법 교육이 제대로 이루어지기 위하여 문법 교육을 담당하는 교사가 문법 교육 능력이 있어야 한다. 문법 교육 차원에서 교사에 대한 연구는 없는 것 같다. 전국 사범 대학 국어교육과의 교육 과정을 검토해 보면 국어학 관련 강좌는 있으나 언어학 일반에 관한 강좌는 찾아보기 어렵다. '언어학 개론'에서 다루는 '인간과 언어, 언어와 사고, 언어학의 역사, 언어학과 인접 학문 등의 문제는 국어학 개론에서 다루지 않지만 국어 교육, 문법 교육에서 필요한 부분이다. 문법 교육에서 '언어에 대한 이해'를 다루는데 이는 '언어학 개론'을 학습한 교사가 더욱 잘 이해할 수 있는 것이라고 본다. 따라서 '국어' 과목을 가르치는 교사는 '언어학'에 대한 지식이 필요한 것이다. 교사 교육과 관련된 개선 방안은 다음과 같다.

3.1.1. 중등 국어 교사 양성 교육

지식을 가르치는 것이 국어 교육이라면 국어학과 국문학 관련 지식이 주된 학습 내용이 되지만 기능 중심 국어 교육, 과정 중심 국어 교육으로 국어 교육이 이루어질 때 국어학, 국문학의 지식은 그 중요성이 줄어들게 되는 것이다. 물론 모두 중요하다고 하더라도 주된 관심이 어느 것인가에 따라 교육의 결과는 달라지는 것이다. 그러나 교사로서의 필요한 자질로서 국어 지식의 필요성은 국어 교육에서 필요한 국어 지식과는 다르다고 할 수 있다. 즉, 문법 교육을 국어 교육에서 통합적 입장에서만 교육한다 하더라도 국어 교사로서 필요한 지식은 학문적 지식으로서의 국어 지식과 교육적 지식으로서의 교육 문법 모두가 필요하고 특히, 국어학이나 국문학적 지식은 학교 현장에서 교사가 가르치는 내용보다 훨씬 넓고 깊어야만 관련 지식을 활용하여 국어 교육, 문법 교육을 시행할 수 있는 것이다. 따라서 국어교육과 학생, 예비 국어 교사의 교육에서 수준 높은 국어 지식 교육이 필요하다. 1980년대의 사범대 국어교육과의 교육 과정에서 높은 비중이었던 국어 지식이 지금은 교과 교육 관련 과목의 증가와 필수 이수 학점의 축소 등으로 매우 낮은 비중을 차지하고 있는데 이는 교사의 자질 측면에서 볼 때 심각하게 고민해야 할 문제이다. 현재의 국어교육과 학생들이 수강할

수 있는 국어 지식 관련 강좌 수는 10년 전의 국어학 관련 강좌보다 적기 때문이다.6)

3.1.2. 초등 교사 양성 교육

초등학교 교사는 '국어과'를 전담하지 않을 뿐 아니라 문법 교육을 따로 시행하지 않을 것이나 모든 교사가 국어 교과를 가르칠 기회가 있을 것이고 모범적인 국어 생활, 문법에 맞는 국어 생활을 해야 한다는 것과 어느 교사든지 규범에 맞는 표현 지도를 해야 한다는 것을 감안하면 교육 대학에서도 국어 문법에 대한 교육은 필요하다. 사범 대학 국어교육과 학생만큼 많은 내용의 국어 지식을 배우지는 않더라도 필요한 최소한의 강좌는 수강하여야 할 것이다.

초·중·고의 문법 교육을 담당하는 교사는 모든 방법의 문법 교육이 가능해야 하며, 교원 양성 대학에서는 이들에게 문법 교육에 필요한 기본 지식을 갖추도록 교육해야 한다(예: 언어학 개론, 국어학 개론, 국어 지식 교육론 등). 또한, 모든 교과의 강의에서 사용되는 언어가 언어 규범에 어긋난 표현이 아닌 적절한 표현일 수 있기 위해서는 교사 양성 과정에서 문법 교육이 제대로 이루어져야 한다. 교육 대학, 사범 대학, 교육 대학원의 학생은 기초 교과로서의 '국어 지식' 강좌를 필수적으로 이수하도록 해야 한다. 표준어를 사용하고 어문 규범에 맞게 표현하고, 적절하게 교수할 수 있도록 하기 위해서 전 교사의 공통 필수 자질로 적절한 언어 표현을 할 수 있도록 교육해야 하고 그 중의 하나로 문법 교육이 이루어져야 한다는 말이다. 또한 현직 교사에게는 일정 기간마다 '문법 교육 연수'를 시행하여야 한다.

---

6) 대다수 국어교육과의 교과 과정은 교원 양성 대학 평가 기준에 맞추어 구성되었는데 전공 이수 학점과 절대 이수 학점이 줄어들었기 때문에 국어학, 문법 교육 관련 강좌 시간이 10년 전의 국어학 강좌 시간보다 줄어들었다.

3.2. 국어과 교육에서의 문법 교육의 성격

초·중·고의 문법 교육은 국어과 교육 과정의 문법(국어 지식) 관련 내용에 따라 이루어진다. 교육 과정은 교육의 목적, 목표, 성격, 내용, 교수·학습 방법 및 평가 등을 다룬다. 학교에서 교사는 이 교육 과정에 의거하여 관련 교과를 교육해야 한다. 여기서는 문법 교육의 성격에 대하여 검토하고자 한다.

문법 교육이 국어 교육에서 어떤 성격을 갖느냐에 따라 문법 교육의 목표, 내용, 교재가 달라진다. 문법 교육은 그 성격 상 독자적 입장, 통합적 입장, 상호보완적 입장으로 나눌 수 있다. 본고의 입장은 독자적 입장의 문법 교육의 필요성이 크지 않다고 보며, 통합적 입장의 문법 교육이 국어 교육에서 필요하다고 본다. 그러나 상호보완적 입장이랄 수는 없는 극히 적은 부분에서 독자적인 문법 교육도 필요하다는 관점을 견지한다. 즉, 독자적 입장과 통합적 입장을 대등하게 다루는 것이 아니라 "문법 교육은 독자적 입장으로 이루어지거나 상호보완적 입장으로 이루어지는 것이 아니라, 국어 사용 능력을 신장하기 위하여 국어 사용 영역과 통합적으로 교육이 이루어져야 한다"는 것이다. 여기서 "A가 아니라 B다"라는 것은 "A가 중요한 것이 아니라 B가 중요한 것이기 때문에 B에 대한 것이 우선이다"라는 것을 뜻한다. 즉, B가 중요하지만 A가 필요하지 않다는 것이 아니라 A도 조금은 필요할 수 있다는 의미를 가진다. 즉, 상호보완적 문법 교육이랄 수 없을 정도로 문법 교육의 독자적 성격은 약하지만, 극히 일부는 통합적으로 교육될 수 없기 때문에 교육상 어쩔 수 없이 독자적으로 교육되어야 할 필요가 있을 수 있다는 것이다. 모든 국어 지식이 언어 사용에 도움이 된다고 할 수 없을 뿐만 아니라 국어에 대한 지식으로서 국어과에서 다룰 수밖에 없는 것(예: 훈민정음에 대한 이해)이 있다는 것이다. 모든 국어 지식은 많이 배우면 배울수록 좋다는 "多多益善"이 한정된 교육에서는 적용될 수 없기 때문이다.

대체로 독자적으로 교육될 문법이 있다는 학자들은 상호보완적 문법 교육을 주장하고 있다. 국어과 교육에서 언어 사용 기능과 통합한 국어 지식의 중요성을 인정하면서 독자적으로 교육이 필요한 국어 지식이 있다고 보기 때문이다. 이들은 주로 주된 전공이 국어 지식이랄 수 있는 학자들로 상호보완적 문법 교육을 주장하는 권재일(1995), 김광해(1997), 이관규(2000), 민현식(2002) 등이며, 현 국어 교육, 문법 교육은 상호보완적 입장에서 이루어지고 있다. 그러나 이병호(1987), 윤희원(1988), 이용주(1995), 최영환(1995), 이충우(1997) 등 '국어 교육으로서의 문법 교육'을 연구한 결과에서는 통합적 문법 교육이 강조되고 있으며 문법의 중요성은 그 자체의 가치로서 중요하다기보다 국어 사용 기능을 신장하는 데 도움이 되기 때문이라는 것이다.

독자적 문법 교육의 단점과 통합적 문법 교육의 단점을 보완할 수 있다고 보는 상호보완적 입장은 교육이라는 현실에서 한정된 내용을 가르쳐야 한다고 볼 때 잘못하면 두 가지의 단점만을 취하게 되는 우를 범할 수 있다.7) 즉, 교육할 가치가 있는 국어 지식(문법)을 제대로 가르칠 수도 없을 뿐 아니라 국어 사용 능력을 신장하지도 못하게 되는 결과를 가져올 수도 있다는 것이다. 교육 내용은 가치가 있는 것이라 하더라도 한정된 여건(수업 시수, 학생 발달 정도)에서 충분하게 교육되어야만 그 효용이 나타나기 때문이다. 필요하다고 다 가르칠 수 있는 것이 아니라 교수·학습이 가능한 양을 가르치는 것이다. 중요한 것이라

---

7) 상호보완적 입장에서 많은 양의 독자적 국어 지식을 교육하게 되면 국어 교육, 문법 교육의 실용성이 떨어지며, '국어의 가치'는 학생에게 흥미나 필요성을 느끼게 하지 못할 수 있어 자칫 문법을 '어렵기만 하고 필요하지 않은 것'으로 만들 수 있기 때문이다.

고 다 가르치는 것이 아니라 그 중에서 더 중요한 것부터 선정하여 가르치는 것이 교육 내용 선정의 기본 원칙이다.

3.3. 문법 교육의 성격에 따른 내용

문법 교육의 성격에 따라 교육할 내용이 달라진다. 독자적 입장의 문법 교육이라면 국어 지식 그 자체가 가치가 있으면 교육 내용으로 선정될 수 있고, 통합적 입장이라면 국어 사용 기능과 연계되는 지식만 문법 교육의 내용이 된다. 그리고 상호보완적 입장이라면 독자적 입장, 통합적 입장 모두를 포괄하는 내용이 될 것이다. 본고는 통합적 입장을 견지하며 극히 일부의 독자적 지식이 교육될 수 있다는 것이다.

그런데 문제가 되는 것은 독자적 입장이나 상호보완적 입장에서 언어 사용과 통합되지 않는 국어 지식이 무엇인가에 대한 견해이다. 상호보완적 입장은 언어의 본질, 언어와 인간의 관계, 여러 가지 국어의 특질, 국어의 역사, 훈민정음 및 한글의 우수성, 국어에 대한 태도, 언어학적 개념과 지식 등이 언어 사용 기능과 독립적으로 다루어져야 한다고 보며[8], 최영환(1995: 184)은 듣기, 말하기, 읽기, 쓰기는 반드시 언어 지식 영역을 학습해야만 배울 수 있는 것으로 생각하여야 하기 때문에 상호보완적 입장의 학자들이 독자적으로 가르칠 필요가 있다고 본 국어 지식들은 국어 사용 기능의 기초가 되기 때문에 통합론적 입장에서 가르쳐야 한다고 하였다[9] 이들 언어 사용과 관련되지 않아 독자적

---

8) 언어 지식에 대한 교수 방법은 언어 사용 기능의 지도와 통합해서 이루어질 수도 있으며, 또는 독자적으로 이루어질 수도 있을 것이며(권재일, 1995: 163), 언어와 국어에 대한 체계적인 지식을 갖추고, 국어의 발전과 민족의 언어 문화 창조에 이바지하도록 교육하는 것은 국어과 교육에서 당연히 필요한 일이라고 생각하기 때문에 언어 지식의 지도 영역은 독자성을 가져야 한다는 것이 상호보완적 입장을 주장하는 학자들의 주장이다. 이 주장은 현 교육 과정에 반영돼 있다.

입장의 문법 교육의 대상으로 보이는 '국어의 역사, 훈민정음 및 한글의 우수성, 국어에 대한 태도 등'에 대한 교육의 필요성에 대한 일선 교사의 생각은 대체로 상호보완적 입장에서 독립적으로 가르칠 필요가 있는 국어 지식으로 보고 있다(송현정, 2002: 131).[10]

필자는 국어 지식은 국어 사용 기능에 통합되어 가르쳐져야 하고 비록 독자적으로 가르쳐져야 하는 것처럼 보이는 국어 지식이라도 그것이 미약하나마 국어 사용 기능의 교육을 돕게 된다고 본다. 만일 국어의 특정 가치로서의 국어 사랑, 국어의 역사 등이 국어를 바로 사용하게 하는 태도를 길러줄 수 없다면 초·중·고의 국어 교육에서는 다루어질 필요가 적다고 본다. 이렇게 볼 때 이병호(1981)의 모든 국어 문법이 국어 사용 기능과 통합되어 가르쳐져야 한다는 견해에 동의한다.[11] 이런 견해는 국어학자로서 문법 교육에 관심을 갖는 대다수 학자들이 국어학 교육이랄 수 있는 독자적으로 가르칠 문법이 있다는 상호보완적 입장과는 차이가 있다. 국어 교육의 목적이 애국심을 기르거나, 국어를 사랑하기 위해서가 아니라 국어를 효율적으로 사용한다는 것을 전제로 한다. 만일 국어 교육에서 우리 문화나 국가 시책에 대한 주제를 다룬다 해도 이는 그 내용이 중요해서가 아니라 국어 사용 능력을 신장하는 것이 중요하고, 교육의 제재가 교육적 고려에 의해서 바람직하다고 생각하는 것으로 선정됐을 뿐이라고 보아야 한다. 문법 교육의 내용은 국어 사용 능력에 도움을 주는 것으로 선정해야 한다. 비록

---

9) 최영환(1995: 199)은 "(1) 언어의 본질 - 언어의 체계, 언어 기호의 특성, 언어의 기능, 음성 언어와 문자 언어, 비언어적 의사 소통, (2) 언어와 인간 - 언어와 사고, 언어와 사회, 언어와 문화, 언어 습득과 발달"이 국어 사용 기능 교육을 위하여 교육되어야 한다고 하였다.

10) 이러한 교사들의 생각은 현 교육 과정의 영향을 받은 것으로 보아야 할 것이다.

11) 이병호(1987)는 문법 교육이 잘못된 것은 언어를 언어 주체의 의식 속에 존재하는 사실로 보는, 언어 운용 중시의 문법 교육이 이루어지지 못했기 때문이라고 하였다.

국어 지식이 독자적으로 국어 사용 기능과 관련 없이 교육되는 것이 포함되더라도 그 비중이 통합적 지식과 대등하지 않고 매우 적다면 이를 상호 보완적이라고 할 수 없으며 통합적 문법 교육이라고 보아야 한다.

3.4. 문법 교육용 교과서

모든 교과서는 교육할 내용을 적절하게 선정하여 효과적으로 교수·학습할 수 있게 이루어져야 한다. 따라서 문법 교육을 위한 교과서는 학습자의 발달 수준에 맞고 교육 목표를 달성할 수 있는 내용을 효율적으로 교수·학습할 수 있도록 구성되어야 한다. 무엇을 가르치고 어떻게 가르칠 것인가에 따라 교과서는 달라질 것이다.

앞장에서 주장한 통합적 입장에서 기술한 국어 교육 문법을 학교 교육 과정에 맞게 구성하여 교과서를 편찬하는 것을 전제로 할 때, 문법 교육용 교과서의 편찬에 앞서 해결돼야 할 것은, 문법 교육을 위한 학생의 발달에 따른 문법 능력 실태 조사가 이루어지고 이에 맞춘 교육 내용의 선정과 교육 과정 수립이다. 그 다음으로 이렇게 이루어진 교육 과정에 의거하여 교수·학습 수준을 반영한 교과서 개발이 필요하다. 또한 교과서는 문법성(grammaticalness)과 용인성(acceptability)에 대해 적절하게 반영해야 할 것이다. 즉, "문법 능력 발달 실태 조사 → 문법 교육 내용 선정 → 교수·학습 방법 개발 → 교육 과정 수립 → 교과서 편찬 → 문법 교육 시행"과 같은 절차가 필요한 것이다. 교과서는 학생 발달 수준에 맞아야 한다. 발달 수준에 맞지 않게 너무 어려운 교과서를 접하게 되는 교사와 학생은 문법 교육에 대한 흥미를 갖지 못하게 되고, 문법 교육의 필요성에 의문을 갖는다.

또한 '표지(標識)'를 '표식'으로 처리하는 컴퓨터 관련 서적이나, '문방구(도구)를 파는 문방구점'을 '문방구'로 사용하는 현상에 대해 이해하고 바른 언어 생활을 할 수 있도록 바른 국어 지식을 아는 것은 매우 중요하다. 따라서 교과서는 문법성과 용인성을 반영해야 학생들이 국어 생활 현실과 규범간의 관련을 이해하는 데 도움을 줄 것이다.

3.5 문법의 교수·학습 방법

문법의 교수·학습 방법도 다른 영역과 마찬가지로 여러 방법이 있다. 1) 강의법, 2) 직접 교수법, 3) 자기 주도적 학습, 4) 탐구 학습 등이 문법 교수·학습 방법으로 이용되는데 현재의 교육 과정에서 대표적인 방법은 탐구 학습 방법이다. 이 방법은 교육 과정에 '학생들이 탐구 학습을 통해서 문법을 익히도록 한다'고 명시돼 있다. 그러나 문법의 탐구 학습이 매우 좋은 학습 방법이라 할지라도[12] 어느 특정 방법을 지나치게 강조하는 것은 바람직하다고 할 수 없다.

7차 교육 과정에는 탐구 학습이 문법 교육의 기본적인 교수·학습 방법으로 제시되어 있다.

문법 과목의 교수·학습에서는 다음과 같은 점을 강조할 필요가 있다.
가. 종래 학교 문법에서 기술해 놓은 규범적 개념을 단순히 학습하고 암기하는 활동보다는 그 자체를 다양한 국어 탐구의 대상으로 전환함으로써 문제를 해결하는 즐거움, 발견의 즐거움을 맛볼 수 있게 해 주는 방향으로 교수·학습 전략을 세운다.
나. 모든 교수·학습 활동은 인위적인 용례가 아니라 실제 문장, 유명

---

12) 김광해(1997: 107)는 탐구 학습은 1) 언어 현상은 다른 자연 과학 등과 마찬가지로 흥미로운 탐구 대상의 하나가 되며, 2) 언어, 국어의 이해 부분에 탐구 방법이 잘 적용되며, 3) 언어 현상에 대한 탐구 과정은 우리말의 문법 현상에 대해 몸소 관심을 가져보는 기회가 될 수 있다고 하였다. 그러나 이에 대한 더 많은 검토가 필요할 것이다.

　　　작품, 신문 기사, 방송 대본 등 실제 언어 장면에 나타난 생생한
　　　사례를 가지고 흥미로운 탐구 활동이 이루어지도록 한다.
　다. 문장의 분석에 중점을 두기보다는 문장을 생산하는 데 초점을 맞
　　　춘다. 직접 작문을 하거나 작문한 문장을 고치는 활동을 통해서
　　　문법 과목의 여러 내용이 자연스럽게 학습될 수 있도록 한다(교육
　　　부, 2001: 266).

위와 같이 교육 과정에서는 탐구 학습 방법을 중시하고 있지만 탐구
학습 방법은 다음과 같은 문제가 있다.

문법 교수·학습 방법 중 탐구 학습은 여러 교수·학습 방법 중 하나
일 뿐이다. 문법 교육은 다양한 방법으로 이루어질 수 있을 뿐 아니라
문법 내용에 따라 적절한 교수·학습 방법이 다르다. 탐구 학습이 비효
율적이고 다른 방법의 학습이 효율적이라면 탐구 학습이 필요하지 않
은 것이다. 탐구력을 기르는 교육이 필요하고 문법 교육은 탐구력을 신
장하는 것이 교육 목표라는 주장이 맞는가에 대해서도 더 많은 논의가
이루어져야 하는 것이다. 국어 교육의 성격과 목표, 문법 교육의 성격
과 목표, 교육 내용의 선정 원리 등을 충분히 검토한 결과 탐구 학습이
국어 교육에 필요하고 문법 교육을 통한 탐구력 신장이 다른 목표에 비
해 우선한다면 탐구력을 신장할 필요가 있겠지만 필자가 아는 한 탐구
학습이 지금의 교육 과정에 명시된 것처럼 중요한 것은 아닐 것이다.
지나치게 특정 학습 방법이 강조되면 교육의 효과는 반감될 것이다.

문법에는 탐구 학습이 가능한 것이 있지만, 탐구 학습이 부적절하거
나 불가능한 내용이 더 많다. 또한 아직까지 탐구 학습이 교사 중심 수
업보다 학습 효과가 더 좋다는 증거도 없다.13) 이대규(1994), 이종철

____

13) 이대규(1994: 431)는 "발견 학습이 부적절하거나 불가능한 수업 내용이 더 많다. 누구
　　나 발견 학습이 가능하고 어떤 수업 내용이나 발견 학습이 가능하다고 보는 것은 잘못이
　　다. 발견 학습이 교사 중심 수업보다 학습 효과가 더 좋다는 증거도 없다"라고 탐구 학

(1997), 김홍범(2003) 등에 나타난 탐구 학습 방법의 문제들은 비록 필요성이 인정된다 하더라도 현실적으로 학습이 어렵다면 좋은 방법이 아니라는 것이다14). 탐구 수업을 위해서는 많은 시간이 소요되며 잘못된 가설을 세우는 학생에 대한 대처 방법이 어렵다거나 학생의 지적 수준에 따라 불가능한 경우가 있다는 것 등이 대표적인 문제점이다.

4. 대학의 교양 교육 및 국어 관련 정책

문법 교육의 개선은 다양한 곳으로부터 이루어질 수 있다. 일반적으로 생각할 수 있는 초·중·고 국어 교육에서의 개선부터 정부 관련 부서, 연구 기관, 일반 대학의 교육에 이르기까지 다양한 곳으로부터의 개선이 이루어질 수 있기 때문이다. 우리는 이를 위해, 일반적으로 말하는 학교 문법을 교육하는 것과는 달리 국어국문학과, 국어교육과, 기타 어문 관련 학과에서 가르치는 국어 문법 이외의 일반 대학의 교양 교육으로서의 문법 교육(이 경우는 주로 문장 교육으로서의 문법 교육)과 국어 관련 국가 기관의 문법 관련 정책에 대하여 고찰할 필요가 있다. 이들은 문법 교육의 기반을 조성할 뿐 아니라 문법 교육의 성패를 결정할 수 있는 요인이 되기 때문이다. 예를 들어 국가 공직자의 국어 문법 능력의 필요성을 인식하여 공무원 임용 시험 과목에 문법을 포함한다거나 공공 어문 생활에서 문법에 어긋나는 문장을 통제한다거나 하는 정

습이 문제를 제기하였다(원문의 발견 학습은 '탐구 학습'임). 이와 관련된 이관규 (2001)의 연구가 있으나 탐구 학습에 대한 더 많은 연구가 필요하다.
14) 김홍범(2003: 90)은 탐구란 논리적 전개에 의한 문법 해석의 개념이지, 여러 가지 해석 가능성을 소개하는 것은 아니기 때문에 학교 문법에서 탐구 학습에 대한 개념을 불명확하게 함으로써 혼란을 초래하고 있는 점은 개선되어야 한다고 하였다.

책은 대학 교육에서 문법 강좌의 중요성을 높일 수 있을 뿐만 아니라 대학 입학 관련 고사에 문법의 비중을 높이는 데 영향을 미치고 이렇게 함으로써 고등 학교의 문법 교육이 강화되고 초·중·고 문법 교육이 개선될 기반이 조성되기 때문이다. 즉, 문법 교육과 관련되는 가장 높은 층위인 대학의 교육이 초·중·고의 문법 교육에 영향을 미치고, 정부 차원의 국어 문법에 대한 인식, 국어 문법 교육에 대한 인식이 초·중·고의 문법 교육에 영향을 미친다는 면에서 검토가 필요한 것이다. 또한, 공직자에 대한 문법 교육은 공직자의 문장 사용 능력의 향상이라는 효과 이외에도 문법의 중요성에 대한 인식을 높일 수 있다는 면에서 문법 교육의 개선에 중요하다.

이와 관련한 개선 방안은 다음과 같다.

1. 대학에서 '교양 과목으로서의 문법'이 교육되어야 한다. 국어국문학과에서 이루어지는 문법 교육 이외에 일반 대학생을 위한 문법 교육이 필요하다. 교양인으로서 적절한 언어 생활을 영위하기 위해 필요한 문법을 대학의 교양 강좌로 가르쳐야 한다. 이렇게 함으로써 문법 교육에 대한 인식을 높이고 이를 통해 문법 교육의 개선 노력이 이루어질 수도 있다.

대학의 '교양 국어'가 필수 과목에서 선택 과목으로 바뀌고 대다수의 학생이 '국어 문법'과 관련한 강좌를 수강할 기회가 없는 것이 현실이다. '국어' 관련 강좌 대부분이 '문법'과 관련한 것을 도외시하는 이유는 학생들이 필요성을 실감할 수 없기 때문이기도 한데 이는 기존의 문법이 실제 언어 생활에 많은 도움을 줄 수 없기 때문이다. 만일 '문장 능력'을 향상하기 위하여 '문법'을 배운 결과로, 문장 능력이 뛰어나 좋은 문장을 사용할 수 있다면 지금보다 많은 학생들이 '문법' 관련 강좌를

원하게 될 것이다. 또한 회사나 공공 기관에서 '국어 능력 인증 시험' 성적을 직원 채용에 활용한다든가 '문장 상담소'를 설치 운영하는 등 문장 능력을 요구하는 사회 분위기가 조성된다면 대학의 '교양 국어' 강좌를 수강하는 학생이 늘 것이고, '문법'의 요구가 커질수록 '문법 교육'은 활성화될 것이다. 이 경우의 문법은 순수 문법이 아닌 문장 능력을 높이는데 도움이 되는 언어 기능을 신장하는 문법이어야 할 것이다.

　2. 국가 기관이나 대학 등에 문장 상담소를 설립하거나 '국어기본법'을 국민들이 지킬 필요가 있다. 국민이 문법에 적절한 언어 생활을 유지할 수 있으려면, 이를 도와줄 수 있는 기구가 필요하다. 이를 위하여 대학이나 관공서에 문장 상담소와 같은 기관을 두어 문법 생활을 도와줄 수 있어야 한다. 또한 국민들이 국민의 국어 사용 능력 증진을 위한 '국어기본법'을 준수하고 문법 교육을 활성화하는 것도 필요하다. '문장 상담소'에서는 수요자들에게 '논문의 구조, 규범, 어휘 사용, 문법성, 텍스트성' 등 국어 문장의 향상을 위해서 필요한 구체적이고 실질적인 도움을 주게 되고, 이 때 문법이 문장 능력을 신장할 수 있어야 문법 교육의 필요성과 효용성이 증대되는 것이다.

　3. 공직자가 적절한 국어를 사용할 수 있도록 '문법 교육'이 이루어져야 한다. 어문 관련 기관, 공무원 교육 기관에서 현직 공무원에게 기초적인 문법을 교육하고, 공무원 임용 시험에 '문법 능력'을 측정해야 한다. 우리 나라에서 공무원 공개 임용 고사 과목으로는 영어나 국사와 달리 '국어'는 하위직 공무원 임용 고사에서만 시행하고 있다. 이는 대졸 이상의 학력을 전제로 하는 5급 이상의 공무원 임용 고사 응시자가 '국어'의 중요성에 대해 인식하지 못하게 만들 뿐 아니라 '문법에 맞는 언어 생활', '효율적인 언어 생활'이 중요하다는 것을 인식하지 못하게 할 수 있다. 어문 규범에 맞는 언어 생활은 국민의 언어 생활에 필수적

인 것임에도 대다수 국민은 어문 규범에 맞는 국어 생활의 중요성을 실감하지 못한다. 특히 '문법'이라는 것이 이렇게도 해석되고 저렇게도 해석되며, 현실 언어 생활과 일치하지 않는다는 점에서 국민 대다수는 '국어 문법'이 어렵다고 생각하거나 이런 문법(규범)은 지키지 않아도 되고 배울 필요도 적다고 생각한다. 제대로 지켜 사용할 수 있는 표준 국어 문법을 국립국어연구원이나 어문 관련 기관, 공무원 교육 기관에서 현직 공무원에게 교육하는 것은 공직자부터 문법에 맞는 적절한 어문 생활을 하게 함으로써 일반 국민도 어문 규범에 맞는 어문 생활을 하게 하는 계기가 될 것이다. 이런 것들은 궁극적으로 문법 교육의 필요성과 개선을 가져올 수 있을 것이다.

5. 정리

국어 문법 교육은 다음과 같은 전반적으로 개선되어야 한다.

1. 국어 교육을 위한 의사 소통 능력을 신장하는 국어 교육 문법의 개발이 필요하다. 언중이 실제 언어 생활에 도움이 되는 문법이라고 인식할 수 있는 교육 문법을 개발하여 교육해야만 문법 교육의 활성화를 꾀할 수 있을 것이다. 규범성, 기술성, 생산성, 통일성, 간결성 등이 교육 문법의 성격으로 필요한데 이들이 서로 조화되도록 많은 연구가 필요하다.

2. 초·중·고의 문법 교육이 개선되어야 하는데 이는 다음과 같다. 1) 교사 교육 문제로서 중등 국어 교사가 될 국어교육과 학생의 교육에서 수준 높은 국어 지식 교육이 필요하다. 또한 교육 대학, 사범 대

학, 교육 대학원의 학생은 기초 교과로서의 '국어 지식' 강좌를 필수적으로 이수하도록 해야 한다. 2) 문법 교육은 독자적 입장으로 이루어지거나 상호보완적 입장으로 이루어지는 것이 아니라, 국어 사용 능력을 신장하기 위하여 국어 사용 영역과 통합적으로 교육이 이루어져야 한다. 3) 교육 내용은 통합적 입장에서 선정되어야 하며 극히 일부의 독자적 지식이 교육될 수 있다. 4) 교과서 편찬에 앞서 해결돼야 할 것은, 문법 교육을 위한 학생의 발달에 따른 문법 능력 실태 조사가 이루어지고 이에 맞춘 교육 내용의 선정과 교육 과정 수립이다. 그 다음으로 이렇게 이루어진 교육 과정에 의거하여 교수·학습 수준을 반영한 교과서 개발이 필요하다. 5) 문법의 교수·학습은 각 문법 내용에 따라 적절한 방법으로 이루어져야 한다. 탐구 학습은 여러 교수·학습 방법 중 하나일 뿐이다.

 3. 대학에서 '교양 과목으로서의 문법'이 교육되어야 하고 국가 기관이나 대학 등에 문장 상담소를 설립하거나 국민들이 '국어기본법'과 같은 법을 준수하는 것이 필요하다. 또한 공직자가 적절한 국어를 사용할 수 있도록 '문법 교육'이 이루어져야 하며, 어문 관련 기관, 공무원 교육 기관에서 현직 공무원에게 기초적인 문법을 교육하고, 공무원 임용 시험에 '문법 능력'을 측정해야 한다.

 위의 문법 교육의 개선을 위한 방안은 모든 구성원이 개선을 위해 노력하지 않는다면 이루어질 수 없을 것이다. 문법 교육의 개선을 위한 노력은 다음과 같이 여러 방향에서 동시에 이루어져야 할 것이다.

 밖으로부터의 국어 문법 교육 개선이 필요하다. 언중이 문법 교육의 필요성을 인식해야 한다. 사회에서 문법 교육의 필요성을 인식하여 기본적인 문법 지식을 갖춘 자를 채용하기 위해 노력하면, 대학에서도 문법 교육이 이루어질 것이고 문법 교육의 중요성을 많은 사람이 깨닫게 될 것이다. 이렇게 되면 대학의 교양 강좌, 취업 강좌에 국어 문법이 포함될 것이고, 초·중·고의 문법 교육도 강화될 수 있다. 국어 규범을 지킬 수 있도록 국어기본법 준수, 문장 상담소 설치와 같은 정책적인 배려와 공무원 임용 시험에서의 문법 고사 실시 등은 대학의 교육 과정에 영향을 미치고, 대학의 문법 관련 강좌가 그 필요성을 인정받게 되면, 제도 교육인 초·중·고 교육에서 문법 교육의 활성화와 효율적인 문법 교육에 대한 노력이 나타날 것이기 때문이다. 인위적인 문법 교육의 개선 없이는 문법 교육의 문제들이 해결될 수 없다.

안으로부터의 문법 교육 개선이 필요하다. 문법 교육 관련자들이 실제 생활에 필요한 문법을 기술하고, 문법 교육을 연구하여 문법 교육을 받은 사람이 그렇지 않은 사람보다 국어 사용, 특히 표현력(문장 능력)에서 뛰어나다는 것이 증명될 때 밖으로부터 문법 교육의 수요가 창출될 것이고 문법 교육에 대한 각종 문제를 개선하려는 노력이 보다 넓게 사회, 국가 기관, 대학에서 전개될 수 있을 것이다.

밖으로부터의 문법 교육의 개선과 안으로부터의 문법 교육의 개선은 함께 이루어지는 것이 보다 효과적일 것이다. 이를 위하여 문법 교육 관련 단체의 문법 교육 개선의 필요성에 대한 홍보와 문법 교육 개선 연구가 이루어져야 할 것이다.

제 2 부

국어 문법 연구

• • •

제 1 장

어휘 교육과 교육용 어휘 선정

1. 도입

인간은 언어를 통하여 경험과 지식 등을 전달할 수 있었기 때문에 오늘날의 문화와 문명을 이루었다. 대부분의 학습은 언어를 통하여 이루어지며, 교사와 학생 모두가 언어를 통하여 필요한 것을 가르치고 배우는 것이다.

언어 교육은 언어 사용 능력 즉, 의사 소통 기능을 신장하는 것을 주요 목표로 하며, 언어 사용 능력의 주요 요소인 어휘력을 기르는 어휘 교육은 언어 교육에서 매우 중요하다.

초등 학생이 고등 학생 수준의 언어를 표현하거나 이해하지 못하는 것은 언어 지식과 관련지어 볼 때 음운 지식이나 문법 지식이 부족해서라기보다 어휘 지식(어휘력)이 부족해서일 경우가 많다.

다음의 경우를 보자.

> (ㄱ) 천연 고무는 흡수성이 있어 지방에 의해 침범되기 쉽고, 노화가
>   빠르며, 변형 팽윤이 빠르다.
> (ㄴ) 생고무는 빨아들이는 성질이 있어 기름에 약하고, 쉽사리 상하
>   며, 쉽게 모양이 달라지거나 굳어지게 된다.
> (1) (ㄱ)보다 (ㄴ)이 쉬운 이유는 무엇인가?
> (3) 이해하기 쉬운 글은 어떤 글인지 말해 보자.
>
> (5차 교육 과정 중학교 국어 1-1 : 31-32)

(ㄱ)은 고등 학생이 표현하거나 이해할 수 있는 수준의 어휘가 사용되었으며 (ㄴ)은 초등 학생이 표현하거나 이해할 수 있는 수준의 어휘가 사용되었다. 따라서 초등 학생이 고난도 문장인 (ㄱ)을 읽고 이해하지 못하는 이유는 음운론적 지식이나 문법론적 지식이 부족하여서라기보다 고등 학교 교과서에나 쓰일 고난도 어휘의 의미를 모르기 때문이다. 또한 (ㄱ)을 이해하지 못하는 어휘력을 가진 학생은 당연히 (ㄱ)과 같은 표현을 할 수 없다.

언어 교과가 모든 교과의 도구 교과가 될 수 있는 이유는 모든 교과가 바로 언어를 통하여 학습이 이루어지기 때문이다. 그런데 언어를 통한 학습은 언어로 표현하고 언어로 이해하는 과정이다. 그렇다면 언어로 표현하고 이해하는 과정에 대한 이해는 모든 학습을 보다 효율적으로 이루어지게 할 수 있는 기반이 될 것이다. 따라서 우리는 여러 교과의 학습을 잘 하기 위해서도 도구 교과로서의 국어 교과를 교육한다고 말할 수 있다. 물론 국어 교과의 첫째 기능은 의사 소통 기능이고 도구 교과로서의 기능은 부차적인 것이다. 학습 자료에 쓰인 어휘를 모르고는 그 자료의 이해가 불가능하므로 지식 습득이 불가능하기 때문에 어휘력은 모든 학습의 기본 능력으로 기능한다. 따라서 읽기나 듣기를 통하여 모든 교과의 지식을 얻기 위해서는 관련되는 어휘의 이해력이 필

요하고, 관련 교과의 이해를 위한 어휘력은 바로 관련 교과의 기초 능력으로 작용하는 것이다.

이미 많은 어휘 교육의 중요성을 다룬 논문이 나왔지만 이들은 대부분 어휘 교육의 중요성을 논문의 일부분으로만 다루었을 뿐이다. 또한 어휘 교육에 관한 연구가 언어 능력 신장 즉 의사 소통 기능 신장의 중요성은 주장하였지만 지식 학습을 위한 도구 교과로서의 국어 교과에서 차지하는 어휘 교육의 중요성은 별로 다루지 않았다.

또한, 모든 학습을 제대로 이루기 위하여 교육용 자료인 모든 언어 매체에 사용된 어휘가 학습자의 발달 수준에 알맞아야 한다. 학습자가 학습할 수 없는 정도의 어려운 어휘를 이용하여 학습 교재가 이루어졌다면 이를 학습자가 이해하기 어렵기 때문이다. 따라서 교육용 어휘[1]를 왜 선정해야 하는가와 어떻게 선정할 것인가에 대하여도 고찰한다.

본고는 첫째로, 어휘 교육의 위상을 고찰하기 위하여 어휘·어휘소·어휘력의 관계를 규명하고, 언어 사용 기능과 어휘 교육의 관계를 '표현과 어휘력' '이해와 어휘력'으로 나누어 규명한다. 그리고 지식의 학습—모든 교과의 교육과 어휘 교육에 대하여 고찰한다. 어휘 교육이 언어 사용 능력 신장—의사 소통 기능 신장에 아주 중요한 것이고 그렇기 때문에 어휘 교육은 국어 교육에서 중요하다. 그리고 의사 소통 기능은 국어 교과가 타 교과의 도구 교과가 될 수 있도록 하는 근거가 된다. 모든 교과 교육에 도움을 줄 수 있는 것이 어휘 교육이라면 이는 이제까지의 의사 소통 기능을 신장하는 중요성과는 다른 어휘 교육의 중요성을 가지는 것이다. 물론 도구 교과로서의 기능은 크게 보아 의사 소통 기능에 속한다고 할 수 있지만 이러한 지식 학습을 위한 어휘 교

---

1) 보통 '학습용 기본 어휘'라는 말로 사용하고 있으나 본고에서는 교수·학습에 사용되는 어휘로서 보다 넓은 의미로 '교육용 어휘'라는 용어를 사용한다. 이에 대하여는 6.에서 다룬다.

육의 필요성은 도구 교과로서의 국어 교과 교육의 관점에서 따로 다룬
다. 다음으로 지식 학습을 위한 어휘 교육을 위하여 필요한 교육용 어
휘를 선정하는 것의 필요성과 선정 방법을 다룬다.

2. 어휘 · 어휘소 · 어휘력

어휘 교육은 학습자의 어휘력을 신장하는 교육으로서, 교육의 내
용 · 목표가 되는 어휘를 학습자에게 가르치는 것이다. 어휘는 어휘소가
모여서 이루어지며 어휘는 어휘소로 나뉘어진다. 따라서 어휘 교육의
위상을 논하기 위해서는 어휘 · 어휘소 · 어휘력의 관련을 고찰할 필요
가 있다.

'어휘'는 어휘소들의 집합체를 말한다. 국어 어휘는 국어의 모든 어휘
소들의 집합체이며, 친족 어휘는 친족을 나타내는 어휘소들의 집합체이
다. 따라서 어휘는 집합체로서 사용된다. 이에 비해 '어휘소'는 개별체
로서 어휘를 구성하는 요소가 된다. 곧 어휘소는 단위이고, 어휘는 어
휘소 총체로서 집합적인 성격을 띤다. 음식을 만드는 여러 어휘소들이
모여서 '조리 어휘'가 되고, 동작을 나타내는 많은 어휘소들이 모여서
'동작 어휘'가 된다. 그리고 이러한 어휘들이 모여서 국어 어휘를 이룬
다. 국어 어휘는 수많은 하위 어휘로 나뉘어질 수 있고 이들은 최후에
어휘소들로 나뉠 수 있다.

'어휘소'는 '언어를 구성하는 작은 의미 단위'인 '의미소'에 해당하는
것으로서 접사, 조사, 어근, 단일어, 합성어, 파생어, 관용어 등이 모두
어휘소에 해당한다. 보통 '단어'로 이야기되기도 하는 어휘소는 경우에
따라 '어휘'와 구분하지 않고 사용하기도 한다. 그러나 어휘를 이루는

것이 어휘소이고 어휘소가 모여서 어휘를 이루는 것이기에 어휘소는 어휘와 구분되어야 한다. 또한 '개밥에 도토리', '누운 소 타기'와 같은 관용어 등은 '단어'라 할 수 없기 때문에 '단어'와도 구분되어야 한다. 따라서 어휘소는 어휘를 이루는 요소이며 언어의 하위 의미 단위이다. 어휘소가 모여서 문장을 이루고 이야기를 이루는 것이다. 그리고 어휘소를 교육하는 것은 궁극적으로 어휘를 교육하는 것이 된다.

'어휘력(語彙力)'은 어휘에 대한 총체적인 지식으로서 형태와 의미, 용법에 관한 지식, 정확하고 적절하게 사용하는 능력 등을 이른다. 어휘력은 음성 언어 및 문자 언어를 이해하는 열쇠이며, 어휘력이 없으면 음성 언어이든 문자 언어이든 이해할 수가 없다. 우리가 언어로 표현하고 이해하기 위해서는 여러 요소들이 관여해야 하지만 어휘 관련 요소가 배제된다면 다른 요소들만으로는 언어 생활을 영위할 수 없다. 설령 어휘 요소가 차지하는 비중이 얼마 안 되는 경우라도 어휘는 필수적으로 요구되는 중요 요소이기 때문에 어휘력은 그 무엇보다 우선적으로 필요한 언어 활동의 요소가 된다. 어휘력은 의사 소통 능력의 중요한 기반이 되며, 어휘 지도의 결과로 얻은 어휘력의 정도는 국어 사용 능력의 질적인 차이를 결정하는 중요한 요인이 되며, 어휘 교육의 결과는 말하기, 듣기, 읽기, 쓰기 등의 교육에 활용된다. 결국 어휘 교육은 일차적으로 어휘력을 신장하는 것을 목적으로 하지만, 궁극적으로는 국어 사용 능력을 신장하는 것이다.

의사 소통이 기호화와 기호 해독에 의하여 이루어지고, 그 기호로서의 어휘는 어휘소의 집합체이기 때문에 어휘소는 기호를 이루는 주요 요소가 된다. 따라서 어휘소를 알면 이들과 관련된 언어의 기호화와 기호 해독을 잘 할 수 있고 이들에 대한 능력인 어휘력은 의사 소통에 필수적이다. 어휘 교육이 어휘력을 신장하는 것이라면 어휘력을 신장하기 위해서는 어휘에 대한 이해가 필요하고 어휘의 이해는 어휘소의 이해를 전제로 한다. 결국 어휘소의 이해는 어휘의 이해와 어휘력의 신장을 가져와 어휘 교육의 목적을 달성할 수 있는 것이다. 언어를 통한 의사 소통은 기본적으로 어휘소의 이해를 전제로 하기 때문에 이를 교육하는 어휘 교육은 궁극적으로 언어 교육의 목표 달성을 돕는다. 그리고 이러한 어휘 교육은 '의사 소통 능력을 신장하는 것을 주요 목표로 하는 국어 교육에서 아주 중요한 위치를 차지하는 것이다. 그런데 언어를 사용한 의사 소통 기능은 다른 교과의 학습에 도움을 주는 도구로서의 기능도 하기 때문에 모든 교과 교육에서도 어휘 교육의 중요성은 아주 크다고 하겠다.

3. 국어 교육과 어휘 교육

국어 교육은 언어 교육이다. 위와 같이 언어 교육의 목표가 언어 능력 또는 언어 사용 능력을 신장하는 것이라 할 때 이의 주요 구성 요소인 어휘력은 어휘 교육을 통하여 기를 수 있는 것이므로 국어 교육에서 어휘 교육은 중요하다고 말할 수 있다. 어휘 교육이 왜 국어 교육에서 중요한 것인가에 대하여는 어휘력이 어떻게 언어 사용과 관련을 갖는가와 언어 능력에 관련을 갖는가를 밝힘으로써 가능해진다.

언어 능력이나 언어 사용 능력은 의사 소통과 관련을 갖는다. 개인 자체의 의사 소통이랄 수 있는 언어로 사고하기도 언어 능력이면서 의사 소통 능력인 것이며, 언어 사용 능력도 의사 소통 능력인 것이다. 따라서 의사 소통에 대하여 어휘와 관련한 것을 살펴보면 다음과 같다. 의사 소통은 정보가 출처(발신인)에서 목적지(수신인)로 전해지는 과정이다. 이 과정은 1) 정보를 상징적인 체계로 기호화하는 것, 2) 의사 소통의 한 방법을 선택하는 것, 3) 매개물을 통해서 상징을 전하는 것, 4) 수신인에 의한 상징의 지각적 분석 과정(의사 소통이 일어나려면 수신인은 그 상징을 지각해야만 한다), 5) 정보를 얻기 위해서 상징을 해독하는 것으로 이루어진다(신현숙·이기동 역, 1983: 4). 이 때 1)과 5)는 기호로서의 어휘소의 기호화(encoding), 기호 해독(decoding)에 해당하는 것이다. 언어 내용 또는 의미를 표현 전달하기 위하여 우리는 어휘를 사용해야 하며 언어 내용 또는 의미를 이해 수용하기 위해서는 어휘가 나타내는 의미를 알아야 하는 것이다.

국어 교육의 목표 중 '언어 사용 능력의 신장'은 누구도 부정하지 않는 국어 교육의 목적이다. 그렇다면 언어 사용 능력과 어휘의 관계는 어떠한가를 살핌으로써 국어 교육에서의 어휘 교육의 위상을 정립할 수 있을 것이다. 언어 사용 기능의 주된 것으로 우리는 말하기·쓰기와 같은 표현 기능과 듣기·읽기와 같은 이해 기능을 들 수 있다.

3.1. 언어 사용 기능 교육으로서의 국어 교육과 어휘 교육

언어 사용의 주된 목적은 의사 소통에 있다. 언어의 기능 중 첫 번째 기능이 의사 소통 기능인 것이다. 바로 의사 소통을 통하여 교육이 이루어진다면 의사 소통이 이루어지는 언어의 의사 소통 조건을 고찰할 필요가 있다. 언어를 통한 의사 소통은 화자의 표현하고자 하는 의미가 어떻게 언어 기호로 작성되어 청자에게 전달되느냐를 생각해야 한다. 화자의 전달하고자 하는 의미는 청자와 공유하는 사회적 산물인 언어 기호로 발화되고 이는 청자에게 의미로 해석되는 과정을 겪는 것이다. 그렇다면 의미의 전달은 기초적으로 무엇을 통하여 이루어지는 것일

까? 여러 이론이 있지만 우리는 의미를 나타내는 어휘소를 그 첫 번째 의사 전달 도구로 이야기할 수 있다.

언어는 의사를 소통하기 위하여 사용하는 것이다. 의사 소통을 하기 위해서 화자는 전달하려는 의미를 언어를 통해서 청자에게 전달한다. 의미를 전달하기 위한 언어는 의미를 담아야 하는데 바로 이러한 말하기와 쓰기와 같은 표현 행위와 읽기와 듣기와 같은 이해 행위, 그리고 언어를 통한 생각하기 등이 모두 어휘에 의지하지 않고는 이루어질 수 없는 것이다. 이용주(1993)의 "의미는 최소 단위인 의미소에 해당하는 어휘소에서부터 문장, 담화·텍스트까지에 실려 있다. 그러나 이 모든 경우에서도 최우선의 의미 전달체는 어휘소이다. 따라서 언어에 대한 교육은 국어 교육의 목표를 의사 소통 기능 신장이든, 언어를 통한 사고력 신장이든, 어휘와 관련된 내용을 제외할 수 없다."라는 주장을 우리가 받아들일 때 모든 언어를 통한 교육은 어휘와 관련되지 않을 수 없다. 따라서 사람은 어휘소의 의미를 정확하게 알수록 자신의 경험을 더욱 정확하게 이해하고 표현할 수 있고, 어휘소를 더 많이 알수록 자신의 경험을 더 풍부하게 더 효과적으로 표현할 수 있다. 마찬가지로 다른 사람에 의해서 표현된 정확하고 풍부한 경험을 효과적으로 이해할 수 있다. 그러므로 어휘 교육은 지식, 예술, 문화를 전달하는 모든 교육에서 가장 중요한 수단이 된다.

어휘를 모르기 때문에 이해하기 어려운 글의 경우를 다음 글에서 볼 수 있다.

吾等은 玆에 我 朝鮮의 獨立國임과 朝鮮人의 自主民임을 宣言하노라. 此로써 世界萬邦에 告하야 人類平等의 大義를 克明하며, 此로써 子孫萬代에 誥하야 民族自存의 正權을 永有케 하노라. 〈己未獨立宣言書〉

우리가 己未獨立宣言書를 이해하기 위하여는 (현재 잘 사용하지 않아) 어려운 어휘의 의미를 알아야 한다. 어휘를 모르고는 위 글의 의미를 전혀 이해할 수 없는 것이다. 또한 이러한 글을 제대로 표현할 수 있는 사람은 바로 이 글에 나타난 어휘의 의미를 잘 알고 있는 사람이다. 위와 같은 글은 당시의 수많은 사람들이 위 글에 나타나는 어휘의 정확한 뜻을 알기 어렵다는 면에서 선언서가 갖는 여러 사람에게 알리는 목적으로는 부적절한 글이라는 생각을 갖게 한다. 그러나 위의 글은 다른 글로 바꾸어 썼을 때 표현이나 이해의 측면에서 차이가 날 수 있다. 위와 같은 글을 쓸 수 있으려면 위의 글에 쓰인 어휘를 사용할 수 있는 어휘력을 갖추어야만 한다. 비록 많은 사람이 알 수는 없는 글이지만 그 당시의 언어 생활에서 무게 있는 글로 취급되는 '선언서'의 힘이 나타나 있는 것이다. 따라서 위의 글은 여러 사람에게 '독립 선언'의 의미를 알리는 데는 문제가 있었을지는 몰라도 글의 무게를 늘이는 데는 성공했다고 보아야 한다. 이런 것은 장중한 표현을 나타낼 수 있는 어휘력이 없이는 불가능한 것이다.

3.1.1. 언어 사용과 어휘 선택

어휘 선택에서 청자의 심리적 문제를 고려하여야 하는 경우가 있다. 표현의 문제는 화자가 청자에게 어떤 효과를 얻을 목적으로 언어를 사용하느냐와 관련된다. 상대방의 호감을 사기 위해서라면 우리는 보다 적절한 어휘소를 사용해야 하는 것이다. 간호사(nurse)는 그 호칭이 看護婦 > 看護員 > 看護師로 변해 왔다. '−婦'는 '가정부, 파출부'의 '−부'와 같은 의미를 줄 수 있고 '−員은'은 '직원, 교원'의 '−원'과 같은 의미를 띠고 있다. 그러나 '간호원'보다는 '간호사'가 '의사, 약사'와 같이 전문인으로서의 호칭에 적절하다고 여겨져 관련 법령을 개정하여 지금은

'간호사'로 명칭이 바뀌어 쓰이고 있는 것이다. '-師'는 '선생님'으로 불리게 되고 '선생님'은 '교사'의 일반적 호칭과 동시에 일반 성인들에게 경칭으로도 사용되고 있다. 간호사에게 간호원이나 간호부라는 호칭을 사용했다면 간호사의 기분이 좋아지기 어렵다. 이 경우 우리는 어휘소를 적절하게 가려 정확하고 기분 좋은 어휘소를 사용하는 것과 그렇지 않은 경우의 언어 사용의 효과에 대한 차이를 실감할 수 있는 것이다. 이 경우처럼 용어의 개정은 바로 청자의 심리적 문제를 고려하여 이루어지고 이는 어휘력과 연결되어 적절한 어휘를 사용하는 능력의 문제에까지 이르게 되는 것이다.

3.1.2. 글의 이해와 어휘력

우리는 말을 하거나 글을 쓰는 표현을 위한 표현 어휘2)보다는 말이나 글을 읽고 이해하기 위한 이해 어휘3)의 양이 훨씬 많다. 우리가 학습을 하기 위해서는 말이나 글을 이해해야 하고, 이는 곧 말이나 글에 쓰인 어휘를 이해할 수 있음으로부터 시작한다. 다시 말해 이해 대상 어휘에 대한 지식이 있어야 하는 것이다. 어휘 지식은 음성 언어 및 문

---

2) 표현 어휘는 발신자가 말하거나 글을 지을 적에 사용이 가능한 어휘로서 능동적 어휘, 발표 어휘, 사용 어휘라고도 한다. 표현 어휘는 발신자의 회화나 문장에 나타나며 이해 어휘의 20%~30%에 해당한다고 본다. 표현 어휘가 다양하다는 것은 언어 표현을 다양하게 할 수 있다는 것을 의미하며 어휘의 풍부성이 높다고 말할 수 있다. 표현 어휘가 풍부하면 보다 적절한 어휘 표현을 잘 할 수 있으며, 어휘력을 확대하기 위해서는 이해 어휘와 표현 어휘의 차이를 줄여서 표현 어휘를 확대해야 한다.

3) 이해 어휘는 수신자가 그 의미나 용법을 알고 있는 어휘로서 수동적 어휘, 획득 어휘라고도 한다. 표현 어휘(사용 어휘)는 물론 이해 어휘에 속하나 이해 어휘 중에는 수신자가 사용하지 않는 어휘가 포함된다. 인간의 이해 어휘의 양은 대략 표현 어휘의 3~5배에 달한다고 본다. 다른 나라의 경우 이해 어휘의 양을 4~5만 어 내외(고유명사 제외하면 약 3만 어)로 보는데 이는 한 언어 집단 내에서 통용되는 어휘의 수를 말한다. 이해 어휘량이 많을수록 어휘 이해를 잘 할 수 있으며, 특히 독해력이나 청해력은 이해 어휘량에 영향을 받는다. 어휘력을 확대시키기 위해서는 표현하지 않는 이해 어휘를 표현 어휘로 바꿀 수 있도록 해야 한다.

자 언어를 표현하고 이해하는 열쇠이다. 어휘 지식이 없으면 음성 언어이든 문자 언어이든 제대로 표현하고 이해할 수가 없다. 어릴 때부터 듣기 장애를 가진 농아들은 어휘 지식이 없기 때문에 이 세상에 대한 기초 개념이 형성되어 있지 않으며, 따라서 언어를 이해하지 못한다. 많은 어휘 지식을 알고 있는 언어 사용자는 그만큼 성공적인 독자가 될 수 있다. 책을 펼쳤을 때 아는 단어가 많으면 그만큼 그 글을 이해하기가 수월해진다(박영목·한철우·윤희원, 1996 : 270).

다음을 보자.

> 우리 사람이란 — 세속에 얽매여, 머리 위에 푸른 하늘이 있는 것을 알지 못하고, 주머니의 돈을 세고, 지위를 생각하고, 명예를 생각하는 데 여념이 없거나, 또는 오욕 칠정에 사로 잡혀, 서로 미워하고 시기하고 질투하고 싸우는 데 마음에 영일(寧日)을 가지지 못하는 우리 사람들이란, 어떻게 비소하고 어떻게 저속한 것인지, 결국은 이 대자연의 거룩하고 아름답고 영광스러운 조화를 깨뜨리는 한 오점(汚點) 또는 잡음밖에 되어 보이지 아니하여. 될 수 있으면 이러한 때를 타서 잠깐 동안이나마 사람을 떠나, 사람의 일을 잊고, 풀과 나무와 하늘과 바람과 한가지로 숨 쉬고 느끼고 노래하고 싶은 마음을 억제할 수가 없다.
>
> 〈이양하, 신록 예찬〉

'이양하'의 '신록 예찬'은 중등 교육을 받은 사람이면 이해할 수 있는 글이지만 초등 학생에게는 그 글에 사용된 어휘가 어렵기 때문에 이해하기 어려운 글이 된다.

다음은 어느 인터넷 사이트에 올라 온 글을 정리한 것이다.

뜨거운 게 시원한 거다. 한국인은 참으로 말을 이상하게 해댄다. 나는 근처에도 못 가는 엽기적이고도 살벌하게 뜨거운, 그리고 매운 그 찌개를 떠먹으면서도 연실 "아~ 시원하다"를 연발하는 것이다. 도대체가 알 수가 없다. 언제 뜨겁고 언제 시원하다고 말을 해야 할지 나는 아직도 모른다.

〈외국인의 한국 생활, 한국어에 관한 관찰 기록, pastel(김재원)〉

위의 글은 '시원하다'의 일차적 의미만 아는 외국인이 뜨거운 찌개를 먹는 한국인이 '시원하다'고 말하는 것을 이해하지 못하는 것을 나타낸 것인데 이런 경우는 어휘력이 부족한 어린이들이 어른들이 뜨거운 욕조에 들어가서 '아~ 시원하다' 고 말할 때 이해하지 못하는 것과 같다. 어휘력이 약한 사람들은 다의어와 세분화된 어휘의 사용에서 어려움을 느낀다. 다의어의 일차적 의미는 알지만 이차적 의미는 알지 못하기 때문이며 세분화된 어휘는 유의어와의 차이를 알지 못하기 때문이다.

소아과 의사는 환자를 진찰할 때 환자의 자각 증상을 이해하는데 어려움을 느낀다. 어린이는 다양한 어휘를 이해하지 못하기 때문에 그의 증상을 의사에게 표현하지 못할 뿐 아니라 의사가 묻는 말을 이해하지 못하는 것이다. '배가 아프다'고 우는 어린이에게 어떻게 배가 이상한지를 알기 위해서 의사는 '뒤틀리듯이 아프다, 더부룩하다, 메스껍다. 울렁거리다, 따끔거리다, 살살 아프다 등등'의 말로 물어보지만 어린이는 이 세분화된 어휘를 이해하지 못하기 때문에 그냥 아프다고만 말한다. 따라서 소아과 의사는 문진(問診)을 제대로 할 수 없다. 만일 어린이 환자가 증상을 묻는 의사의 어휘를 이해할 수 있는 어휘력이 있다면 보다 정확한 진찰을 받을 수 있을 것이다. 이런 경우는 국어 어휘력이 약한 의사가 환자의 어휘를 이해하지 못할 경우에도 같은 결과를 가져온다.

표현에서는 세분화되고 구체적인 어휘를 모르더라도 그 의미에 적절하게 일반 기초 어휘로 풀어서 표현할 수 있다. 그러나 이해에서는 다르다. 기초 어휘만을 가지고 상대방이 표현하지 않기 때문에 모르는 어휘를 상대방이 사용하면 앞뒤 문맥으로 추론하거나 사전을 사용하거나 해야 한다. 또한 언어 생활의 대부분은 표현보다는 이해하는 활동이 훨씬 많다. 따라서 이해에서의 어휘력은 아주 중요하다.

이와 같이 말이나 글을 이해하는데는 어휘력이 필수적이기 때문에 어휘에 대한 능력이 언어 능력, 언어 사용 능력의 주요 요소가 될 수밖에 없는 것이다. 우리는 세분화되고 전문화된 어휘를 많이 알면 알수록 보다 정확하고 상세하게 관련 언어를 이해할 수 있다.

3.2. 도구 교과 교육으로서의 국어 교육과 어휘 교육

3.2.1. 도구 교과

우리는 국어 교과를 도구 교과라고 부른다. 도구 교과란 초등 학교 저학년 국어 교과가 학생들에게 문자를 읽고 쓸 수 있도록 지도하는 교과이며, 문자를 읽고 쓸 수 있는 능력은 곧 다른 교과서를 읽고 쓸 수 있는 도구가 되기 때문에, 국어 교과는 학생들에게 다른 교과 학습에 필요한 도구(능력)를 갖추게 하는 교과라고 이해되고 있다. 그러나, 이와 같이 국어 교과의 도구 교과로서의 성격을 문자 읽기나 문자 쓰기 정도로 한정하여 규정함은 초보적인 것이고 더 나아가서는 국어 교과에서 목표로 삼고 있는 언어 사용 기능은 말하고, 듣고, 읽고, 쓰는 언어 활동을 통해서 모든 언어를 의미로, 또는 의미를 언어로 재구성하는 복합적인 사고 기능을 뜻하는 것이다. 국어 교육의 궁극적인 목표는 문자를 읽고 쓸 수 있는 기초 기능을 넘어서서 학생들에게 사고를 언어로 표현하고, 또 언어를 통해서 사고를 이해하는 고등 정신 기능을 신장하는 것이다. 이러한 기능은 순차적으로 주어지는 말이나 글을 듣거나 읽고 그 의미를 입체적으로 구성하는 이해 과정과, 우리의 기억 속에 있는 입체적 형태의 의미를 순차적인 말이나 글로 엮어내는 표현 과정 속에서 구현된다. 국어 교과가 도구 교과로서의 성격을 갖고 있다고 함은 곧 국어 교육에서 기르고자 하는 언어 기능이 지식 자체가 아닌 지식의 활용 기능을 뜻하며, 지식을 활용하는 기능은 범교과적으로 모든 학습 활동에서 도구적인 지적 기능이기 때문이다(노명완·박영목·권경안, 1988 : 17-20 참조).

위와 같은 국어 교과가 다른 교과의 도구 교과가 된다는 주장은 기본적으로는 국어 교육이 다른 교과의 학습에 도움이 된다는 관점에서 비롯한 것이다. 국어 교과는 도구 교과와 내용 교과 양면을 공유하는 교과이지만 이곳에서는 다른 교과 교육에 도움이 되는 도구 교과로서의 국어 교육의 기능을 수행하는 데 특히 어휘력이 중요한 부분을 차지한다는 것을 강조하려 한다. 무엇보다도 국어 교과의 도구 교과로서의 기능이 가장 분명하게 인식되는 영역 중의 하나가 어휘 부분이며 학교 교육을 통해 학생들에게 전달되는 지식의 결정체는 결국 주요한 개념이나 원리들로서 이는 바로 그 개념이나 원리를 담고 있는 용어(낱말)로 전달되는 것이다(손영애, 1992: 139).

어휘력이 국어 교육에서 도구로 기능한다는 생각은 독해 이론의 도구 가설이다. 도구 가설은 개별 어휘 의미에 대한 지식이 독해에 일차적으로 관여하는 요소라고 가정하기 때문에, 더 많은 어휘 의미를 알수록 학습자의 독해 능력은 증진되리라고 본다. 따라서 어휘를 많이 지도하는 것이 읽기 지도에서 중요하다는 교육적 시사점을 제공하였다. 그런데 이 도구 가설은 결국 대다수의 학습이 교재(글)를 읽고 이 글의 의미를 이해하여야 가능하다는 면에서 다른 교과 학습의 도구가 된다고도 할 수 있는 것이다. 이 도구 가설이 지식 가설보다 강하다고 할 수는 없지만[4] 모든 지식의 학습에 의사 소통의 기본 도구인 어휘가 빠질 수 없고 어휘력이 전제되지 않는 지식 가설이 존재할 수 없다고 보면 기초적인 국어 교육은 어휘 교육으로 어휘력을 기를 경우에 더욱더 도구 교과로서의 기능을 잘 할 수 있게 되는 것이다.

3.2.2. 지식의 학습과 어휘

지식 학습의 대부분은 책 읽기를 통해서 이루어진다. 책을 읽는다는 것은 책 속의 글을 읽어 글의 내용을 이해한다는 것이고 글을 읽고 이해하기 위해서는 글 속의 어휘 의미를 알아야 하는 것이다. 글 속의 어휘는 일반 어휘와 전문 어휘로 나눌 수 있는데 일반 어휘는 일반적으로 언어 생활에서 사용하는 어휘를 말하며 전문 어휘는 전문적으로 사용되는 어휘로 전문적인 의미를 나타내는 어휘를 말한다. 그런데 전문 지식을 학습하기 위한 글의 일반 어휘가 학습자의 어휘 발달 수준보다 어려운 어휘라면 학습자는 글을 이해하기 어렵다. 또한 학습자의 어휘 수준에 맞는 일반 어휘로 글이 이루어져 있다 하더라도 함께 쓰인 전문 어휘의 의미를 모른다면 학습자는 글을 이해하기 어려울 것이다. 이때 일반 어휘는 설명하기 위한 어휘로 학습자가 이해할 수 있으면서도 정확한 이해를 할 수 있는 어휘여야 하며 전문 어휘는 전문 분야의 세분화된 의미를 정확하게 전달할 수 있는 어휘여야 할 것이다.

따라서 우리는 특정 전문 지식을 학습하는 데는 특정 전문 어휘가 필요하며 우리는 바로 이런 전문 어휘의 학습을 통하여 해당 전문 지식을 학습할 수 있다.[5] 모든 지식의 학습에 관련되는 전문 어휘는 전문 학

---

4) 도구 가설은 개개의 단어의 의미를 강조하지만, 지식 가설은 개념의 뼈대, 즉, 스키마를 강조한다. 지식 가설에 의하면, 개개 단어의 의미는 개념이란 빙산의 한 부분일 따름이다(박영목·한철우·윤희원, 1996).

습의 도구가 되기 때문에 기본적으로 각 전문 학습에서 전문 어휘력이 중요하고 이들 해당 전문 어휘력을 길러주는 것은 전문 지식을 학습하는데 도움이 된다. 그래서 많은 분야에서 전문 어휘를 별도로 배우게 되는 것이다.6)

우리가 간호학을 배운다면 우리는 간호학에 관련되는 전문 어휘인 간호학 용어를 배움으로써 간호학에 대한 기초 지식을 얻을 수 있다는 말이다. 또한 간호학 서적을 읽고 이해하지 못하는 경우는 간호학 관련 글의 문법이나 음운, 관련 경험의 부족 때문이 아니라 간호학 전문 용어를 모르기 때문일 경우가 많을 것이다. 따라서 일반인이 아닌 전문가가 되기 위해서는 관련 분야의 잘 분화된 어휘를 제대로 아는 것이 큰 도움이 될 것이다.

그러나 각 전문 분야의 지식을 얻기 위한 전문 어휘를 직접 국어 교육에서 어휘 교육으로 다루는 것은 아니다. 전문 분야의 전문 어휘는 전문 교과 내에서 다루는 것이 원칙이다. 그렇다면 어떻게 국어 교육에서 어휘 교육으로 이를 도울 수 있을 것인가가 문제가 된다. 국어 어휘 교육에서 기초 어휘력을 습득한 학습자는 이 어휘력을 전문 어휘 이해에 사용한다. 대부분의 국어 전문 어휘는 국어 일반 어휘를 바탕으로

---

5) Bross(1973 : 217)의 말을 인용하면 외과 의사는 신체 구조에 대한 지식을, 일부는 그의 수련 과정을 통한 직접 경험으로부터 얻지만 나머지 대부분은 의학 용어를 통해 얻는다는 것이다. 외과 의사의 초기 수련 과정이 유익할 수 있는 것은, 해부학 시간을 통해 과거 여러 세대의 경험의 축적을 수용할 수 있기 때문이며, 외과 의사가 어디에 메스를 대야 하는 지를 알게 해주는 인체 구조에 대한 세세하고 정확한 지식은 수백 년 동안 수백만 번의 해부를 통해 축적된 것으로 이 신체 구조를 묘사하는 목적만을 위해서 고도로 전문화된 전문 어휘가 발달됐기 때문이라는 것이다. 외과 의사는 신체 구조에 대한 해부학적 사실들을 익히기 전에, 해부학의 전문 용어를 배워야만 되며, 외과 의사의 "효율적인 수술"은 바로 "효율적인 언어"에서 비롯된다는 것이다(이기동·신현숙 역, 1983: 99). 이 때 '효율적인 언어'로서의 '의학 용어'나 '고도로 전문화된 언어'로서의 '의학 용어'가 '전문 어휘'이다.

6) 각종 공공 양식의 경우에도 대부분 단순 어휘소의 나열인 경우가 많은데 이들은 그 분야의 전문 어휘이다. 따라서 이들을 모르면 서류를 제대로 완성할 수 없는 것이다.

만들어지기 때문에 국어 어휘력은 각 전문 분야의 어휘를 만드는데 이용되며 또한 이렇게 해서 만들어진 전문 어휘는 국어 일반 어휘력을 이용해서 이해가 용이해진다. 전문 어휘는 대부분이 한자어이다. 전문어는 세분되고 구체적인 의미 전달을 필요로 하기 때문에 의미가 세분되고 또한 구체적인 한자어로 만드는 것이 유리하기 때문이다. 따라서 전문 어휘를 이해하는데는 한자 어휘력이 필요하고 한자 어휘력은 국어 어휘 교육을 통하여 높일 수 있다.

일반 학습자가 의학 지식을 이해하기 위해서는 의학 전문 어휘를 이해해야만 가능하다. 그런데 '의학 용어 사전'을 이용하지 않아도 '後天性免疫缺乏症(AIDS), 鐵缺乏性貧血(iron deficiency anemia)' 등과 같이 한자어 의학 용어는 일반 한자어 지식이 있는 학습자에게는 그렇지 않은 학습자보다 쉽게 이해된다. 따라서 일반 어휘를 교육하는 국어 어휘 교육은 여러 전문 분야의 전문 어휘를 이해하는데 도움이 되며 나아가 전문 지식 학습에 도움을 주게 되는 것이다.

국어로 이루어진 교과 전문 어휘들은 국어 일반 어휘를 바탕으로 만들어진 것이다. 따라서 국어 교육에서 어휘의 교육이 제대로 이루어지면 타 교과의 기술에 사용된 일반 어휘의 이해와 함께 전문 어휘의 이해가 쉽기 때문에 타 교과의 학습에 도움이 된다.

4. 교육용 어휘의 선정

4.1. 교육용 어휘의 필요성

교육을 위해 필요한 어휘를 교육용 어휘라 한다.7) 교육용 어휘는 학습의 내용과 목표가 되는 어휘로서 학습용 기본 어휘보다 좀더 폭이 넓은 것이 교육용 어휘이다. 따라서 기초 어휘, 기본 어휘에다 교육을 위해 필요한 내용이 되는 어휘, 교육을 위한 표현과 이해에 도구가 되는 어휘[교과 전문 어휘] 등이 모두 이에 해당하는 것이다. 교육용 대표 어휘는 교육용 어휘를 구성하는 어휘 중 대표적인 어휘라 할 수 있다. 교육용 어휘를 구성하는 어휘 중에는 어근, 접사, 한자어 형성소 등이 필요한데 이들 중 대표적인 것을 교육용 대표 어휘(소)라 할 수 있다.

모든 교육을 위한 언어 자료는 학습자의 어휘 발달 수준을 고려하여 편찬되어야 한다. 아무리 내용이 좋더라도 이를 전달하기 위한 언어의 기본 요소인 어휘가 학습자의 발달 수준에 적절하지 못하다면 학습자는 이 언어 매체인 학습 자료를 이해할 수 없거나 많은 시간 노력해야만 이해하게 되어서 학습 효율이 떨어진다. 우리가 영어 교과서를 편찬할 때 중학교 교육용 800여 어나 고등 학교 교육용 1,200여 어를 선정·제시하고 모든 글을 이 단어만 사용하게 하는 것은 학습자의 수준에 따라 교과서의 어휘를 통제하는 좋은 본보기이다. 교육을 제대로 하

---

7) 이와 비슷한 의미로 기초 어휘나 기본 어휘가 사용된다. 이들은 '학습용 기초 어휘'나 '학습용 기본 어휘'라고도 불리는 데 다음과 같다. 또한 '기초-'와 '기본-'은 같은 뜻으로 쓰이기도 한다.
(1) 기초 어휘--한정된 소수의 어휘 자료[어휘소]에 의해서 가장 기본이 되는 일상 생활 각 영역에서의 필요가 충족될 수 있도록 계획적으로 선정된 것으로서, 이들은 사회적 격변 영향이 적고, 차용어의 침투도 적으며, 장시간 지나도 잔존 가능성이 크다. 따라서 동계 언어 연구에 이용되며 언어 연대학·어휘 통계학적 연대 산정 등의 자료로 쓰인다. 기본 어휘로 쓰이기도 한다(이정민·배영남, 1982, Basic vocabulary[기본 어휘]).
(2) 기본 어휘--일상 생활에서 일반적으로 사용하고 사용 빈도가 높은 어휘 가운데는 모든 사람에게 공통되는 것이 상당수 있다. 이 공통 어휘 중, 그 사회의 구성원으로서 정상적인 기본 생활을 하는 데 필요하다고 간주되는 것이다. 이 기본 어휘는 약 2,000~3,000 어가 해당된다(이용주 외, 1986: 106). 또한 학습에 필요한 기본 어휘를 학습용 기본 어휘라 할 수 있는데, 일상 생활 기본 어휘를 가르쳐 일상 생활에 필요한 어휘력을 기르는 것이 목적인 학습에서는 학습용 기본 어휘가 일상 생활 기본 어휘가 될 것이다. 학습용 기본 어휘는 기본 어휘와 구별하지 않기도 한다.

기 위한 학습자의 발달 정도를 고려하는 것 중 하나가 학습자의 언어 발달을 고려하는 것이고 이 중에서 학습자의 어휘 발달 실태를 알아서 이에 맞게 교과서를 편찬해야 한다는 것은 언어 교육자들이 모두 인정하는 일이다. 그러나 아직까지 우리 나라의 교육에서는 이를 고려하지 못하고 있다.

4.2. 국어 어휘량 조사

교육용 어휘를 선정하기 위해서는 학습자의 어휘력이 어느 정도인가를 먼저 알아야 하고 어떠한 어휘가 교육에 필요한가를 정하여야 한다. 따라서 교육용 어휘를 선정하기 이전에 전 국민의 어휘량 조사가 전제되어야 한다. 전 국민을 지역별 계층별, 연령별로 나누어 이 중 일정 비율의 대상자를 선정하여 그들의 어휘량을 측정해야 하고 이를 바탕으로 성별, 연령별, 학령별 어휘량을 밝혀야 한다. 그리고 이를 바탕으로 교육용 어휘를 선정하고 이를 교육 과정에 반영하여 교과서도 만들고 예상 독자들의 어휘력에 바탕을 둔 도서를 출간하여야 하는 것이다. 이러한 어휘량 조사는 3 년이나 5 년 같은 일정한 기간마다 다시 이루어져야 한다. 항상 어휘량은 변하고 학습자의 어휘력 수준도 변하기 때문이다. 따라서 막대한 비용과 인력이 필요한 어휘량 조사는 국가나 단체의 지원이 있어야 가능하다. 물론 이를 전담할 조사 요원의 훈련도 필요하며, 이를 교육과 일반 출판물(특히 유아용과 청소년용)에 반영하는 제도적인 장치와 교육·출판계 인사들의 인식 제고가 필요하다.

4.3. 선정 방법

국어 어휘량 조사가 성공적으로 이루어진 후 이를 기초로 교육용 어휘를 선정해야 한다. 어휘를 선정하기 위하여 기준을 정하고 그 기준에 맞추어 선정하여야 한다.

어휘를 선정하는 방법은 주관적 방법, 객관적 방법, 경험적 방법이 있는데 이들 방법은 모두 나름대로의 장단점을 갖고 있다. 주관적 방법은 어휘 선정자가 자신의 주관에 따라 교육에 필요하다고 생각하는 어휘를 선정하는 것으로 선정자의 주관에 따라 선정된 어휘가 많은 차이가 나기 때문에 대부분의 경우 이 방법을 사용하지 않는다. 그러나 객관적 방법의 단점을 극복할 수 있는 방법으로써 선정자가 주관적으로 어휘를 선정하는 방법이 이용되기도 한다. 객관적 방법은 주관적 방법의 어휘 선정이 갖는 주관성을 피하고 객관적인 어휘 선정을 위한 방법으로 주로 1) 빈도가 높은 어휘, 2) 사용 범위가 넓은 어휘 등을 선정하는 것이다. 이 방법의 장점은 빈도가 높고 범위가 넓은 어휘가 그만큼 중요도가 높은 어휘라는 믿음에 바탕을 둔다. 그러나 중요하면서도 빈도가 높지 않거나 범위가 넓지 않은 어휘들이 있기 때문에 일부 중요한 어휘가 빠지는 위험이 있다. 경험적(절충적) 방법은 객관적 방법이 갖는 단점을 주관적 방법의 장점으로 보완할 수 있는 방법이다. 따라서 주로 객관적 방법으로 어휘를 선정하고 주관적 방법으로 선정한 어휘를 보충하여 어휘 선정을 보완하는 방법이다. 거의 모든 어휘 선정 목록은 이와 같은 경험적(절충적) 방법에 의하여 이루어졌다.8)

---

8) 이충우(1994)는 국어의 어휘 특질을 고려하여 다음과 같이 어휘 선정 기준을 세웠다. (1) 사용 빈도가 높아야 한다. (2) 사용 범위가 넓은 어휘여야 한다. (3) 교육에 기초적인 어휘여야 한다. (4) 조어력이 높은 어휘여야 한다. (5) 학습자의 발달 단계에 맞는 어휘여야 한다. (6) 적용성이 큰 어휘여야 한다. (7) 시대가 요구하는 어휘여야 한다. (8) 고유 명사, 계급명, 의성어·의태어, 은어·비속어·유행어·방언, 고어 등은 한정

5. 정리

언어 사용의 주된 목적은 의사 소통에 있다. 언어를 통한 의사 소통은 화자의 표현하고자 하는 의미가 언어 기호로 작성되어 청자에게 전달되는 것이다. 따라서 언어 기호에 해당하는 어휘소를 그 첫 번째 의사 전달 도구로 이야기할 수 있다. 우리는 글이나 말의 내용을 정확하게 이해하고 표현하려면 어휘력에 의존하지 않을 수 없다. 따라서 언어 사용자는 사용 언어의 어휘력이 강하면 강할수록 효율적인 언어 생활을 영위할 수 있을 것이다. 잘 표현된 말과 글은 어휘의 적절한 사용 없이는 불가능하며, 또한 어휘 지식이 없으면 음성 언어이든 문자 언어이든 제대로 이해할 수가 없는데 이는 모두 어휘력의 문제이다. 따라서 언어를 통한 의사 소통을 주요 목표로 삼고 있는 국어 교육의 경우 어휘력을 신장시키는 어휘 교육은 아주 중요하다 하겠다.

도구 교과 교육으로서의 국어 교육과 어휘 교육의 관계는, 학교 교육을 통해 학생들에게 전달되는 지식은 기초적으로는 그 개념이나 원리를 담고 있는 어휘로 전달되는 것이며, 따라서 지식 학습의 기초인 어휘력을 신장하는 어휘 교육은 도구 교과 교육으로서의 국어 교육의 기초가 된다. 전문 지식의 학습은 일반 어휘와 전문 어휘를 기초로 이루어지는데 국어 교육으로서의 어휘 교육은 일반 어휘의 교육이며, 전문 지식 교육으로서의 어휘 교육은 전문 어휘를 배우는 것이다. 이때 전문 어휘를 이해하는데 일반 어휘력이 도움을 줄 수 있다. 전문 어휘는 일반 어휘를 기초로 하여 만들기 때문이다. 즉 전문 어휘가 한자어라면 한자 어휘력은 전문 어휘력을 기르는데 도구가 될 수 있는 것이다.

학습자의 어휘를 풍부하게 하는 것이 바로 어휘력을 높이는 것이며

된 범위에서 선정해야 한다.

이것이 어휘 교육의 목표인 것이다. 어휘 교육은 국어 교육의 기본 목표인 의사 소통 능력 신장을 위한 기초 능력이며 국어 교과의 사고력을 신장하거나 지식을 얻기 위한 도구이면서 동시에 다른 교과의 학습을 위한 도구로서도 필요한 어휘력을 신장하는 것이기에 그 중요성이 큰 것이다.

　학습자의 효율적인 학습을 위하여 필요한 교육용 어휘의 선정은 국어 사용자의 어휘량이 어떠한가에 대한 조사가 선행되어야 한다. 우선 전국 규모의 연령별, 성별, 학령별, 계층별 어휘량을 조사하여 이를 바탕으로 교육용 어휘를 선정해야 한다. 그리고 선정된 교육용 어휘 목록에 바탕을 둔 교육 과정과 교과서 편찬, 모든 유아용과 청소년용의 도서가 출간되어야 한다. 이를 위하여는 정부나 기관의 지원으로 어휘량 조사와 교육용 어휘 선정이 이루어져야 할 것이다. 또한 이들 조사를 위한 연구의 활성화와 인식의 제고가 필요하다.

제 2 장

국어 교육용 대표 어휘

1. 도입

국어 교육은 국어 사용 능력을 신장시키는 것을 목적으로 한다. 언어의 바람직한 의사 소통 능력은 풍부한 어휘력을 바탕으로 목표어의 규칙들을 거의 무의식적인 상태에서 구사하여 음성이나 문자로 자신의 생각과 느낌을 나타내는 능력을 갖춤으로써 가능한 것이다. 어휘 교육은 국어 사용 능력 중 어휘 능력을 신장시키기 위한 교육의 내용·목표가 되는 어휘를 교육하는 것을 이른다.

일반적으로 언어의 사용 능력은 어휘에 대한 정확한 이해와 이해 어휘의 양이 얼마나 되는가에 큰 영향을 받는다고 한다. 어휘를 모르면 언어 생활이 거의 불가능하다는 것이 일반적인 생각이다. 따라서 학교 교육과 사회 생활에서 많은 어휘를 습득·학습함으로써 언어 사용 능력을 기르고 많은 지식을 알게 되는 것이다.

이 장에서는 어휘 능력(lexical competence)을 신장시키기 위한 일환으로, 교육용 어휘를 구성하는 대표 어휘라 할 수 있는 어휘소들을 선정하는 기준을 세우고 이들을 선정하는 것을 목적으로 한다1). 그러기 위하여 국어 어휘의 특질과 교육용 어휘의 선정 기준도 제시한다. 또한 대표 어휘의 교육용 어휘와의 상관을 참조하기 위하여 교과서 어휘 자료인 국어연구소(1986, 1987, 1988)를 분석하여 교육용 어휘를 선정한다. 이 교육용 어휘 선정 목록은 대표 어휘 선정의 참고 자료로만 활용한다. 대표 어휘의 범위는 초등 학교 · 중학교의 국어과 교육을 위하여 어휘 교육에 필요한 대표 어근, 대표 접사, 조어력이 큰 한자어 형성소이다.

2. 교육용 어휘 선정의 기준

교육용 어휘 선정을 위하여 교육용 어휘와 관련된 어휘의 개념을 밝힌 후 이와 국어 어휘의 특질을 바탕으로 교육용 어휘 선정의 방법과 기준을 정한다. 이는 대표 어휘 선정 기준의 기초가 된다.

2.1. 기초 어휘 · 기본 어휘 · 교육용 어휘

본고에서의 어휘는 의미를 지니고 있는 어간, 접사와 어미, 단어 등이 다 해당되는 것으로 한 국어의 모든 단어, 한 계층의 모든 단어, 한

---

1) 이런 연구로는, 접사의 교육이 필요함을 실감하고 접사에 등급을 표시한 Dale, E., J. O'Rourke & H. A. Bamman(1971)과 고유어 접두사로 파생어를 만들 경우 얼마나 많은 단어를 만들 수 있는가에 대하여 조사하여 고유어 접두사로 파생어 만들기는 한자 조어와 마찬가지로 매우 생산적임을 밝힌 여영택(1971) 등이 있다.

분야의 모든 단어, 한 사람의 모든 단어 등이 국어 어휘, 계층 어휘, 분야 어휘, 개인 어휘 등으로 불리면서 의미를 지니고 있는 전체 어휘소의 집합을 나타내는 말이다. 어휘는 여러 가지로 나누어지나 어휘 교육과 관련된 어휘들은 기초 어휘, 기본 어휘, 교육용 어휘가 있다. 이들은 다음과 같다.

2.1.1. 기초 어휘

한정된 소수의 어휘 자료[어휘소]에 의해서 가장 기본이 되는 일상 생활 각 영역에서의 필요가 충족될 수 있도록 계획적으로 선정된 것으로서, 이들은 사회적 격변 영향이 적고, 차용어의 침투도 적으며, 장시간 지나도 잔존 가능성이 크다. 따라서 동계 언어 연구에 이용되며 언어 연대학·어휘 통계학적 연대 산정 등의 자료로 쓰인다. 기본 어휘로 쓰이기도 한다(이정민·배영남, 1982, Basic vocabulary[기본 어휘]).

2.1.2. 기본 어휘

일상 생활에서 일반적으로 사용하고 사용 빈도가 높은 어휘 가운데는 모든 사람에게 공통되는 것이 상당수 있다. 이 공통 어휘 중, 그 사회의 구성원으로서 정상적인 기본 생활을 하는 데 필요하다고 간주되는 것이다. 이 기본 어휘는 약 2,000~3,000 어가 해당된다(이용주 외, 1986: 106). 또한 학습에 필요한 기본 어휘를 학습용 기본 어휘라 할 수 있는데, 일상 생활 기본 어휘를 가르쳐 일상 생활에 필요한 어휘력을 기르는 것이 목적인 학습에서는 학습용 기본 어휘가 일상 생활 기본 어휘가 될 것이다. 학습용 기본 어휘는 기본 어휘와 구별하지 않기도 한다.

2.1.3. 교육용 어휘

학습의 내용·목표가 되는 어휘를 교육용 어휘라 한다. 학습용 기본 어휘보다 좀더 폭이 넓은 것이 교육용 어휘이다. 따라서 기초 어휘, 기본 어휘에다 교육을 위해 필요한 내용이 되는 어휘, 교육을 위한 표현과 이해에 도구가 되는 어휘〔교과 전문 어휘〕 등이 모두 이에 해당하는 것이다.

교육용 대표 어휘는 교육용 어휘를 구성하는 어휘 중 대표적인 어휘라 할 수 있다. 교육용 어휘를 구성하는 어휘 중에는 어근, 접사, 한자어 형성소 등이 필요한데 이들 중 대표적인 것을 교육용 대표 어휘(소)라 할 수 있다.

2.2. 국어 어휘의 특질

국어 어휘의 특질은 기존의 연구와 자료를 종합 분석할 때, 1) 유의어가 많다, 2) 동음 이의어가 많다, 3) 대우를 나타내는 어휘가 발달되었다, 4) 음운 교체로 어의상 어감의 차이가 발달하였다, 5) 개념어로는 한자어가 많이 쓰인다, 6) 기초 어휘에서는 고유어의 체계가 발달하였고 전문 어휘에서는 한자가 발달하였다, 7) 2·3·4 음절어가 발달하였다, 8) 체언이 격에 따라 형식이 달라지지 않는다 등이다.

2.3. 교육용 어휘의 선정 방법과 기준

어휘를 선정하기 위하여는 기준을 정하고 그 기준에 맞추어 선정하여야 한다. 기준은 선정 방법에 따라 다르기 때문에 기준을 정하기 전에 선정 방법을 결정하여야 한다.

2.3.1. 선정 방법

어휘를 선정하는 방법은 주관적 방법, 객관적 방법, 경험적 방법이 있는데 이들 방법은 모두 나름대로의 장단점을 갖고 있다. 교육용 어휘를 선정하는 방법은 학습자·교육 과정 등에 따라 그에 적합한 방법을 택해야 한다. 본고에서는 경험적 방법을 택한다.

2.3.2. 선정 기준

교육용 어휘의 선정 기준은 한정된 양의 어휘로 보다 큰 효율의 언어 생활을 할 수 있도록 이루어져야 하며, 선정 방법과 목적에 따라 기준이 달라진다.

국어의 어휘 특질을 고려하여 어휘 선정 기준을 세우면 다음과 같다. 1) 사용 빈도가 높아야 한다. 2) 사용 범위가 넓은 어휘여야 한다. 3) 교육에 기초적인 어휘여야 한다. 4) 조어력이 높은 어휘여야 한다. 5) 학습자의 발달 단계에 맞는 어휘여야 한다. 6) 적용성이 큰 어휘여야 한다. 7) 시대가 요구하는 어휘여야 한다. 8) 고유 명사, 계급명, 의성어·의태어, 은어·비속어·유행어·방언, 고어 등은 한정된 범위에서 선정해야 한다.

문교부(1955, 1956)는 방대한 어휘 자료집이나 40여 년이라는 긴 세월이 지난 것이고 국어연구소(1985)는 1983~1984 년의 자료이지만 한정된 기간의 자료로 특정 어휘에 치우칠 수 있는 단점이 있다. 그러나 이들 두 자료는 많은 노력이 든 방대한 자료다. 따라서 신기철·신용철(1986)과 함께 문교부(1955, 1956), 국어연구소(1985)를 참조하여 한자어 등의 사용 실태를 고찰해 보는 것도 의미가 있다고 생각한다. 국어연구소(1986, 1987)는 국민〔초등〕 학교 전 교과서 어휘를 조사하고 이를 바탕으로 기존 어휘 조사인 이응백(1972, 1978), 이응백·이인섭·김승렬(1982), 서정국(1968), 박붕배(1975) 등과 어린이 이해 어휘 (어린이 신문 등)와 사용 어휘(학생 작품)를 더하여 이를 교육용 어휘로 선정하고 있는데, 문제점은 음성 언어를 다루지 못한 것이다. 국어연구소 (1988)는 4차 중학교 국어 교과서의 어휘를 조사한 것이다. 이들 자료 모두가 완벽하다거나 대표 어휘(소) 선정에 최선의 것이 될 수는 없으나 아쉬운 대로 이들 자료를 이용하여 대표 어휘(소)를 선정하는 것이다. 교육용 어휘 선정은, 국어연구소(1986) 6,197 어, 국어연구소 (1987) 11,858 어, 국어연구소(1988) 15,765 어를 분석하고 정우상 (1987)의 21,080 어와 3차 초등 학교 국어 교과서 어휘 자료인 임광규(1981) 9,636 어 등을 참조한 후, 여기에서 취학전 어린이 습득 어휘 1,210 어를 제외하여 교육용 어휘 20,100 어(초등 학교용 14,600 / 중학교용 5,500)를 선정하였다. 이의 어휘 종류(초등 학교용 / 중학교용)는 교과 전문 어휘(40 /160), 고유어 5종(5,380 / 1,390), 한자어 9종(8,755 / 3,880), 외래어(400 / 70), 기타(25 / 0)이 된다.[2]

3. 교육용 대표 어휘(소)의 선정

이해 어휘를 늘이려면 파생어의 경우는 파생어를 이루는 접사의 의미를 알면 효과적이다. 우리는 이미 알고 있는 어휘의 의미에서 모방과 유추로 모르는 어휘의 의미를 파악하고 새로운 어휘를 만들어 내는 것이다. 따라서 파생어를 이루는 대표적인 접사의 의미를 선정하여 배우는 것은 이해 어휘 확대를 위하여 바람직한 방법이다[3].

---

2) 교육용 어휘 20,100 어의 목록은 분량이 많기 때문에 제시하지 못한다.
3) 영어의 경우 대표 접사의 이용이 이해 어휘 확장을 위해 어휘 교육에 이용된다. 그러나 국어에서는 아직 이의 구체적 연구가 없다.

어휘 자료의 분석으로 대표적인 복합어를 이루는 어근이나 접사를 찾을 수 있을 테지만 이의 선정을 위하여 사전 표제어나 간행물에 나타난 복합어를 센다는 것이 절대적인 해결책은 아니다. 사전에 실릴 수 있는 수많은 복합어들이 빠지기도 하고 수록된 복합어 중 많은 것은 사용되지 않는 것이다. 따라서 이런 방법은 나름대로의 타당성을 가지지만 절대적인 타당성을 가질 수 없다. 가령 "지방-"의 복합어는 지방과 관계된 거의 모든 어일 것이다. 이들이 하나의 단어로 인정될 수 있느냐, 아니냐는 사용자의 주관이 작용할 수 있을 것이다. 공적인 언어 생활에서 사용되고 있는 것만을 따진다 하더라도 '백과사전식 국어사전'에 수록되지 않은 많은 전문 어휘를 발견할 수 있다. 신기철·신용철 (1986)에 '지방'의 복합어가 61 어 수록되어 있지만 '지방공무원법'에 나타난 공무원 직명만도 모두 '지방'의 복합어로 '직렬 x 직급의 수'만큼 있기 때문에 수백어나 된다.

단어 형성에 관한 기초 지식을 알면 다음으로 조어력이 강한 어휘를 배움으로써 많은 어휘를 효과적으로 알게 된다. 따라서 단어의 형성에 대한 교육이 어휘 교육에서는 필요하다. 합성법에 의한 단어의 형성과 합성어의 유형, 파생법에 의한 단어의 형성과 파생법의 유형을 교육하는 것은 어휘 교육에 큰 도움이 된다. 고등 학교 문법에서 다루는 단어 형성 규칙이 이런 내용이다.

Key to 100,000 Words(Leonard A. Stevens, "Fourteen Words That Make All the Difference", Coronet, 40 (Aug. 1956:80−82): 1. de−(down or away), 2. inter−(between), 3. pre−(before), 4. ob−(to, toward, against), 5. in−(into or not), 6. mono−(one or alone), 7. epi− (over, upon, beside), 8. ad−(act to or ward), 9. com−(with or together), 10. non−, ex−(not, out, formally), 11. re−, pro−(again or back, forward or infavor of), 12. dis−(apart from), 13. over−, sub−(above, under, supporting), 14.mis−, tran−(wrong or wrongly, across, beyond). {D. Lapp and J. Flood,1986: 107)에서 재인용}

3.1. 대표 어근

대표 어근을 선정하기 위해서는 선정의 기준과 방법이 필요하다. 이를 위해서 대표 어근의 선정 기준을 세우면 다음과 같다.

(1) 사용 빈도가 높고 사용 범위가 넓은 어근――어근은 복합어에서 다른 어근이나 접사와 결합된 상태로 나타난다. 따라서 사용 빈도가 높고 사용 범위가 넓은 어근은 중요하며, 이들은 또한 많은 어휘를 생성할 수 있기에 다음 기준인 '조어력이 큰 어근'과 밀접한 관련을 갖는다.

(2) 조어력이 큰 어근――사전 수록 복합어나 사용 복합어가 많은 어근과 그렇지 않더라도 조어력이 뛰어나서 많은 복합어가 생길 수 있는 어근은 조어력이 큰 어근으로서 대표 어근으로 선정되어야 한다.

(3) 문법적, 어휘적 설명을 위해 필요한 어근――다른 복합어의 설명을 위해 비교되어야 하는 어근은 선정되어야 한다. '피동-'이 선정된다면 '사동-'도 선정되어야 하는 것이다.

복합어의 쓰임을 보기 위하여 실제 사용된 한자 복합어를 보면 다음 〈표-1〉과 같다.

<표-1> 한자 어근과 복합어

어근	국어연1	국어연2	사전	어근	국어연1	국어연2	사전	어근	국어연1	국어연2	사전
經營	48	11	32	大學	81	17	26	資本	66	15	56
經濟	128	22	93	文化	118	29	53	政策	82	7	3
科學	50	8	27	問題	50	9	13	政治	115	27	49
關係	59	8	21	思想	46	6	7	制度	76	5	6
教育	74	22	67	社會	146	21	146	株式	91	4	15
國家	71	7	60	産業	53	7	56	地方	46	15	61
國際	72	7	333	生活	51	17	50	行政	118	26	69
企業	86	30	32	外交	61	11	29	會社	81	15	10
技術	67	9			24						

<국어연(1985, 조사자료집 1)과 신기철·신용철(1986)을 분석함>

국어연 1: 해당 한자어가 나타난 어근(어두 한자별 한자어 및 출처의 모든 어근)임(예: 經營—
　　　　1) 經營改善, 2) 企業經營 등 모두).
국어연 2: '漢字別 漢字語 모음'에 나타난 어근임(例: 經營— 經營科, 經營權, 經營大, 經營人
　　　　등임).
사전(신기철·신용철, 1986): 대표 어근이 어두에서 결합된 경우.

〈표-1〉의 25 어와 복합어를 이루는 어는 국어연 1에서 1936 어로 평균 77(77.44) 어이며, 국어연 2에서는 355 어로 평균 14(14.20) 어이다. 또한 사전에 어두 표제어로 나온 어휘는 1,338 어로 평균 56(53.52) 어이다. 따라서 이들 복합어를 많이 이루는 어휘를 알면 이들의 합성어의 의미를 유추하기 쉽다. 이들을 사전에 수록된 어휘수를 기준으로 보면 〈표-2〉와 같다.

<표-2> 사전 표제어와 이의 복합어 수

사전표제어(신기철·신용철, 1986 / 국어연, 1985)
經濟(93/22), 共同(74/6), 空中(56/1), 教育(67/22), 國家(60/7), 國民(77/6), 國際(333/7), 軍事(46/9), 機械(52/6), 勞動(80/4), 獨立(46/5), 動物(49/5), 文化(53/29), 放射(59/5), 社會(146/21), 産業(56/7), 酸化(60/3), 生産(59/14), 生活(50/51), 世界(66/11), 植物(61/3), 信用(21/3), 言語(47/4), 營業(47/4), 完全(46/2), 外國(49/9), 宇宙(49/6), 原子(67/5), 二重(62/3), 人間(56/12), 一般(51/7), 自己(56/2), 自動(75/6), 自然(124/20), 自由(102/9), 資本(56/15), 電氣(147/3), 政治(49/27), 精神(70/8), 第一(53/6), 中間(46/5), 中央(60/6), 地方(61/15), 直接(47/0), 特別(80/5), 航空(75/7), 行政(69/26), 化學(59/5), 回轉(63/3)

위의 53(사전 표제어 수 46이상) 어를 보면 사전에 나타난 복합어는 총 3,634 어가 복합되어 1 어에 68(68.56) 어의 복합어가 나타나고('韓國'은 고유 명사가 사전에 38 어임), 국어연-2는 '한자별 한자어 모음 총어휘'

로 총 454 어가 나타나 평균 8(8.56) 어가 나타난다.

이들을 모두 정리하면 다음과 같다. 즉, 이들은 복합어를 이루는 대표적인 어근이라 할 수 있는데, 이것이 절대적인 것은 아니다. 사전과 사용 실태 조사서가 절대적인 것이 아니기 때문이다. 그러나 복합어로 사용된 경우가 많았고 사전 수록된 어가 많다는 것은 이들의 대표성을 인정할 수 있게 한다. 〈목록-1〉의 65 어는 어휘 교육에서 대표 한자 어근으로 쓰일 수 있다.

〈목록-1〉 대표 한자 어근(65 어)

經營, 經濟, 共同, 空中, 科學, 關係, 教育, 國家, 國民, 國際, 軍事, 機械, 技術, 企業, 大學, 大韓 ,獨立, 動物, 勞動, 問題, 文化, 放射, 思想, 社會, 産業, 酸化, 生産, 生活, 世界, 植物, 信用, 言語, 營業, 完全, 外交, 外國, 宇宙, 原子, 二重, 人間, 一般, 自己, 自動, 自然, 自由, 資本, 電氣, 政策, 政治, 精神, 制度, 第一, 朝鮮, 株式, 中間, 中央, 地方, 直接, 特別, 韓國, 航空, 行政, 化學, 回轉, 會社

한자어의 경우와 달리 고유어와 외래어의 대표적인 어근을 다루지 않는 것은 이들 복합어를 이루는 어근의 모든 경우들이 따로 독립되어 쓰이는 것으로 다룰 수도 있는 것이면서 또한 기초 어휘에 포함된다는 것이다. 즉, 초등 학교에 입학할 당시에 알고 있는 어휘에 해당되는 것들이기 때문에 고유어 기초 어휘로 별도로 다룰 수 있는 것이다.

3.2. 대표 접사

접사는 어근과 합하여 많은 파생어를 만든다. 따라서 접사는 파생어 생성 가능성이 아주 높다. 이의 이해는 많은 파생어의 의미를 추정할 수 있게 할 뿐만 아니라 조어력을 기르는 데에도 도움이 된다. 한글학회 〈큰사전〉과 이희승 〈국어대사전〉에서 접두사로 볼 수 있는 말은 256 어로 이들과 결합하여 쓰이는 파생어가 775 어이고 결합하여 쓰일 수 있는 가능 파생어가 758 어로 모두 1,533 어가 조어될 수 있다는 연구 보고도 있다(여영택, 1971: 115~144).

대표 접사를 선정하기 위해서는 선정의 기준과 방법이 필요하다. 이를 위해서 대표 접사의 선정 기준을 세우면 다음과 같다.

(1) 파생어 생성 가능성이 많은 접사는 선정한다. 대표 접사의 의미를 알게 됨으로써 그와 결합된 많은 파생어의 의미를 알게 된다는 점에 바탕을 둔다. 교육용 어휘의 선정 기준으로 사용 빈도가 높아야 한다는 것과 대표 접사의 선정 기준으로 파생어의 생성이 많아야 한다는 것은 둘 다 많은 사용을 전제하기 때문이다. 실례로 이들의 가능성을 다음 〈표-3〉에서 찾아 볼 수 있다.

〈표-3〉 접두사와 파생어 생성

접두사(신기철 · 신용철(1986) / 정우상(1987)
감-(2/1), 갓-(3/3), 강-(11/1), 개-(120/2), 군-(37/2), 까막-(?07/0), 날-(22/3), 내-(85/22), 늦-(32/4), 대-(3/1), 덧-(70/11), 데-(5/1), 도래-(11/0), 돌-(34/2), 되-(66/15), 둘-(9/0), 뒤-(80/15), 드-(10/4), 들-(31/2), 들이-(57/6), 막-(25/2), 말-(15/0), 맨-(15/5), 메-(10/1), 몰-(5/0), 몸-(4/0), 무-(3/2), 뭇-(21/0), 민-(55/1), 민둥-(2/1), 배내-(9/1), 벌-(17/0), 불-(10/0), 빗-(39/9), 새-(22/5), 샛-(16/1), 선-(6/0), 설-(20/0), 수-(35/1), 숫-(17/0), 시-(14/4), 실-(37/6), 싯-(11/1), 쌀-(6/0), 암-(73/6), 애-(32/3), 얄-(4/1), 얼-(12/1), 엇-(58/5), 여우-(3/1), 열-(3/1), 옛-(19/4), 오-(2/0), 오른-(18/9), 온-(15/3), 옥-(9/0), 올-(15/0), 옹-(8/0), 옹달-(4/1), 외-(117/6), 잔-(56/7), 잗-(9/0), 잦-(2/0), 좀-(72/0), 쥐-(78/1), 진-(21/2), 짓-(29/4), 짝-(6/0), 째-(2/0), 쪽-(33/4), 차-(4/1), 찰-(15/2), 참-(15/11), 처-(12/1), 치-(34/1), 풋-(35/0), 한-(50/10), 핫-(11/0), 햅-(2/1), 햇-(19/3), 헛-(74/9), 홀-(16/4), 홑-(22/1), 휘-(20/11)

84 접사의 파생어는 사전에서 2,238 어이고, 초등 학교 교과서 전체의 어휘인 정우상(1987)에서 249 어이다. 따라서 이들 84 어가 파생하는 접사는 사전 수록 어휘는 1 어당 약 26(26. 64) 어, 국어연 어휘 약 3(2.96) 어가 된다. 그러나 실제로 이들 접사가 파생할 수 있는 파생어의 가능성은 이보다 훨씬 많다. 또 30 어 이상의 파생어를 가진 접두사는 27 어이다. 따라서 이들 27 어를 알면 1,644 어의 의미를 추정할 수 있으며 필요시 이들 접사를 이용하여 새로운 파생어를 만들 수도 있다. 즉 한 접사와 파생하는 어가 60 어나 되는 것이다.

(2) 교과서나 일상 언어 생활에서 자주 사용되는 파생어를 만드는 접사{문교부(1956)의 사용 빈도 10,000 어 이내〈초등 학교〉, 또는 20,000 어 이내〈중학교〉의 어휘에 나타난 접사}는 선정한다.

접사 선정의 기준으로 사용하는 문교부(1956)는 그 자료가 완전하다기 보다는 부족한 점이 많다. 그러나 아직까지 이만한 규모의 어휘 실태 조사가 없었기 때문에 이를 사용해서 어휘 선정을 할 수 있다고 생각하여 기준에 이용해 본 것일 뿐이다. 따라서 더 좋은 자료가 나오면 그때 새로운 자료를 가지고 선정 기준을 새롭게 정할 수 있을 것이다. 문교부(1956)는 56,069 어인데, 이의 약 45 %가 빈도 3 이상으로 25,261 어이다. 18 %가 빈도 13으로 빈도순 10,115까지의 어이다. 이를 초등 학교 교육용 어휘 선정으로 정한 이유는 자주 접할 수 있는 어휘, 이해가 쉬운 어휘를 전체의 20 % 이내로 잡았기 때문이다. 이런 기준으로 문교부(1956) 어휘의 약 38 %에 해당하는 빈도 4 이상의 어휘는 빈도순 21,844까지의 어휘가 된다. 이들 자주 쓰이는 어휘를 20,000 어에서 끊으면 이들을 중학교까지의 교육용 어휘 선정 한계로 잡을 수 있다.

(3) 한자에서 유래한 접사(접사처럼 쓰이는 한자어 형성소)라도 고유어화

한 접사는 선정한다. 예를 들면 '왕(王)-'같은 경우인데, 어원적으로는 한자에서 온 접사라도 그 쓰임이 고유어처럼 파생어를 이루며(왕-눈이, 왕-개미, 왕-개구리) 언중에게 고유어처럼 쓰이는 경우 한자어에서 다루는 것과 별도로 선정한다.

(4) 문법적, 어휘적 설명을 위해 필요한 접사는 선정한다. 따라서 다른 파생어의 설명을 위해 비교되어야 하는 접사는 선정되어야 한다. 예를 들면 '찰-/차-'같은 경우인데, 이는 함께 다루어지는 것이 효과적일 수 있다.

(5) 의성·의태어를 만드는 접사는 기본적인 접사만 선정한다. 양성 모음은 밝고, 맑고, 가볍고, 작게 느껴지며, 된소리나 거센소리로 나는 音은 강한 느낌을 준다는 사실에 바탕을 두어 기본적인 접사만 선정하는 것이다.

이상의 대표 접사 선정의 기준 이외에 중요도에 따라 단계별로 이를 나눈다면 학교 급별로 나눌 수 있을 것이다. 접두사와 접미사에 따라 학교 급별로 선정 기준과 방법을 보충하면 다음과 같다.

3.2.1. 대표 접두사 선정

사전에 5 어 미만이거나 국어연 미출현 접사 중, 이형태 접사 둘 이상의 파생어 출현 합계 5 어 미만은 제외했으나, 접두사는 그 수효도 많지 않고 파생 가능성이 많으므로 대개는 그대로 선정한다.

학교 급별 분류 기준은 다음과 같다.

초등 학교: 파생어 생성이 사전[신기철·신용철, 1986]에서 30 이상, 정우상(1987)에서 10 이상, 국어 교과서에 나온 접두사로 설명이 쉬운 것, 문교부(1956)의 빈도순 10,000 이내에서 나타난 접두사 중 하나 이상에 속하는 접두사.

중학교: 문교부(1956)의 빈도순 10,000 ~ 20,000 범위에서 나타
난 접두사와 초등 학교에서 사용된 설명이 어려운 접두사 가운데 하나
이상에 속하는 접두사.

이들은 교육용 어휘로서 대표 어휘에 속하는 대표 접사로 선정되는
데 〈목록-2〉와 같다.

〈목록-2〉 학교 급별 대표 접두사 목록(77 어)

초등 학교(31 접두사): 개-, 군-, 까막-, 내-, 늦-, 덧-, 돌-, 되-, 뒤-,
들-, 몽당-, 민-, 수-, 실-, 알-, 암-, 애-, 엇-, 여우-, 옛-, 왕-, 외
-, 잔-, 좀-, 참-, 치-, 풋-, 한-, 헛-, 홀-, 휘-
중학교(46 접두사): 갓-, 강-, 결-, 검-, 곁-, 깔-, 날-, 낱-, 도-, 드-,
들-, 막-, 맏-, 말-, 맞-, 맨-, 메-, 뭇-, 민-, 불-, 새-, 샛-, 생-,
선-, 설-, 숫-, 시-, 싯-, 얕-, 얼-, 온-, 올-, 자-, 웃-, 윗-, 잔-,
정-, 진-, 짓-, 차-, 찰-, 처-, 첫-, 핫-, 햇-, 홀-

3.2.2. 대표 접미사 선정

접미사는 선행하는 어근, 또는 어기에 의미만을 부가하는 어휘적 파
생 접미사와 굴곡 어미처럼 문법적인 기능에 변화를 가져오는 통사적
파생 접미사가 있다. 이들은 분류자에 따라 그 수에 많은 차이가 있
다. 김계곤(1969)의 603 개, 고영근(1973)의 638 개, 하치근(1988)의
226 개, 최규일(1989:61)의 508 개 등 그 기준에 따라 차이는 있으나,
이들이 결합하여 이루어지는 파생어는 사전에 수록된 수보다 훨씬 많
으며 이들 접미사 파생 규칙에 의해 앞으로도 많은 파생어의 출현이 가
능하기 때문에 어휘 교육상 중요한 부분을 차지한다. 접미사를 품사의
전성 기능에 따라 나누면 600여 접미사로 나눌 수 있으나 품사 전성과
관련 없이 기본적인 의미만으로 나누면 그 수가 훨씬 줄어든다. 따라서
문법적인 설명이 필요한 접사의 분류는 국민 학생이나 중학생에게는

어렵기 때문에 어휘력 확장을 목표로 하는 어휘 교육에서는 접미사의 의미를 아는 것으로 족할 것이다. 따라서 본고에서는 품사 전성 기능을 고려하지 않은 의미만을 고려한 접미사 선정 방법을 취한다.

문교부(1956)에 나타난 접미사는 빈도 4 이상의 어휘에서 뽑은 접미사가 176 어로 이는 빈도순 10,000 어 정도에서는 80여 접사만이 나타난다. 빈도가 아주 높은 어휘에서 나타나는 접사의 수효는 그리 많지 않다. 그러나 많은 파생어를 생성할 수 있다는 데서 그 중요성을 찾을 수 있다.

학교 급별로 대표 접미사를 분류 선정하는 기준은 다음에 의한다.

초등 학교: 초등 학교 교과서에 나타난 접미사와 문교부(1956)의 빈도순 10,000 어 이내의 접미사 중 설명이 어렵지 않은 접미사

중학교: 중학교 교과서에 나타난 접미사와 문교부(1956)의 빈도순 10,000 어 ~ 20,000 어의 접미사, 초등 학교 접미사 중 중학생에게 설명이 가능한 접미사. 예) 피·사동 접미사

이들은 교육용 어휘로서 대표 어휘에 속하는 대표 접사로 선정되는데 〈목록-3〉과 같다.

〈목록-3〉 학교 급별 대표 접미사 목록(98 어)

> 초등 학교(24 접미사): −같다, −개, −꾸러기, −꾼〔−군〕, −내, −년, −녘, −노릇, −놈, −님, −답다, −당하다, −데기, −들, −뱅이, −보, −장이, −쟁이, −질, −짜리, −째, −쯤, −투성이, −하다
> 중학교(74 접미사): −가(哥),− 가량, −거리, −거리다, −것, −게, −결, −경(頃), −군(君), −금, −기, −기다, −까짓, −깨, −께, −내, −네, −다랗다, −답다, −대다, −데기, −데데하다, −뎅뎅하다, −되다, −되다, −두리, −둥이, −든−든, −때기, −뜨기, −뜨리다, −롭다, −ㅁ, −만, −만큼, −발, −배기, −분, −이, −브다, −ㅅ−ㅅ, −새, −스럽다, −씨(氏), −씩, −아기, −아리, −아지, −아치, −앙, −앙이, −양(孃), −어리, −어치, −없다, −엉이, −엏다, −이, −이다, − ㅣ우다, −적(的), −지기, −지다, −직하다, −짜, −차(次), −치, −치기, −치다, −퉁이, −티, −희, −히, −히다

이들 접미사를 분석하는데 있어서의 문제는 앞의 어근과 결합하면서 음의 변화가 일어나 접미사의 원 형태가 나타나지 않는 경우가 많다는 것이다. 따라서 이런 형태의 변화가 생긴 접미사를 교육하기에는 어려움이 따르기 때문에 이런 변화가 일어난 접미사의 선정은 많은 고려가 필요하다.

3.3. 대표 한자어 형성소

한자 어휘는 우리 어휘의 많은 부분을 차지하고 있다. 따라서 한자에 관한 고찰은 국어 어휘 연구의 큰 부분을 차지하며, 국어의 어휘 교육에서 한자어에 관한 교육 또한 중요한 부분으로 다루어진다.

어휘 교육에 관한 한자어 교육의 필요성은 한자 어휘가 국어의 반수 이상을 차지한다는 사실과 한자가 갖는 동음어 식별력, 조어력, 축약력, 역사성 등의 강점을 들어 한자 교육의 필요성과 한자 표기〔국한 혼용〕의 필요성을 들 수 있다.

이 장에서는 어휘교육적인 문제에서 접사처럼 쓰이는 한자어를 선정하기 위해 기존 학자들의 의견을 종합하여 한자어의 특질과 위치를 살피고 이를 토대로 한자어 교육의 중요성을 제시한다. 그리고 실제 쓰인 한자 표기 한자어에서 접사처럼 쓰이는 한자의 실태를 고찰하고 사전 등에 나타난 이들의 복합어를 조사하여 조어력이 큰 접사처럼 쓰이는 한자어 형성소를 대표 한자어 형성소라 사용하며, 이를 교육용 어휘로 선정한다.

3.3.1. 한자어의 특질

한자는 音·形·義를 나타내는 表語 文字로 한자어는 주로 문자로 사용될 때 분명한 의미 파악이 가능할 경우가 많다. 한자어의 특질을 보면 다음과 같다. (1)조어력이 뛰어나서 새로운 한자어가 생긴다. (2)동음어가 많아 의미 파악에 장애가 된다. 따라서 한자 병기가 필요한 경우가 있다. (3) 의미가 분화적이고 세분되었기 때문에 구체적이며 따라서 고유어와 1 : 다 대응을 보여준다(김광해, 1989). 따라서 주로 전문적, 학술적, 문어적으로 쓰인다. (4) 중국과 일본에서 쓰는 말과 같은 것이 많다. (5) 축약력이 강해 긴 형의 어휘가 축약된 형태로 자주 사용되며 이런 특성으로 말미암아 한자어의 사용이 늘며 또한 동음어가 증가한다.

3.3.2. 한자어의 위치

한자어는 우리 언어 생활에 필수적인 언어로 그 중요성이 유지되고 있다. 한자어의 위치는 다음과 같다. (1)고유어로 대치가 힘든 한자어가 많다. (2)경어로 쓰이는 한자어와 언중의 심리적 문제가 있다. 따라서 한자어는 앞으로도 오래도록 경어·완곡어로 사용되며 그 중요성은 좀처럼 사라지지 않는다.

3.3.3. 조어력이 큰 한자어 형성소의 선정

조어력이 큰 한자는 빈도가 높은 한자와도 관련이 있다. 복합어가 많지 않으면서도 빈도가 높은 경우도 있지만 복합어가 많기 때문에 그들의 빈도 합계가 높아 빈도가 높아진 경우가 많기 때문이다.

국어연구소(1985)에 나타난 통계에 의해 많이 쓰이는 130 한자에 대해 살펴보면 〈표-4〉와 같다.

<표-4> 국어연구소(1985)의 빈도 100 이상 한자의 문교부(1956)와의 비교

국어연구소, 1985의 빈도순 / 한자(한자어 출현수 / 문교부, 1956 빈도순)

1. 的(863/145), 2. 法(516/30), 3. 人(495/4), 4. 性(490/76), 5. 者(486/51), 6. 大(462/12), 7. 化(443/65), 8. 國(419/1), 9. 學(406/11), 10. 主(355/34), 11. 上(315/25), 12. 地(292/3), 13. 生(282/2), 14. 論(269/118), 15. 中(264/61), 16. 權(259/25), 17. 行(259/24), 18. 一(254/7), 19. 文(248/58), 20. 自(244/5), 21. 會(235/20), 22. 戰(234/87), 23. 制(230/185.), 24. 力(221/74), 25. 民(215/16), 26. 義(210/162), 27. 水(204/97), 28. 體(204/60), 29. 家(202/42), 30. 無(202/143), 31. 業(201/32), 32. 外(201/84), 33. 理(200/37), 34. 物(199/9), 35. 用(198/54), 36. 事(190/22), 37. 政(184/38), 38. 不(183/73), 39. 內(180/191), 40. 心(180/62), 41. 出(180/188), 42. 書(178/175), 43. 分(177/9), 44. 金(176/46), 45. 新(175/238), 46. 發(173/14), 47. 高(172/208), 48. 敎(172/75), 49. 軍(172/47), 50. 道(172/89), 51. 年(169/10), 52. 本(169/100), 53. 實(169/27), 54. 公(168/124), 55. 史(168/310), 56. 設(167/244), 57. 入(165/153), 58. 名(163/275), 59. 下(162/117), 60. 機(161/69), 61. 動(157/50), 62. 産(156/44), 63. 同(155/52), 64. 時(151/13), 65. 定(149/45), 66. 長(147/95), 67. 社(145/109), 68. 式(143/160), 69. 品(143/137), 70. 前(141/59), 71. 期(140/143), 72. 作(140/41), 73. 代(139/55), 74. 合(139/162), 75. 部(137/33), 76. 子(137/35), 77. 有(136/152), 78. 畵(133/658), 79. 對(132/23), 80. 立(131/200), 81. 全(131/64), 82. 非(131/652), 83. 間(131/19), 84. 後(130/53), 85. 再(129/662), 86. 女(128/110), 87. 黨(128/342), 88. 日(128/21), 89. 工(126/102), 90. 反(126/253), 91. 石(126/156), 92. 稅(125/281), 93. 場(125/174), 94. 面(122/92), 95. 所(121/96), 96. 正(121/158), 97. 價(120/546), 98. 度(119/49), 99. 型(119/810), 100. 類(118/169), 101. 數(118/36), 102. 展(117/314), 103. 成(115/140), 104. 商(113/178), 105. 海(113/202), 106. 員(112/129), 107. 線(111/86), 108. 別(110/150), 109. 點(110/85), 110. 通(110/56), 111. 三(109/39), 112. 天(109/255), 113. 風(109/252), 114. 科(108/292), 115. 感(107/761), 116. 開(105/277), 117. 保(105/167), 118. 小(104/176), 119. 樂(104/186), 120. 重(104/144), 121. 觀(103/970), 122. 東(103/181), 123. 手(103/166), 124. 電(102/1367), 125. 氣(101/17), 126. 神(101/330), 127. 經(100/94), 128. 多(100/366), 129. 流(100/170), 130. 進(100/267)

〈표-4〉에 의하면, 복합어의 출현수가 높은 한자 20 위까지는 그 복합어가 7,621 어로 평균 381 어, 50 위까지 13,441 어로 269(268.82) 어, 100 위까지 20,457 어로 평균 205(204.57) 어, 130 위까지 23,663 어로 나타났는데, 이는 평균 182(182.02) 어가 한자 한 글자에 관계된 어휘임을 알 수 있다. 따라서 한자의 의미를 알면 그와 결합된 한자어의 의미를 추측하는데 도움이 될 뿐 아니라 많은 어휘를 효과적으로 습득하는데 도움이 되는 것을 알 수 있다. 위의 한자 중 문교부 제정 기초 한자에 없는 자는 '型'자 뿐이다.

3.3.4. 어두나 어미에 결합하는 조어력이 큰 대표 한자어 형성소의 선정

한자의 조어력을 한자어의 교육에 이용하는 방법으로 한자어 형성소인 접사처럼 쓰이는 한자를 선정하면 이를 이용한 어휘력 확장이 가능하다. 이를 위해 대표 한자어 형성소를 선정하기 위하여 이들의 복합어 생성 능력을 조사한다. 이 때 접사처럼 쓰이느냐 아니냐는 위치로 다루기보다는 단어 내에서의 의미로 다루어야 할 것이다. 본 표는 이들을 의미로 구분하지 않고 복합어 생성 모두를 다루고 있는데 이는 복합어 파생 능력이 뛰어난 한자어 형성소를 찾는다는 면과 이들에 쓰인 어형성소는 조어력이 뛰어나 대표 한자어 형성소로 선정되어도 무방하다고 생각되기 때문이다. 대표 한자어 형성소의 선정 기준은 교육용 어휘 선정 기준에 준하였으며 별도 기준이 필요하지 않은 이유는 이들의 수가 그리 많지 않고 이들의 곤란도 또한 대단하지 않기 때문에 한자 수백 자만 가르쳐도 이들 중요 한자어 형성소가 거의 포함되기 때문이다. 따라서 이들 한자어 형성소는 복합어 생성 정도만을 제시하고 특정의 경우 교육용 어휘 선정 기준에 준하여 대표 한자어 형성소에서 빠질 수 있음을 밝힌다.

대표 한자어 형성소의 복합어 생성(어두에 결합하여 복합어를 이룬 경우)
은 〈표-5〉와 같다.

<표-5> 어두 결합 한자어 형성소와 복합어 생성

한자어 형성소(신기철·신용철, 1986 / 국어연구소,1985)

假(171/34), 各(139/41), 角(139/8), 强(225/56), 客(166/19), 乾(258/10), 古
(271/53), 高(665/110), 公(565/134), 空(316/42), 過(220/40), 官(248/39), 舊
(207/48), 貴(122/12), 旣(61/17), 難(75/24), 內(681/85), 濃(34/5), 單(412/49),
淡(63/4), 堂(50/2), 當(184/29), 大(1556/297), 對(292/100), 貸(47/13), 禿(16/1),
獨(251/49), 來(108/45), 冷(170/20), 兩(168/49), 連(217/38), 令(51/2), 老
(235/41), 每(71/9), 孟(34/1), 名(198/68), 木(359/27), 沒(82/10), 無(1221/171),
未(256/62), 美(182/45), 薄(98/7), 半(395/34), 反(300/102), 汎(35/12), 別
(276/22), 複(168/17), 本(325/92), 副(151/25), 不(1104/186), 非(224/123), 生
(611/103), 庶(40/5), 聖(298/61), 小(640/73), 熟(101/6), 純(138/24), 媤(42/1),
新(490/156), 失(125/44), 實(399/112), 亞(109/5), 洋(194/16), 養(107/20), 御
(125/4), 於(32/0), 擘(6/0), 業(66/15), 女(227/75), 沃(34/2), 王(114/33), 倭
(139/7), (508/115), (121/18), (102/16), 原(310/79), 僞(57/9), 義(138/23),
翌(13/0), 自(1001/219), 雜(238/17), 再(259/123), 全(310/111), 前(344/84), 正
(403/66), 第(162/23), 彫(32/6), 尊(101/8), 從(165/18), 左(195/21), 準(92/21),
重(310/71), 初(251/43), 超(99/64), 總(171/51), 最(183/71), 親(208/36), 特
(323/79), 豊(61/5), 被(96/51), 何(20/2), 含(55/5), 抗(59/25), 該(25/2), 虛
(187/23), 好(122/28), 後(355/65), 凶(96/12)

〈표-5〉에 의하면 108 한자어 형성소의 복합어는 사전〔신기철·신용
철, 1986〕 25,139 어이고, 국어연(1985) 4,912 어이다. 따라서 사전
〔신기철·신용철, 1986〕에서의 1 어형성소 당 복합어는 233(232.77)
어이며 국어연구소(1985)에서는 1 어형성소 당 45(45.48) 어이다. 이
들을 보면 '沃'은 沃度(iodine)·沃素(iodide) 합성어만도 사전서 25 어
이어서 한자어 형성소의 의미가 관형적으로 쓰인 것과는 관계가 적다.
'孟'도 일반 복합어는 6 어에 불과하고 나머지는 姓이 대부분이다. 따라

서 이 경우 대표 한자어 형성소를 선정할 때 복합어가 많지 않으므로 선정에서 제외한다. 위의 한자 중 대표 한자어 형성소로 쓰이는 뜻(어두나 어미에 결합하여 결합한 다른 어휘의 뜻을 바꾸는 의미)과 어근으로 쓰이는 의미가 다른 경우가 있는데 이들의 의미를 정확히 알아야 한다. 그렇지 않으면 의미 파악에 큰 곤란이 따른다. 상용 한자 2,100 자에 속하지 않는 한자어 형성소는 禿, 媤, 孼, 倭 4 字다.

초등 학교 국어과 교과서에서 어두 결합 한자어 형성소 204 어를 추려 보면 〈표-6〉과 같다(이들은, 초등 학교 교과서는 순 한글 표기이기 때문에 한글로 표기된 한자어 형성소이다).

〈표-6〉 초등 학교 국어과 교과서의 어두 결합 한자어 형성소

假,	可,	簡,	强,	開,	客,	檢,	激,	結,	缺,	兼,	警,	輕,	古,	告,	故,	苦,	高, 公, 共,
空,	過,	官,	關,	怪,	交,	舊,	國,	群,	窮,	歸,	貴,	極,	近,	禁,	金,	急,	緊, 吉, 樂, 落,
亂,	內,	冷,	怒,	老,	單,	短,	堂,	大,	都,	獨,	突,	同,	令,	滿,	亡,	忘,	每, 滅, 名, 沒,
無,	茂,	美,	未,	密,	薄,	反,	發,	放,	防,	排,	別,	復,	複,	本,	副,	否,	分, 不, 悲, 肥,
非,	使,	私,	上,	生,	先,	成,	聖,	洗,	小,	少,	消,	素,	速,	熟,	純,	勝,	始, 媤, 新, 實,
失,	深,	雙,	亞,	惡,	安,	哀,	愛,	野,	兩,	洋,	良,	養,	御,	嚴,	餘,	連,	熱, 豫, 誤, 沃,
玉,	完,	倭,	外,	要,	用,	優,	憂,	有,	遺,	義,	以,	異,	入,	自,	雜,	長,	再, 適, 全, 前,
漸,	接,	整,	正,	提,	除,	齊,	造,	尊,	從,	主,	中,	重,	指,	支,	至,	直,	珍, 眞, 天, 賤,
淸,	靑,	初,	超,	總,	最,	推,	祝,	出,	忠,	親,	他,	卓,	脫,	太,	土,	特,	派, 平, 廢, 包,
暴,	豊,	下,	合,	海,	該,	行,	虛,	現,	好,	混,	歡,	後,	凶,	興,	喜		

이들 중 문교부의 교육용 기초 한자에 속하지 않는 것은 媤, 倭, 卓 3字이며 이는 고유어처럼 쓰이거나(媤, 倭), 특별히 한정되어 쓰이는 한자이다. 또한, 초등 학교 한자어 형성소 이외의 중학교 초출 한자어 형성소는 없으며 '皆, 硬, 迎, 醜' 등은 어두에 나타나지 않았다.

대표 어두 결합 한자어 어휘소를 선정하는 기준으로 〈표-5〉의 어두

결합 한자어 형성소 중 복합어 생성이 국어연구소(1985)에서 10 이상
인 경우만 선정하면 〈목록-4〉와 같다.

<목록-4> 어두 결합 대표 한자어 형성소(83 어)

假, 各, 强, 客, 乾, 古, 高, 公, 空, 過, 官, 舊, 貴, 旣, 難, 內), 單,, 當, 大, 對, 貸, 獨, 來, 冷, 兩, 連, 老, 名, 木, 沒, 無, 未, 美, 半, 反, 汎, 別, 複, 本, 副, 不, 非, 生, 聖, 小, 純, 新, 失, 實, 洋, 養, 業, 女, 王, 外, 右, 元, 原, 義, 自, 雜, 再, 全, 前, 正, 第, 從, 左, 準, 重, 初, 超, 總, 最, 親, 特, 被, 抗, 虛, 好, 後, 凶

　어미 결합 한자어 형성소는 어두 결합 한자어 형성소보다 훨씬 수효
가 적다. 이는 어두 결합 한자어 형성소가 한자어에서 관형어처럼 앞에
온 것이 접두사처럼 굳어지거나 사용되는 특성에 따른다고 볼 수 있다.
어미결합 한자어 형성소와 복합어의 생성은 〈표-7〉과 같다.

<표-7> 어미 결합 대표 한자어 형성소와 복합어 생성(국어연구소,1985)
　　한자어 형성소(해당 한자어 형성소가 생성한 전체 어휘의 수 / 해당 한자어 형성소가
　　접미사처럼 쓰인 어휘 수)

家(202/115), 間(131/75), 工(127/37), 觀(102/52), 期(140/79), 論(228/183), 法(516/275), 輩(6/6), 別(110/74), 夫(35/23), 婦(32/19), 部(137/85), (81/57), 師(56/36), 上(314/196), 性(490/416), 所(121/56), 手(103/54), 式(143/126), 業(201/91), 女(49/41), 力(219/172), 用(198/132), 員(112/88), 類(104/102), 人(495/157), 子(137/85), 者(486/453), 作(140/96), 的(863/852), 制(238/171), 中(262/78), 學(406/164), 化(443/333), 後(130/50)

　〈표-7〉에 의하면 35 어미 결합 한자어 형성소의 전 복합어는 7,332
어고 어미 결합 복합어는 5,015 어이다. 1 어형성소 당 복합어 209
(209.48) 어, 어미 결합 복합어 143(143.28) 어가 나타난다. 쓰임에 따

라서 더 많은 어미 결합 한자어 형성소의 추출이 가능하지만 그리 많지는 않다. 따라서 이들은 모두 초보적인 한자 교육에서 다루어질 수 있기 때문에 학교 급별 선정이 필요 없다. '中'은 어두에 올 때가 166 어며 '後'는 65 어가 어두에 온다. 이들은 그 쓰임에 따라 어두에 결합되거나 어미에 결합된다. 또한 '輩'는 접미사로만 쓰였다. 한자의 특성상 그 위치에 따라 성분이 달라짐을 보이고 있다.

이들 어두 결합 한자어 형성소와 어미 결합 한자어 형성소를 학교 급별로 분류하려면 학교에서 한자 교육이 이루어진다는 전제가 있어야 한다. 만약 초등 학교에서 한자 교육이 정규 교육 과정에 반영된다면 이 때 배우게 되는 대표 한자어 형성소의 선정이 가능하나 그렇지 않은 현실에서 이들을 따로 분류하여 가르칠 수는 없을 것이다. 또한 초등 학교의 한자 교육이 이루어진다면 〈표-7〉의 대표 한자어 형성소들은 모두 가르치는 것이 타당할 것이다. 따라서 대표 한자어 형성소의 중요성을 생각하고 이들의 수효가 많지 않음을 생각하면 이들을 학교 급별로 선정하기보다는 이들 모두를 초등 학교에서 가르치거나, 중학교에서만 한자 교육이 이루어진다면 중학교에서 이들 모두를 교육할 필요가 있다.

이들 어미 결합 대표 한자어 형성소는 〈목록-5〉와 같다.

〈목록-5〉 어미 결합 대표 한자어 형성소(92 어)

家, 覺, 間, 刊, 監, 感, 頃, 系, 工, 觀, 局, 軍, 圈, 金, 級, 氣, 期, 女, 談, 隊, 臺, 度, 力, 領, 論, 料, 類, 流, 率, 面, 貌, 文, 輩, 法, 癖, 別, 報, 夫, 部, 婦, 費, 詞, 士, 師, 上, 像, 生, 線, 說, 性, 勢, 所, 手, 順, 術, 式, 氏, 業, 炎, 用, 員, 率, 人, 者, 子, 作, 章, 材, 的, 節, 題, 制, 族, 中, 症, 職, 差, 綴, 帖, 體, 側, 則, 套, 編, 表, 標, 學, 項, 型, 行, 化, 後

4. 정리

본 장은 국어 교육의 핵심인 어휘 교육을 위한 기초 요소인 교육용 어휘를 구성하는 대표 어휘로 대표 어근과 대표 접사, 대표 한자어 형성소(어두나 어미에 결합하여 복합어를 생성하는 어형성소) 선정에 주안점을 두었다.

교육용 어휘의 선정 기준은 다음과 같다. 1) 사용 빈도가 높은 어휘, 2) 사용 범위가 넓은 어휘, 3) 교육에 기초적인 어휘, 4) 조어력이 높은 어휘, 5) 학습자의 발달 단계에 맞는 어휘, 6) 적용성이 큰 어휘, 7) 시대가 요구하는 어휘 등을 선정하는 것이다.

교육용 어휘를 선정하기 위한 기본 작업으로 교과서 어휘인 국어연구소(1986) 6,197 어, 국어연구소(1987) 11,858 어, 국어연구소(1988) 15,765 어를 분석하여 교육용 어휘 20,100어(초등 학교용 14,600/ 중학교용 5,500)를 선정하면, 어휘 종류(초등 학교용 / 중학교용)는 교과 전문 어휘(40/160), 고유어 5종(5,380/1,390), 한자어 9종(8,755/3,880), 외래어(400/70), 기타(25/0)이 된다. 이를 바탕으로 하면서 문교부(1955, 1956), 신기철·신용철(1986), 국어연구소(1985), 정우상(1987), 임광규(1981)를 참고하여 대표 어휘(소)로 대표 어근과 대표 접사, 대표 한자어 형성소(어두나 어미에 결합하여 복합어를 생성하는 어형성소)를 선정하였다. 이들 대표 어휘는 교육용 어휘를 구성하는 어휘가 된다.

대표 어근의 선정 기준은, 1) 사용 빈도가 높고 범위가 넓은 어근, 2) 조어력이 뛰어난 어근, 3) 문법적·어휘적 설명을 위해 필요한 어근 등이다. 대표 어근 결정은 복합어에서의 사용 빈도와 범위까지 고려하여 선정함을 원칙으로 한다. 이런 기준에 따라 고유어 어근은 거의가 기초 어휘나 기본 어휘에 속하기 때문에 제외하고 한자 어근만을 대표 어근으로 선정하였다. 그리하여 국어연구소(1986, 1987, 1988)의 단일어와 합성 · 파생어를 분석하여 교육용 어휘의 대표 어근 65 어를 선정하였다. 이는 사전이나 기타 간행물에 나타나는 어휘의 빈도 · 분포와는 차이가 있으나, 교육용 단일어로서 가치가 있으며, 또한 많은 복합어를 이루는 어근으로서 가치가 있다.

대표 접사의 선정 기준은 다음과 같다. 1) 파생어의 생성 가능성이 많은 접사, 2) 교과서나 일상 언어 생활에서 자주 사용되는 파생어를 만드는 접사, 3) 한자에서 유래한 고유어처럼 쓰이는 접사, 4) 문법적, 어휘적 설명을 위해 필요한 접사, 6) 의성 · 의태어를 만드는 기본적인 접사는 선정하며, 7) 외래어 접사와 어두 · 어미의 한자어 형성소는 제외한다. 접사의 쓰임을 보기 위하여 대표 접두사는 신기철 · 신용철의 새우리말 큰사전(1986), 정우상(1987), 임광규(1981)와 문교부(1956)를 분석하여 초등 학교용 31 어와 중학교용 46 어를 선정하였다. 대표 접미사는 초등 학교 교과서에 나타난 접미사와 문교부(1956)의 빈도순 10,000 어 이내의 접미사 중 설명이 어렵지 않은 접미사 중에서 24 어를 선정하였고, 중학교 교과서에 나타난 접미사와 문교부(1956)의 빈도순 10,000 어 ~ 20,000 어의 접미사, 초등 학교 접미사 중 중학생에게 설명이 가능한 접미사 중에서 중학교용 74 어를 선정하였다. 대표 어근과는 달리 접사는 초등 학교용과 중학교용으로 나누었으나 이는 단계별 구분일 뿐이다.

대표 한자어 형성소 선정 기준은 한자의 특질과 위치를 고려하고, 교육용 어휘 선정 기준에 준하였으며, 어두 결합 한자어 형성소(접두사처럼 쓰이는 한자어 형성소)는 국어연구소(1985)에서 복합어 생성이 10 이상의 어 중에서 83 어를 선정하고, 어미 결합 한자어 형성소(접미사처럼 쓰이는 한자어 형성소)는 그 수가 많지 않기 때문에 중요하다고 생각되는 것으로 92 어를 선정하였다. 그러나 이들 대표 한자어 형성소는 초등 학교에서 한자 교육이 이루어진다면 모두 초등 학교용으로 쓰일 수 있으나 중학교에서 한자 교육이 시작한다면 중학교용이 될 수밖에 없다.

본 장의 결과는, 1) 국어 교육 과정에서 어휘 교육을 상세화할 수 있다, 2) 국어 교과서 편찬에서의 이해 및 사용 어휘의 근거가 된다, 3) 교육용 어휘의 한계를 설정할 수 있다, 4) 외국인을 위한 한국어 어휘 교육 교재 개발의 근거가 된다는 면에서 효용성을 가진다. 국제화 시대에 '외국어로서의 한국어 교육'의 중요성이 늘어가고 있는 바, 외국인을 위한 '어휘 학습 교재'로 대표 접사와 어근의 중요성도 높다. 영어를 비롯한 외국어 학습자료인 'Vocabulary 33,000'류의 어휘 학습 자료집이 없는 한국어 어휘 교육 교재를 개발할 수 있는 근거가 된다.

본 장의 기술은 어휘 교육에서 '무엇'을 가르칠 것인가의 '무엇'에 중심을 둔 즉, 어휘 선정에 중심을 둔 것이다. 본 장의 한계는 대표 어휘 목록으로 제시된 대표 어근 65 어, 대표 접사 175 어, 대표 한자어 형성소 175 어, 계 415 어가 이와 결합되는 많은 복합어를 이해하는데 도움이 되기는 하지만, 기존의 모든 연구들이 그러하듯이 언어 현실을 완벽하게 반영하지 못한다는 것이다. 또한 선정용 자료가 만족할 수준에 이르지 못하고 있을 뿐 아니라 언어의 성격상 일관된 기준으로 사용될 수 없다는 것이다.

어휘 선정은 계속 보완되어야 한다. 대표 어휘, 대표 접사, 대표 한자어 형성소의 선정도 한정된 자료를 분석하였으므로 참고할 정도에 그쳤기 때문이다. 그러나 이 방면의 연구가 전무한 국어 교육의 현실을 고려하면 어휘 교육을 위한 하나의 시도로서 그 가치가 있다 하겠다.

끝으로 어휘 교육이 국어 교육에서 핵심적인 내용임을 고려할 때 외국에서와 같은 집중적인 연구가 있어야 할 것임을 밝힌다. 앞으로 이를 위해서 전국 규모의 어휘 실태 조사와 국어 교육 과정, 교과서 편찬, 어휘 교육 방법 등에 대하여 충분한 연구가 이루어져야 한다고 생각한다.

제 3 장

국어 정도 부사의 동사 수식

1. 도입

이제까지 부사에 대한 연구는 많이 발표되었으나 정도 부사에 대한 연구는 그리 많은 편이 아니다. 정도 부사에 대한 본격적인 연구는 정도어(Degree Word) 이론이 들어온 이후의 일이라 하겠다.

정도 부사의 동사 수식에 대한 이제가지의 연구는 단순한 동작을 나타내는 동사와 관계가 없다는 주장[1]에 바탕을 두고 정도 부사와 동작 동사 사이에서 상태 부사가 생략되었다고 보거나 또는 동작 동사가 동작의 결과를 나타낼 때라고 보았다. 이와는 달리 정도 부사가 동사를 수식할 수 있다는 견해가 있는데, 이러한 견해는 몇몇 문법서에서 설명 없이 정도 부사의 동사 수식을 예로 들고 있다.[2]

---

1) 최현배(1977: 598~9) 참조.
2) 3.1.에서 상론함.

이 장에서는 정도 부사는 동작 동사를 직접 수식하지 못하고 상태 부사를 수식하는 것이 본령이라는 주장에 의해 정도 부사가 동작 동사를 수식한 경우는 그 사이에 상태 부사가 생략되었거나 동작 동사가 동작의 결과를 나타낼 때라는 이제까지의 주장에 문제를 제기하고, 정도 부사가 동사를 수식하는 현상을 밝히려 한다.

정도 부사의 동작 동사 수식이 동작의 상태·결과를 나타내는 경우도 있고, 정도 부사와 동작 동사 사이의 상태 부사가 생략된 경우도 있을 것이다. 그러나 이 경우 한 가지만의 해석이 아닌 여러 분석 방법이 있을 수 있어, 위의 상태·결과·생략 이외의 지속일 수도 있다. 이를 예외나 비문으로 처리하지 않고 실상을 파악하여 보다 나은 언어 생활에 도움이 되도록 함이 본고의 목적이 된다.

이 장에서는 '정도 부사의 선택 제한은 정도 부사의 의미 자질에 의해 결정되고 동사의 선택 제한은 동사의 의미 자질에 의해 결정된다.'3) 라고 보아 정도 부사·동사의 의미 자질을 밝혀 정도 부사의 동사 수식을 밝히고자 한다. 그러기 위하여 정도 부사·동사·정도어에 대해 살피고 다음으로 동사를 의미 자질 별로 분류하여 정도 부사와의 수식·피수식을 살펴 정도 부사의 단어 의미를 밝힌다. 마지막으로 어떻게 정도 부사가 동작 동사를 포함한 모든 동사를 수식할 수 있는가를 밝히고 해결되어야 할 문제점이 무엇인가를 밝힌다.

---

3) Dillon, G. L.(1977: 33~36) 참조.

2. 정도 부사 · 동사 · 정도어

2.1. 정도 부사

2.1.1. 부사

부사는 동사, 형용사, 부사, 명사, 관형사 등을 수식 · 한정하여 피수식어가 어떻게 되는지 또는 어찌 하는지를 나타내는 품사이다.[4]

부사는 연구 방법에 따라 다음과 같이 나눌 수 있다.

1) 형태론적 연구

　　① 본래 부사: 통시적으로 단어 형성 과정을 설명할 수 없는 것

　　　　　　　　꽤, 퍽, 썩, 무척, 워낙, 잘, 못, 훨씬, 벌써

　　② 전성 부사: 형성 과정이 파생이나 합성이라는 용어로 설명되는 것

　　　　　　　　가장, 먼저, 처음, 새로, 날로, 스스로, 차라리, 몸소,

---

4) 최현배(1977: 587~609)는 정도 부사의 체언 수식에 대해 원칙적으로는 수식할 수 없다고 하였다. 그러나 수량을 나타내는 다음과 같은 경우에는 가능하다고 하였다.

　　겨우 셋을 먹었다.
　　겨우 이틀을 놀았소.
　　내 차례가 곧 다음이다.

그리고 다음의,

　　그 사람이 아주 소(牛)이다.
　　그이가 좀 정신병자(精神病者)이어(여).

는 부사가 지정사를 수식했다고 하였다.
그러나 김경훈(1977: 55~57)과 정철주(1982: 8~9)는 부사가 명사를 수식한다고 보았다.
정도성이 있는 명사(〈+정도〉 명사)는 그 앞에 정도 부사의 수식을 받는다. '그는 매우 깍쟁이다.'에서 '깍쟁이'는 정도성으로 〔+인색(吝嗇)〕을 갖는데 '매우'는 깍쟁이의 〔+인색〕을 강화하는 강화사로 '깍쟁이'를 수식 · 한정한다.
보다 상세한 것은 2.3.을 참조할 것.

새삼, 특히, 이제, 언제, 새로, 이리, 그리, 저리, 아무
리, 얼마, 설마, 대단히

2) 어휘 의미론적 연구

① 시간 부사: 그 일이 일어남을 시간으로 수식·한정하는 부사
  일찍, 이미, 이제, 시방, 금방, 벌써, 다음, 훗날
② 장소 부사: 장소, 방향, 거리에 관한 부사
  여기, 저기, 거기, 곳곳이, 집집이, 이리, 그리, 저리,
  멀리, 가까이
③ 상태 부사: 피수식어의 내용이 되는 일의 상태를 수식·한정하는
  부사
  갑자기, 천천히, 빨리, 삼가, 많이, 조금, 잘, 못, 아주
④ 정도 부사: 피수식어의 속성의 정도를 나타내는 부사
  덜, 좀, 약간, 거의, 매우, 훨씬, 끔찍이, 대단히, 지극
  히, 심히, 제일, 썩, 자못, 아주, 전혀, 꽤, 퍽, 나우,
  가장, 제일, 지극히, 잘, 못, 겨우

3) 통사론적 연구

(1) 수식 대상에 따라

① 단어 수식 부사: 단어를 수식하는 부사
  모두, 다, 죄다, 모조리, 몽땅, 전부, 각각,
  낱낱이, 홀로, 혼자
② 문장 수식 부사: 문장 전체를 수식하는 부사
  확실히, 정말로, 대개, 늘, 때때로, 아마, 으
  레, 그래서, 그러니까

(2) 피수식어의 선택 제약에 따라

① 자유 부사: 피수식어의 선택이 자유로운 부사
  때때로, 본래, 원래, 본시, 본디, 갑자기, 대개,

아마, 왜, 어쩐지, 따라서, 조금, 좀, 더, 덜,
잘, 못
② 제약 부사: 피수식어의 선택이 제한되는 부사
휘영청, 똑, 마치, 적이, 정히, 자주, 따로, 도
무지, 결코, 결코, 얼마나, 당장, 곧, 이내, 자꾸

2.1.2. 정도 부사

정도 부사는 동사, 형용사, 부사, 명사, 관형사 등을 수식·한정하는
품사로 그들의 한계가 동등한지, 열등한지, 우월한지 등을 비교 표현한
다. 따라서 정도 부사는 피수식어의 효력을 한층 강화하거나 약화하는
기능을 갖는 강화사(intensifier)이다.[5]

정도 부사는 연구 방법에 따라 다음과 같이 나눌 수 있다.

1) 형태론적 연구

① 본래 정도 부사: 통시적으로 단어 형성 과정을 설명할 수 없는 정

---

5) 정도어는 정도 부사의 수식을 받아 강화되거나 약화되는데 이와 같이 피수식어를 강화,
약화하는 말(정도 부사)을 강화사(Intensifier)라 한다.
Bolinger(1972)와 Quark et al(1975)은 정도어를 다루면서 강화사를 분류하였는데
이는 다음과 같다.
① Bolinger(1972)의 분류{조병태(1975: 8~9)에서 재인용}
Boosters: Upper part of the scale, looking up.
Compromisers: Middle of the scale, often trying to look both ways at once.
Diminishers: Lower part of the scale, looking down.
Minimizers: Lower end of the scale.

② Quark et al(1975)은 정도어를 수식 한정하는 강화사를 다음과 같이 분류하고 있
다.
Intensifiers
1. Emphasizers
2. Amplifiers; 1) Maximizers, 2) Boosters
3. Downtoners; 1) Compromisers, 2) Diminishers, 3) Minimizers,
4) Approximators

　　　　　　　도 부사

　　　　　　　꽤, 퍽, 썩, 훨씬, 조금, 어찌, 사뭇, 아주, 여간,

　　　　　　　통, 똑, 휘영청

　　　② 전성 정도 부사: 단어 형성 과정이 파생이나 합성이라는 용어로 설

　　　　　　　명되는 정도 부사

　　　　　　　매우, 너무, 되게, 심히, 대단히, 굉장히, 유난

　　　　　　　히, 가장, 너무, 몹시, 덜

2) 통사론적 연구

　　(1) ① 자유 정도 부사: 피수식어의 선택이 자유로운 정도 부사

　　　　　　　　　　　가장, 지극히, 아주, 심히, 매우, 대단히, 굉

　　　　　　　　　　　장히, 몹시, 참, 유난히, 유달리, 워낙, 훨

　　　　　　　　　　　씬, 더욱, 무척, 퍽, 썩, 꽤, 너무, 나우

　　　　② 제약 정도 부사: 피수식어의 선택이 제한되는 정도 부사로

　　　　　　　　　　　매우 국한된 범위의 피수식어만을 수식 ·

　　　　　　　　　　　한정함.

　　　　　　　　　　　휘영청, 똑, 마치, 작히, 적이, 정히

　　(2) 정도 부사의 등급: 피수식어를 강세화, 약세화하는 정도에 다른

　　　　　　　　　　정도 부사의 등급6)

---

6) 정철주(1982)는 정도 부사의 등급을 밝히기 위해 ① 정도 부사와 특수 조사와의 연결을
　조사, ② 강세 정도 부사와의 공존 여부를 찾아서 등급별로 분류, ③ 몇 개의 단어에 강
　세를 주어서 구분하였는데 다음과 같다.

　1. 좀
　2. 제법, 꽤, 매우, 아주, 참, 석, 퍽
　3. 무척, 너무
　4. 몹시, 되게, 상당히, 굉장히, 대단히
　5. 가장, 제일

　우리는 위의 구분에 대해 1과 5를 제외한 나머지 2, 3, 4의 차이에 의심을 갖는다. '아
주, 무척, 몹시'가 언중들에게 정도의 차를 2, 3, 4로 구분할 수 있도록 다른 것인지, 정
도 부사를 하나하나의 어휘 의미 자질은 왜 밝히지 않고 등급을 나누었는지 의문이다.

① 좀, 조금, 덜, 약간
② 무척, 퍽, 아주, 심히, 참, 대단히, 굉장히, 몹시, 유난히, 유
　 달리, 워낙, 훨씬, 더욱, 썩, 퍽
③ 가장, 제일, 지극히

2.2. 동사

　동사는 동작, 과정, 상태, 관계, 심리 현상, 결여 등을 나타내는 품사로 자동사와 타동사, 능동사·피동사·사동사로 구분하거나 동작 동사·상태 동사·과정 동사 등으로 구분한다. 홍사만(1977)은 부사의 동사 수식 관계를 설명하면서 용언을 분류하였는데 〈+사고성〉 용언·〈+동작성〉 용언·〈+존재성〉 용언으로 나누었고, 최창렬(1979)은 동사를 Chafe(1974)의 이론에 기초하여 상태 동사·과정 동사·과정 동작 동사·동작 동사로 나누었다.

　본고에서는 이용주(1983)의 동사 분류에 의해 정도 부사의 동사 수식을 밝히는데 그 분류는 다음과 같다.

◆ 순시(瞬時) 완결 동작 동사: 지속이나 진행이 아닌 기동(起動)·
　　　　　　　　　　　　　　 결과·종지(終止) 등이 순시 완결되
　　　　　　　　　　　　　　 는 동작 동사

등급을 나누는 것은 어휘 의미 자질을 밝히지 않으면 안 된다고 생각한다.
의미란 주관적인 경향이 많기 때문에 객관적으로 의미를 지수화하는 것은 불가하며 따라서, 정도 부사를 지나치게 세분하는 것은 무의미하다고 하지 않을 수 없다. 다만 다음과 같이 3 단계의 등급 설정은 무난하다고 본다.

1. 좀, 조금, 덜, 약간
2. 무척, 퍽, 아주, 심히, 참, 대단히, 굉장히, 몹시, 유난히, 유달리, 워낙, 훨씬, 더욱,
　 썩, 퍽
3. 가장, 제일, 지극히

  1) 기동: 출발하다, 시작하다

  2) 결과: 도착하다

  3) 종지: 차다, 끝내다, 마치다, 완료하다

◆ **지속 미완 동작 동사**: 완결되지 않고 지속 진행되고 있는 동작 동사

    가다, 오다, 먹다, 걷다, 떠들다, 서두르다, 뛰다

◆ **과정 동사**: 행위자 없이 상태가 바뀜을 나타내는 동사

  예뻐지다, 젊어지다, 가까워지다, 멀어지다, 지나다, 좋아지다, 달라지다, 자라다, 변하다, 줄다, 늘다, 늙다

◆ **상태 동사**: 공간적인 위치·존재와 같은 사물·현상이 되어 있는 상태를 나타내는 동사

  닳다, 있다, 살찌다, 반짝이다, 빛나다

◆ **관계 동사**: 한 사물의 다른 사물과의 교섭, 또는 한 사물의 다른 사물에 대한 영향, 다른 사물과의 차별 등을 나타내는 동사

  이기다, 지다, 가지다, 위반하다, 일치하다, 흡수하다, 지배하다, 구성하다, 이혼하다, 구별하다, 결합하다, 통일하다

◆ **심리 현상 동사**: 인간의 심리 현상을 나타내는 동사

  사랑하다, 미워하다, 기뻐하다, 슬퍼하다, 생각하다, 무시하다, 존경하다, 그리워하다, 실망하다, 반가워하다, 부끄러워하다

◆ **결여 동사**: 당연히 있어야 할 특정한 동작이 결여되어 있음을 나타내는 동사

  결석하다, 잊다, 무능하다, 미숙하다, 미달하다, 부주의하다, 미납하다, 불응하다, 불복종하다

 위의 분류는 절대적인 것이 아니라 상황과 맥락에 따라 다른 동사가 되기도 한다. 예를 들면 순시 완결 동작 동사인 '차다'는 축구를 할 때 연속 동작을 전체로 나타내는 경우 지속 미완 동작 동사가 될 것이며

'흡수하다'는 과정 동사이자 관계 동사이며 때에 따라서는 동작 동사가 되기도 한다. 의미의 중목 없이 동사를 분류한다는 것은 불가능하다. 왜냐하면 모든 동사는 한 의미 자질만을 가지는 게 아니기 때문이다.7)

2.3. 정도어

정도어(Degree Word)는 정도성을 갖고 정도(Degree)를 나타내는데 사물이 크다든가 작다든가, 많다든가 적다든가, 비싸다든가 싸다든가, 아름답다든가 추하다든가, 넉넉하다든가 모자란다든가, 어둡다든가 밝다든가 등을 나타내는 〈+정도〉 의미 자질을 가진 말이다.8)

정도어는 부사, 명사, 관형사, 동사, 형용사 등으로 나눌 수 있는데 보기를 들면 다음과 같다.

---

7) 이용주(1974: 80)는 많은 동사는 동적인 특성과 정적인 특성을 공유한다고 하였다. 이를 보면 동사는 동작 동사의 특성과 함께 상태 동사의 특성을 공유하는 경우가 많다고 할 수 있다. 동사의 세분은 천기석(1984)에 의하여 이루어졌는데 동작 동사 〈+운동성〉을 9 종류로, 상태 동사 〈−운동성〉을 20 종류로 나누었다. 예를 들면 감각 의미를 청각, 미각, 후각, 촉각, 온각, 통각, 인체 감각, 감정 의미로 나누었다.

8) 정도어의 연구는 Bolinger(1972), Quark R. & S. Greenbaum(1973)의 연구에 힘입어 본격적으로 연구되기 시작하였다. 이를 살펴 보면 다음과 같다.
  Bolinger(1972), Quark R. & S. Greenbaum(1973)은 정도어의 개념이 부사와 형용사, 명사, 동사 등의 품사에 적용되며, 이들 품사는 'some', 'more', 'less' 등의 정도 표시로 각 범주 성질을 비교, 강세화 및 양세화시킬 수 있는 정도어(Degree word)와 그렇게 할 수 없는 비정도어(Non-Degree Word)로 양분된다고 하였다
  조병태(1975)는 의미상으로 비정도성/정도성이 공존되는 형용사, 명사, 동사가 있는데 이런 비정도어와 정도어의 완충 단계의 부류를 성격이 다른 또 하나의 정도어 범주로 인정할 수 있는 통사론적 근거도 있으므로 이를 준정도어(Quasi-Degree Word)로 설정하기를 제안하였다.
  위의 연구들을 바탕으로 하여 정철주(1982)는 정도어와 정도 부사의 통사·의미 관계를 분석하여 정도 부사의 등급을 나누었다. 그리고 김경훈(1977), 홍사만(1977), 박선자(1983) 등도 정도어와 정도 부사와의 관계를 다루었다. {Bolinger(1972)는 조병태(1975:8~9)에서 재인용}

〈+정도〉 부사

　　(1) 철수가 그림을 퍽 <u>빨리</u> 그린다.
　　(2) 순희가 영수를 꽤 <u>오래</u> 기다린다.
　　(3) 영수는 영희를 썩 <u>자주</u> 만난다.
　　(4) 철수는 말을 매우 <u>조금</u> 한다.

　위에서 '빨리'는 〔+정도〕를, '오래'는 〔+시간〕을, '자주'는 〔+빈도〕를, '조금'은 〔+양〕을 〈+정도〉 의미 자질로 갖는 〈+정도〉 부사로 정도어이다.

〈+정도〉 명사

　　(5) 그는 아주 <u>부자</u>다.
　　(6) 그 의사는 너무 <u>돌팔이</u>다.
　　(7) 그 여자는 몹시 <u>바보</u>다.
　　(8) 영희는 무척 <u>깍쟁이</u>다.

　위에서 '부자'는 〔+부(富)〕의, '돌팔이'는 〔+치료 능력〕의, '바보'는 〔+지능〕의, '깍쟁이'는 〔+인색〕의 〈+정도〉 의미 자질을 갖는 〈+정도〉 명사로 정도어다.[9)]

---

9) (5)~(8)에서 명사들이 모두 '~이다(다)' 형태의 서술 어미와 결합되어 있다. 최현배 (1977: 587~604)에서는 이런 정도 부사의 수식 관계를 정도 부사가 명사를 수식하는 것이 아니라 지정사 '−이다(다)'를 수식했다고 보았다. 그러나 정도어와 강화사의 이론으로 보면 '부자, 돌팔이, 바보, 깍쟁이'는 우리들에게 여러 종류의 정도 차이가 있는 명사로 인식된다. '의사'보다는 '돌팔이', '명의'가 우리들에게 정도성이 있게 느껴진다. 따라서 다음의 예에서 우리는 정도 부사가 명사를 수식함을 알 수 있고, 이 때의 명사는 〈+정도〉 의미 자질이 있기 때문에 정도 부사의 피수식어가 됨을 알 수 있다.

* 그는 몹시 의사다.
　그는 몹시 <u>돌팔이</u>다.
　그는 아주 <u>명의(名醫)</u>다.
* 그는 무척 군인이다.

〈+정도〉 관형사
(9) 이것은 매우 <u>새</u> 것이다.
(10) 이 고기는 아주 <u>날</u> 것이다.
(11) 하루 종일 겨우 <u>세</u> 명을 만났어요.

위에서 '새'는 〔+신(新)〕의, '날'은 〔+미숙〕의, '세'는 〔+수량〕의 〈+정도〉 의미 자질을 갖는 〈정도〉 관형어로 정도어다.

〈+정도〉 동사
(12) 철수가 담을 너무 <u>높인다</u>.
(13) 국어 시간에는 아이들이 꽤 <u>떠든다</u>.
(14) 영희의 성격이 퍽 <u>좋아졌다</u>.
(15) 아침이면 햇볕이 문틈으로 좀 <u>비친다</u>.
(16) 이 천은 다른 천보다 물을 잘 <u>흡수한다</u>.
(17) 그는 자기 아버지를 가장 <u>존경한다</u>.
(18) 그들은 거듭된 위험 경고에도 불구하고 너무 <u>부주의했다</u>.

위에서 '높이다, 떠들다'는 〔+동작〕을, '좋아지다'는 〔+과정〕을, '비치다'는 〔+상태〕를, '흡수하다'는 〔+관계〕를, '존경하다'는 〔+심리 현상〕을, '부주의하다'는 〔+결여〕를 〈+정도〉 의미 자질로 갖는 〈정도〉 동사로 정도어다.

그는 무척 <u>모범</u> 군인이다.
* 그는 아주 학생이다.
그는 아주 <u>불량</u> 학생이다.

위에서 '의사, 군인, 학생'은 비정도어로 정도 부사의 수식을 받지 못하나 '돌팔이, 명의, 모범 군인, 불량 학생'은 정도어로 정도 부사의 수식을 받는다(조병태(1975), 김경훈 (1977) 참조).

〈+정도〉 형용사

  (19) 나무가 퍽 <u>크다</u>.

  (20) 이 옷은 꽤 <u>비싸다</u>.

  (21) 운동장이 생각보다 매우 <u>넓다</u>.

  (22) 철수의 가방은 너무 <u>무겁다</u>.

위에서 '크다'는 〔+대(大)〕를, '비싸다'는 〔+가격〕을, '넓다'는 〔+광(廣)〕을, '무겁다'는 〔+중(重)〕을 〈+정도〉 의미 자질로 갖는 〈+정도〉 형용사다.

3. 정도 부사의 동사 수식

3.1. 정도 부사의 동사 수식에 대한 제가의 견해[10]

정도 부사의 동사 수식에 대한 제가의 견해를 살펴보면 다음과 같다.

최현배(1977): 정도 부사는 오로지 모양을 들어내는 말을 말을 수식하며 단순한 동작을 나타내는 동사에는 관계가 없다.

서정수(1975): 정도 부사가 동작 동사를 직접 수식하는 경우는 본래적인 모습이 아니다. 예외로 정도 부사가 동작 동사를 수식한 것이 발견되는데 이는 그 사이에서 상태 부사[11]가 생략된 것이다.

홍사만(1977): 〈+상태성〉 용언은 〈+정도성〉 의미 자질을 겸유(兼

---

10) 이 부분은 1. 도입에서 다룰 수도 있겠으나 편의상 3.에서 다루기로 하였다. 제가의 견해를 <u>비판 없이 기술</u>하는 데 그친다.

11) 서정수(1975)에는 '상태 부사'가 아니고 '양태 부사'로 되어 있음. 또한 〔정도 부사+동작 동사〕 중 그 사이에 상태 부사가 생략되지 않은 다소의 예외가 있음을 인정하였다. '제가의 견해'에서 '양태 부사', '상태 부사'는 '상태 부사'로 통일함.

有)하기 때문에 정도 부사와 공기할 수 있으나 〈+동작성〉 용언은 〈+정도성〉 의미 자질의 결여로 공기가 불가능하다. 정도 부사가 동작 동사를 수식한 현상은 상태 부사가 생략되었을 때 나타난다.

김경훈(1977): 정도 부사가 동작 동사를 직접 수식하는 경우는 완료된 동작을 통해 볼 수 있는 동작의 현재적 상태 또는 동작의 결과를 나타내는 때다. 이때 동작 동사는 정도 부사와 함께 쓰여서 정도 기능을 수행한다.

옥태권(1978): '너무, 매우'가 중세 국어에서는 동사를 수식하다가 현대어에 와서는 형용사를 수식하게 된 이유는 서술성의 상실에 기인한다.

박선자(1983): 과정성의 동작 동사가 정도 부사의 수식을 받는 것은, 과정성 바탕이 완료 바탕의 형태소를 만나면 과정성을 잃고 결과성을 가지는데 이 결과성은 정도성을 가짐으로 정도 부사의 수식을 받게 된다.

위의 견해와는 달리 정도 부사가 동작 동사를 수식한다는 견해는 다음과 같다.

주시경(1919): 수량이나 형태를 말하는 부사의 풀이에서 "그 사람이 거진 가았다. 이 말이 길억이니 움즉임 가의 정도를 보이는 것이다.'라고 하였다.

장지영(1937년 경): 길억[정도 부사]은 형용사나 동사가 어떠한 정도됨을 한정하야 그 형용사나 동사를 꾸미어 주는 억씨(부사)다.

김민수(1980): 구체적 설명 없이 [정도 부사+동사]의 예로 '좀 일한다.'를 들었다.

3.2. 정도 부사의 단어 의미

정도 부사는 정도어를 수식·한정하면서 피수식어인 정도어를 강세화하거나 약세화하는 강화사의 기능을 가진다. 정도 부사가 동사를 수식·한정하는 현상의 해명을 위하여는 정도 부사 각각의 단어 의미를 밝히는 것이 선행되어야 한다. 그러나 한 단어 의미를 밝히기 위해서는 수많은 용례를 분석해야 하는 어려움이 있다.

정도 부사의 쓰임과 의미는 다음과 같다.12)

3.2.1. 가장

　(23) 어떻든지, 그믐달은 <u>가장</u> 정 있는 사람이 보는 중에, 또는 <u>가장</u> 한 있는 사람이 보아주고, 또 <u>가장</u> 무정한 사람이 보는 동시에 <u>가장</u> 무서운 사람들이 많이 보아준다(나도향, 그믐달).

위에서 '가장'의 의미는 '여럿 가운데 정도가 제일 강함을 나타내는 말'임을 알 수 있다.

3.2.2. 겨우

　(11) 하루 종일 <u>겨우</u> 세 명을 만났어요.
　(24) 영수는 목이 아파서 물만 <u>겨우</u> 마신다.
　(25) 철수는 다리를 다쳤기 때문에 이제야 <u>겨우</u> 도착했다.

위에서 '겨우'의 의미는 '비교되는 다른 것보다 차이가 약한 것을 나

---

12) 한자어 전성 정도 부사와 빈도가 낮은 wdj도 부사는 제외함을 원칙으로 하였다. 본고에서 용례는 필자가 만든 것과 인용한 것이 있으나 그 출전은 생략하기로 한다. 단 수필은 저자와 작품명을 밝힌다.

타내는 말, 어렵게 힘들이어, 가까스로, 근근히'이다.13)

3.2.3. 꽤

(2) 순희가 영수를 꽤 오래 기다렸다.
(13) 국어 시간에는 아이들이 꽤 떠든다.
(26) 그 계집 아이는 무슨 불평이 있는지 꽤 쫑알댄다.

위에서 '꽤'의 의미는 '일정한 기준보다 좀 강한 정도를 나타내는 말'임을 알 수 있다.

3.2.4. 나우

(27) 형보다 아우를 <u>나우</u> 본다.
(28) 몹시 시장하니 밥을 <u>나우</u> 담아라.
(29) 밥을 <u>나우</u> 먹다.

위에서 '나우'의 의미는 '좀 정도가 많게, 좋은 점이 더하게'인데 통시적으로 '서로 견주어 좋은 점이 더 하다'란 뜻을 나타내는 형용사 '낫다'에서 파생된 부사다.14)

3.2.5. 너무

(30) 그러나 〈부엌 언니〉가 구비해야 할 조건은 너무나 여러 가지였

---

13) 박갑수(1983: 17)에 의하면 '겨우'는 '이기지 못하다'의 뜻을 나타내는 '겹다/겝다' 또는
   이의 변형인 '계오다/계우다'에서 파생된 부사로 '겹다'의 어간 '겹'에 접사 '-우'가 결합된
   것이며, '겹다'는 'ㅂ' 불규칙 용언이기 때문에 '겨우'가 되었고, 그래서 '어렵게 힘들이어,
   가까스로, 근근히'의 뜻을 지니게 되었다고 한다.
14) 박갑수(1983: 17) 참조.

다. 첫째로 나이는 열일곱에서 열아홉 사이라야 한다. 둘째로 몸이 너무
가냘파도 못 쓰지만 덩치가 너무 커도 못 쓴다. 덩치가 큰 놈은 반드시
동작이 느릴 뿐만 아니라 어쩐지 만만치가 않다(김태길, 부엌 언니).

위에서 ‘너무’의 의미는 ‘일정한 기준에 지나치도록 정도가 강함을 나
타내는 말’임을 알 수 있는데 통시적으로 ‘넘다(過)’에서 파생한 부사
다.15)

3.2.6. 더, 덜

(31) 요즈음에는 고기를 덜 먹고 채소를 더 먹는 사람들이 많아졌다.

위에서 ‘더’와 ‘덜’의 의미를 비교해 보면 ‘더’는 ‘양이나 질을 높임’을,
‘덜’은 ‘양이나 질을 낮춤’을 나타내고 있어 상반되고 있다. 따라서 ‘더’
는 ‘일정한 기준보다 정도가 강하게 양이나 질을 높임을 나타내는 말’이
고 ‘덜’은 ‘일정한 기준보다 정도가 약하게 양이나 질을 낮춤을 나타내
는 말, 다른 것보다 정도가 작은’의 의미를 갖는다.

3.2.7. 더욱

(32) 그러나, 사람이 하나의 좋은 마음을 가질 때 그 마음은 항상 번
민하고, 그 마음의 번민이 많으면 많을 수록 마음으로써 인식하는 바는
더욱 치밀하며, 더욱 심각하며, 더욱 해방적이며, 더욱 감성적으로 된다.
김진섭, 체루송(涕淚頌).

---

15) 박갑수(1983: 194)는 ‘너무’의 한정을 받는 말은 부정적 의미를 지니게 되는데 ‘이 산
   은 너무 크다.’, ‘그 여인은 너무 예쁘다.’가 결코 바람직한 현상을 나타내지 아니하며,
   결과적으로 ‘지나친 것은 미치지 못하는 것과 같다.’는 ‘과유 불급(過猶不及)’의 의미를
   가진다고 하였다.

위에서 '더욱'의 의미를 보면 '동일 자질을 더하여 정도가 강하게 됨을 나타내는 말'이다. '더'와 다른 점은, '더'는 '향상'을 나타내는 것은 '더욱'과 같으나, '더욱'이 동일 자질의 향상을 나타낼 때만 쓰이는데 비해 '더'는 이와 무관하다. 통시적으로 '더욱'은 동사 '더으다'가 '더으어 〉 더어 〉 더'로 고정된 것이다.16)

3.2.8. 매우

(4) 철수는 말을 <u>매우</u> 조금한다.
(33) 10 년 전에 비해 과학 문명이 <u>매우</u> 발전했다.

위에서 '매우'의 의미는 '일정한 기준보다 강한 정도를 나타내는 말'인데, 통시적으로 보면 '맵다, 사납다, 맹렬하다'를 뜻하는 고어 밉다'에서 파생한 부사로 오늘날과 같은 뜻으로 변했다.17)

3.2.9. 몹시

(34) 다른 사람보다 철수가 오면 저 개가 <u>몹시</u> 짖는다.
(35) 시간이 넉넉한데도 그는 <u>몹시</u> 서두른다.

위에서 '몹시'의 의미는 '일정한 기준보다 정도가 강함을 나타내는 말, 심하게'이다.18)

---

16) 유창돈(1980: 412), 심재기(1982: 419) 참조.
17) 유창돈(1980: 428), 박갑수(1983: 17) 참조.
18) 유창돈(1980: 414)은 '몹시'는 '못쓰이 〉 몹시'로 동사+접미사 〉 부사로 변한 부사라고 하였다.
박갑수(1984: 261)는 '몹시'는 '정도가 지나쳐, 그 가치가 마이너스의 반응을 보이는 것을 나타낸다.'고 보았다. 그리고 '몹시'와 비슷하게 쓰이는 것으로 '되게'가 있는데 이는 '되게 재미 없다. 되게 맛 없다.'와 같이 쓰인다고 하였다. 그런데 언중들은 '몹시'를 '정

3.2.10. 아주

(10) 이 고기는 <u>아주</u> 날 것이다.
(36) 영자는 순이를 <u>아주</u> 헐뜯는다.

위에서 '아주'의 의미는 더 할 나위 없이 정도가 심함을 나타내는 말
'이다.19) '철수가 고향으로 아주 갔다. 그 일은 아주 끝났다.'에서와 같
은 '아주'는 정도 부사가 아닌 '영원히'의 뜻으로 쓰이는 상태 부사이다.

3.2.11. 잘, 못

(37) 철수는 노래를 잘 부르는데 영수는 못 부른다.
(38) 영수는 수학 문제는 못 풀었지만 숫자 놀이는 잘 이해한다.

위에서 '잘'과 '못'의 의미를 비교하면 '잘'은 '어떤 기준에 충분하게,
또는 그보다 더 낫게'의 듯을, '못'은 '어떤 기준에 모자라게, 또는 그보
다 더 못하게'의 뜻을 가진다. 따라서 '잘'은 '어떤 기준에 충분하게 익
숙하고 능란하거나 만족할 수 있는 정도를 나타내는 말, 또는 그보다
더 나은 정도를 나타내는 말'이다. 또 '못'은 '어떤 기준에 부족하게 서
두르거나 모자란 정도를 나타내는 말, 또는 그보다 더 못한 정도를 나
타내는 말'이다. '잘'과 '못'은 상태 부사로 보통 쓰이지만 (37), (38)에
서와 같이 정도를 나타내는 부사로 쓰일 때에는 정도 부사이므로 상태
부사로서 '잘, 못'은 구분되어야 한다.

도가 강함을 나타내는 말'로 자유롭게 사용한다.
19) 김경훈(1977: 50~52)은 '가장'이 객관성이 강하다면 '아주'는 주관성이 강하게 쓰이는
　　경향이 있다고 하였다.

3.2.12. 퍽

(1) 철수가 그림을 퍽 빨리 그린다.
(14) 영희의 성적이 퍽 좋아졌다.

위에서 '퍽'의 의미는 '일정한 기준보다 정도가 강함을 나타내는 말'이다.

3.2.13. 훨씬

(39) 그러나 나로 보면, 시장 구경 다니는 것이 백화점 구경이나 영
화 구경 가는 것보다 <u>훨씬</u> 즐겁다(장만영, 시장 구경).

위에서 '훨씬'의 의미는 '비교되는 수준보다 정도가 뛰어나게 강함을
나타내는 말'이다.

이제까지 '가장, 겨우, 꽤, 나우, 너무, 더, 덜, 매우, 몹시, 아주, 잘,
못, 퍽, 훨씬'의 의미를 살폈다. 이외에도 많은 정도 부사들이 있으나
대개 일정한 기준(또는 비교되는 사물의 수준)보다 정도가 더한지 덜한지를
나타내는 말'이다. 보다 정확하게 단어 의미를 기술하지 못하고 본고를
쓰는 데 필요한 정도의 의미만 밝혔을 뿐이다.

3.3. 정도 부사의 동작 동사 수식

정도 부사가 동사를 수식·한정하는 현상을 밝히기 위하여 앞에서
언급한 바와 같이 이용주(1983)의 동사 하위 분류를 이용한다.

3.3.1. 순시 완결 동작 동사 수식

(25) 철수는 다리를 다쳤기 때문에 이제야 <u>겨우 도착했다</u>.
(40) 귀국 선수들을 실은 비행기들이 아직 <u>덜 착륙했다</u>.
(41) 그들은 <u>덜 출발했다</u>.
(42) 그는 하던 일을 <u>덜 마쳤다</u>.
(43) 돌부리를 <u>몹시 차서</u> 발톱이 깨졌다.

위에서 (25)는 '가까스로 도착했음'을 나타낸다. (40), (41)은 주체의 일부는 동작이 완료되었고 일부는 완결되지 않은 경우를 나타내고 있다. (42)는 동작의 대상이, 일부만 오나결되지 않았거나 전체가 완결되지 않은 두 경우를 나타내는데 전자는 일부의 완결을, 후자는 전체의 미완을 나타낸다. 따라서 (40)~(42)는 복수인 체언이나 동작의, 부분적인 완결을 나타내는 경우 정도 부사가 순시 완결 동작 동사를 수식·한정한 것이다.

3.3.2. 지속 미완 동작 동사 수식

(12) 철수가 담을 <u>너무 높인다</u>.
(13) 국어 시간에는 아이들이 <u>꽤 떠든다</u>.
(14) 어린이들은 매운 음식은 <u>못 먹고</u> 단 음식은 <u>잘 먹는다</u>.
(45) 할 일이 많이 남았는데 술을 <u>너무 마신다</u>.
(46) 선생님이 학생들의 종아리를 <u>몹시 때린다</u>.

위에서 (12)는 '철수가 담을 쌓는데 지나치게 높게 쌓는다.'와 '철수가 기존의 담이 낮아서 더 높이는데, 그 정도가 지나치게 높게 쌓는다.' 등으로 해석된다. (13)은 '국어 시간에 아이들이 시끄럽게 떠드는 것을', (44)는 '어린이들이 매운 음식을 잘 먹지 못하고 단 음식을 잘 먹는다'를 나타내는데 이 때 '못 먹고'는 '먹지 못하고'라기보다 '가까스로 먹고, 고통스럽게 먹고'의 뜻을 가진다고 볼 수 있다. (45)는 '술을 지나치게 마신다.'는 뜻으로 '술을 너무 마신다.'라고 했는데 지나치게 마시는 것은 '자주' 마시는 것이라기보다 '취하게 (많이)' 마시는 것이라고 분석된다. (46)은 '몹시 때린다.'가 '때리는 정도가 강하게, 즉, 아픈 정도가 심하게 많이 때리고 세게 때린다.'를 나타낸다.

위의 모든 예들은 동사가 과거를, 또는 미래를 나타낼 때에도 정도 부사가 수식·한정한다.

3.3.3. 과정 동사 수식

(14) 영희의 성격이 <u>퍽 좋아졌다</u>.
(33) 10년 전에 비해 과학 문명이 <u>매우 발전했다</u>.
(47) 이번 장마로 강물이 <u>몹시 불었다</u>.
(48) 방학 동안 운동장의 잡초가 <u>무척 자랐다</u>.
(49) 인플레로 인하여 물가가 <u>몹시 오른다</u>.

위에서 (14)는 '성적이 먼저 성적보다 향상되었다.'는 내용을 나타내는데 그 정도가 강하기 때문에 '퍽'으로 좋아졌다'를 수식·한정한 것이다. 이와 마찬가지로 (33), (47)~(49)는 '발전했다, 불었다, 자랐다, 오른다'와 같은 과정 동사를 정도 부사 '매우, 몹시, 무척' 등이 수식·한정했다.

3.3.4. 상태 동사 수식

(15) 아침이면 햇볕이 문틈으로 <u>좀 비친다</u>.

(50) 이 돼지는 <u>퍽 살쪘다</u>.
(51) 잎 끝에 맺힌 이슬이 아침 햇살에 <u>매우 반짝인다</u>.
(52) 유관순 열사의 애국심이 <u>더욱 빛난다</u>.
(53) 신발이 <u>몹시 닳았다</u>.

위에서 (15)는 '아침이면 햇볕이 문틈으로 비치는데 그 비치는 정도가 약함'을 나타내는 말이다. 이와 마찬가지로 (50)~(53)은 '살쪘다, 반짝인다, 빛난다, 닳았다'의 정도가 강하고 약함을 정도 부사 '퍽, 매우, 더욱, 몹시'로 수식·한정하고 있다.

3.3.5. 관계 동사 수식

(16) 이 천은 자른 천보다 물을 <u>잘 흡수한다</u>.
(54) 철수는 선인장에 대한 지식을 <u>꽤 가졌다</u>.
(55) 고양이와 범은 <u>퍽 닮았다</u>.
(56) 철수와 영자는 <u>아주 가깝다</u>.
(57) 순희가 너를 <u>꽤 기다렸다</u>.

위에서 (16)은 '물을 흡수(소유하는 관계)하는 정도가, 다른 천보다 이 천이 강함'을 나타내기 위하여 정도 부사 '잘'로 '흡수하다'를 수식·한정하였다. 이와 마찬가지로 (54)~(57)은 '가졌다, 닮았다, 가깝다, 기다렸다'를 '꽤, 퍽, 아주'로 수식·한정하여 '관계 동사의 정도가 어떤 기준이 되는 정도보다 더 강한지, 약한지'를 나타내고 있다.

3.3.6. 심리 현상 동사 수식

(17) 그는 자기 아버지를 <u>가장 존경한다</u>.
(27) 형보다 아우를 <u>나우 본다</u>.

(58) 도시 사람들이 시골 사람들을 <u>매우 부러워한다</u>.
(59) 그는 나를 만나자 <u>퍽 반가워했다</u>.
(60) 그 여자는 술 취했던 사실을 <u>무척 부끄러워한다</u>.

위에서 (17)은 '그는 자기 아버지를 존경하는 정도가 제일 강함'을 나타내고 있다. 이와 마찬가지로 (27), (58)~(60)은 '본다, 부러워한다, 반가워한다, 부끄러워한다'의 정도를 '나우, 매우, 퍽, 무척' 등의 정도 부사가 나타내고 있다. (27)의 '나우 본다.'는 '낮게 평가한다.'의 의미를 가져 '본다'가 심리 현상 동사로 쓰인 것이다.

3.3.7. 결여 동사 수식

(18) 그들은 거듭된 경고에도 불구하고 <u>너무 부주의했다</u>.
(61) 법학과가 정원에 <u>가장 미달했다</u>.
(62) 금년도 수출 실적이 <u>몹시 부진하다</u>.
(63) 철수는 일 학년 때 <u>몹시 결석하였다</u>.
(64) 초년생이라지만 그는 일에 <u>너무 미숙하다</u>.

위에서 (18)은 주의해야 함에도 불구하고 주의하는 행동이 결여된 정도가 지나침을 나타내는 말로 '너무 부주의했다.'를 사용했다. 이와 마찬가지로 (61)~(64)는 '미달했다, 부진하다, 결석하였다, 미숙하다' 등의 결여 동사를 결여의 정도가 강하고 약함에 딸 '가장, 몹시, 너무 ' 등의 정도 부사로 수식·한정하였다.

이제까지 정도 부사가 순시 완결 동작 동사, 지속 미완 동작 동사, 과정 동사, 상태 동사, 관계 동사, 심리 현상 동사, 결여 동사를 수식·한정한 현상을 살펴보았다. 따라서 정도 부사는 위의 동사들에 공통된 어떤 의미 자질에 의해 동사를 수식·한정할 수 있음을 알았다. 이 공통된 의미 자질은 2.1과 2.3, 3.2, 3.3을 통하여 〈+정도〉 의미 자질임을 알 수 있다. 다음에는 〈+정도〉 의미 자질과 관련하여 더욱 상세하게 정도 부사의 동사 수식을 살펴보기로 한다.

3.4. 정도 부사의 〈정도〉 동사 수식

3.4.1. 〈+정도〉 의미 자질의 획득과 상실

정도 부사가 동사를 수식할 수 있는 것이 동사의 〈+정도〉 의미 자질에 있음을 2.1과 2.3, 3.2, 3.3을 통하여 알 수 있는데, 이 〈+정도〉 의미 자질을 동사가 획득하고 상실하는 현상을 살펴 보면 다음과 같다.

    (41) 그들은 <u>덜 출발했다</u>.
    (41') *그는 <u>덜 출발했다</u>.

(41)은 주체인 '그들'이 일부는 출발했고 일부는 출발하지 않은 것을 나타내는데 (41')는 주체인 '그'가 출발하지 않은 것을 나타내는 것으로 비문이다. '출발'은 순시 완결되므로 '덜' 하거나 '더' 할 수 없다. (41')에서 '출발했다'는 〈+정도〉 의미 자질이 없다(〈−정도〉 의미 자질). (41)은 주체가 복수이기 때문에 '출발했다'는 복수의 순시 완결 동작이므로 〈+정도〉 의미 자질을 가진다. 이와 같이 단수의 순시 완결 동작 동사는 〈−정도〉 의미 자질에서 복수의 순시 완결 동작 동사로 되면서 〈+정도〉 의미 자질을 획득한다. 이와 같은 현상으로 복수의 순시 완결 동작 동사는 단수의 순시 완결 동작 동사로 되면서 〈+정도〉 의미 자질을 잃고 〈−정도〉 의미 자질이 된다.

(40) 귀국 선수들을 실은 비행기들이 아직 <u>덜 착륙했다</u>.

(40') *귀국 선수들을 실은 비행기들이 아직 <u>몹시 착륙했다</u>.

(42) 그들은 하던 일을 <u>덜 마쳤다</u>.

(42') *그들은 하던 일을 <u>몹시 마쳤다</u>.

(43) 돌부리를 <u>몹시 차서</u> 발톱이 빠졌다.

위에서 (43)의 '차다'는 '몹시'의 수식·한정을 받을 수 있는데 (40), (42)의 '착륙했다, 마쳤다'는 (40'), (42')가 비문이 되는 것과 같이 왜 '몹시'의 수식·한정을 받을 수 없는가를 생각해 보면, 이는 (40), (42)가 〔+수량〕을 〈+정도〉 의미 자질로 가진 주체나 대상의 동작을 나타내기 때문일 것이다. 이런 현상은 정도 부사의 각 단어 의미가 밝혀져야 더 정확히 설명될 수 있을 것이다.

이상으로 우리는 〔+수량〕을 〈+정도〉 의미 자질로 갖는 순시 완결 동작 동사가 그 주체나 대상이 복수이면 〔+수량〕 정도를 가진 정도어가 되어 정도 부사의 수식·한정을 받고, 그 주체나 대상이 복수가 아닌 모두 단수인 경우에는 〔+수량〕 정도가 없는 비정도어가 되어 정도 부사의 수식·한정을 받지 못한다는 것을 알았다.[20]

3.4.2. "정도 부사 + 동사"와 "정도 부사 + 상태 부사 + 동사"의 비교

(65) 모진 악형에도 굴하지 않는 유관순에게 그들은 악형을 <u>더욱 가했다</u>.

(65') 모진 악형에도 굴하지 않는 유관순에게 그들은 악형을 <u>더욱 많이 가했다</u>.

(66) 저 놈을 <u>매우 쳐라</u>.

---

20) 조병태(1975)는 정도/비정도를 함께 가지는 단어를 준정도어(Quasi-Degree Word)로 설정할 것을 제안하였다(주 8) 참조)

　　(66′) 저 놈을 <u>매우 세게 쳐라</u>.

　위에서 (65)의 '더욱 가했다.'와 (65′)의 '더욱 많이 가했다.'의 차이
는 (65′)가 (65)보다 '대상을 보다 분명하게 지시'하는 것이라고 볼 수
있는데, 그 효과는 뚜렷하게 나타나지는 않는다. (66)과 (66′)의 관계
도 마차가지이다.

　(65)의 '더욱 가했다.'는 '악형을 가하는 행위를 더 한' 것이고 (65′)
의 '더욱 많이 가했다.'는 '악형을 행하는 행위를 많이 더 한' 것이라고
나누어서 판단하는 언중은 별로 많지 않을 것이다.21) 이들은 모두 같
은 내용의 표현이라고 할 수 있다.

　　(67) 그 환자는 약을 <u>너무 먹는다</u>.
　　(67′) 그 환자는 약을 <u>너무 많이 먹는다</u>.

　(67)의 '너무 먹는다.'를 (67′)의 '너무 많이 먹는다.'와 비교하면 다
음과 같다.

　너무 먹는다: 기준에 지나치게 먹는다.

---

21) 판단은 객관적으로만 하는 것이 아니라 주관적으로 하는 경향이 많을 것이다.
　　Hayakawa H. I.(1982: 209)는 다음과 같이 기술하고 있다.

　　우리는 판단의 저울을 가지고 있다. '선'과 '악' 대신 '대단히 나쁘다', '나쁘다', '나쁘지 않
　　다', '공평하다', '좋다', '대단히 좋다'를 말하며, 우리는 또 혼합된 판단을 가진다.
　　즉, 어떤 점에서는 '선'이고 다른 점에서는 '악'이라는 것을, 그리고 '정상적 정신'과 '광기
　　(狂氣)' 대신에 '완전한 정상', '대략 정상', '약한 신경증적', '극도로 신경증적', '정신병적'
　　이 있다.

　　위 예문은 다분히 주관적인 판단을 나타내는 것이다.
　　따라서 (65)와 (65′), (66)과 (66′)의 표현이 서로 다른 것이라기보다, 같은 것을 더
　　상세히 하기 위해 '많이, 세게' 등이 첨가된 것이라고 본다.

너무 많이 먹는다: 기준에 지나치게 많이 먹는다.

'기준에 지나치게 먹는다.'는 것은 '기준에 지나치게 많이 먹는다.'를 나타내는 말이다. 우리는 '너무 많이'를 동의성의 중복'으로 볼 수 있다.[22]

    (67‴) 그 환자는 약을 <u>너무 조금 먹는다</u>.

(67‴)는 정도 부사가 '정도의 강함'을 나타내고 상태 부사는 '정도의 약함'을 나타내고 있는데 이와 같이 한 쪽이 증대·강화를, 다른 쪽이 감소·약화를 나타낼 때 정도 부사와 상태 부사의 관계는 다음과 같이 설명될 수 있다.

---

22) 동의성의 중복은 언어 경제 현상으로 보다 분명하게 의미를 전달하여, 여러 번 반복 전달하거나 오해하는 것을 방지하기 위한 것이다. 동의 중복 표현은 '날 일기 사납고 바람 풍세 사나운데, 늙은 노인이 긴 장죽을 물고……', '뺨-따귀, 목-덜미, 딴-남, 외가-집', '네 집 후원 담牆 안에 食不甘 밥 못 먹고 寢不安 잠 못 자면 벼슬하는 官長님네' 등을 들 수 있다(심재기(1971), 유구상(1976) 참조). 정도 부사의 의미가 '정도의 강함'을 나타내고 있을 때, 그 다음에 '많이, 오래' 등 '정도가 강함'을 나타내는 상태 부사의 쓰임도 동의성 중복으로 볼 수 있다.
'너무 먹는다'를 '너무 많이 먹는다', '너무 자주 먹는다'와 같이 표현하여야 한다고 보아 '많이', '자주'의 생략으로 정도 부사의 동사 수식을 설명한 견해(3.1. 참조)가 있으나 '너무 먹는다'는 '먹는 정도가 지나치게 강함'이고, '너무 많이 먹는다'는 '많이 먹는 정도가 지나치게 강함'을 나타낸다. 따라서 생략으로 처리할 수 없다. 다만 '너무 많이 먹는다'는 '너무 자주 먹는다'와 구별될 수 있고 '너무 먹는다'는 상황에 의해 '자주, 많이'를 구별할 수 있을 뿐이다. 생략으로 보는 연구에서는 '너무 먹는다'가 '많이, 자주' 등 여러 상황 중 어느 것을 나타내는지 알 수 없어 문의 성립에 의문을 제기하고 상태 부사가 생략되었다고 보았다. 따라서 정도 부사의 동사 수식도 '정도 부사는 동사를 수식할 수 없으나 상태 부사가 생략되었기 때문에 일어난 현상이다'라고 보았다. 그러나 언어는 상황과 의미 맥락에 의해 이해되는 것이다. '많이, 자주'를 보충해도 '언제, 어디서, 누가, 무엇을, 왜, 어떻게……' 등은 모른다.

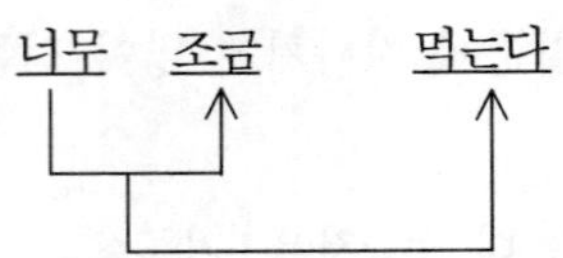

'너무'는 '조금'을 수식·한정하여 '정도에 지나치게 조금'의 의미를 가져 '너무 조금 먹는다'는 '정도에 지나치게 적은 양을 먹는다'를 나타낸다.

이와 같이 '정도 부사 + 동사'와 '정도 부사 + 상태 부사 + 동사'를 비교해 보면 '정도 부사 + 동사'가 '정도 부사 + 상태 부사 + 동사'와 같은 상황을 나타낼 때와, 다른 상황을 나타낼 때가 있음을 알 수 있다.

'정도 부사 + 동사'가 '정도 부사 + 상태 부사 + 동사'와 같은 상황을 나타낼 때 상태 부사의 의미는 정도 부사에도 있으므로 필자는 '정도 부사 + 상태 부사 + 동사'를 동의 중복 표현으로 본다.

3.4.3. '정도 부사 + 동사'에서 동작의 지속일 때와 동작의 완료일 때

(12) 철수가 담을 <u>너무 높인다</u>.
(12') 철수가 담을 <u>너무 높였다</u>.
(13) 국어 시간에는 아이들이 <u>꽤 떠든다</u>.
(13') 국어 시간에는 아이들이 <u>꽤 떠들었다</u>.
(46) 선생님이 학생들의 종아리를 <u>몹시 때린다</u>.
(46') 선생님이 학생들의 종아리를 <u>몹시 때렸다</u>.

(12), (13), (46)은 동작의 지속을 나타내고 (12'), (13'), (46')은 동작의 완료를 나타낸다. 동작의 완료는 동작의 결과이며, 상태성을 가진다. 그래서 '정도 부사 + 동사'의 수식 현상은 동작이 상태성을 가지기 때문이라는 견해도 있다.[23] 그러나 정도 부사는 동작이 지속일

---

23) 3.1. 참조

때나, 완료일 때에 관계 없이 동사를 수식·한정한다. 이들 동사가 〈+정도〉 의미 자질을 가지는 한 정도 부사는 동사를 수식·한정할 수 있는 것이다.

> (68) *영숙은 <u>몹시 죽었다</u>.
> (68') 영숙은 몹시 <u>일찍 죽었다</u>.
> (69) *한 사내 아이가 <u>몹시 도착했다</u>.
> (69') 한 사내 아이가 <u>몹시 빨리 도착했다</u>.

(68)은 '죽었다'가 〈+정도〉 의미 자질이 없어 정도 부사 '몹시'의 수식·한정을 받을 수 없으나 (68')는 상태 부사 '일찍'이 '죽었다'를 수식·한정하여 '일찍 죽었다'는 상태성을 지닌 〈+정도〉 의미 자질을 가진 서술어가 된다. 따라서 '일찍 죽었다'는 '몹시'의 수식·한정을 받는다. 마찬가지로 (69)와 (69')가 설명될 수 있다. 이런 현상이 사람들에게 정도 부사가 상태를 수식하고, 동작을 수식하기 힘들다는 생각을 갖게 했던 것이다.

이용주(1974: 80)는 순수한 동적인 의미 특징만을 가진 동사는 그리 많지 않은 것 같으며, 많은 동사들이 동적인 특성과 정적(靜的)인 특성을 아울러 가진다고 하였다. 그런데 '정도 부사 + 동사'를 분석하면서 '정도 부사는 동사를 수식하지 못 한다.'는 이론 때문에 일부는 '정도 부사와 동작 동사 사이에 상태 부사가 생략되었다.'라고 보았고 김경훈(1977), 박선자(1983) 등은 '동사가 동작의 현재적 상태·결과를 나타낼 때 정도 부사의 수식을 받는다.'라고 보았다.
김경훈(1977)은,

달리기를 하고 나니 가슴이 몹시 뛴다.
금년 겨울은 눈이 끔찍이 온다.
나는 동생을 무척 때렸다.

등을 예로 들었다. 그러나 이들은 '동작의 현재 지속' 표현도 가능하다. 따라서 동작의 상태성이 〈+정도〉 의미 자질을 가져 정도 부사의 수식·한정을 받는 것이 아니라 2. 1, 2, 3에서 보는 바와 같이 동작의 동작서이 〈+정도〉 의미 자질을 가져 정도 부사의 수식·한정을 받는 것이다.

이상으로 '정도 부사 + 동사'에서, 동작이 지속일 때와 완료일 때에 관계 없이 〈+정도〉 의미 자질을 가지면 정도 부사의 수식·한정을 받을 수 있음을 알 수 있다.

3.4.4. 정도 부사의 〈+정도〉 동사 선택

정도 부사의 선택 제한은 정도 부사의 의미 자질에 의해 결정되고, 동사의 선택 제한은 동사의 의미 자질에 의해 결정된다. 앞의 2.1과 2.3, 3.2와 3.4에서 살펴 본 바와 의해 우리는 정도 부사는 〈+정도〉 의미 자질을 가진 동사를 선택하고 동사는 〈+정도〉 의미 자질을 가질 때 정도 부사를 선택하여 수식·한정 관계가 성립됨을 알 수 있다. 다시 말하면 정도 부사는 〈+정도〉 의미 자질을 가진 모든 동사와 공기 가능하다.

그런데, 동사 중에는 정도 부사의 수식을, 받을 수 있을 때와 받을 수 없을 때가 있는 '정도/비정도' 의미 자질을 가진 동사도 있다. 따라서 이런 동사는 〈+정도〉 의미 자질을 잃기도 하고 얻기도 한다.[24]

> (70) 철수가 집에 없다.
> (70') 철수가 집에 너무 없다.
> (71) 철수가 돈이 없다.
> (71') 철수가 돈이 너무 없다.

(70)은 '철수가 집에 있지 않고 다른 곳에 있음'을 나타낼 때의 표현으로, 이때의 '없다'는 정도성이 없는 〈−정도〉 의미 자질을 가진다. (70')는 '철수가 집에 없는 정도가 지나치다'의 표현으로 이때의 '없다'는 정도성이 있어 〈+정도〉 의미 자질을 가져 정도 부사의 수식·한정

---

24) 3.4.1. 참조

을 받는다. (71)의 '없다'가 소유의 여부만을 나타낸 것이라면 〈-정도〉 의미 자질이고, (71')의 '없다'가 '돈을 소유한 양이 지나치게 적음'을 나타낸 것이라면 〈+정도〉 의미 자질을 가진다. 이때의 '없다'는 '무(無)'의 의미가 아니고, '지나치게 적은 양'의 의미로 쓰인 것이다.[25] 3.4.1의 '〈+정도〉 의미 자질의 획득과 상실'도 바로 (70)과 (71), (70')와 (71')에서와 같은 것이다.

대부분의 사물은 우리가 인지하건 못하건, 극히 일부라도 〈+정도〉 의미 자질을 가진다고 할 수 있다. 따라서 〈-정도〉 의미 자질은 우리의 주관에 의해 결정되는 것이다.[26] 다만 그것이 우리가 느끼고 못 느끼는 것이 상황과 맥락에 따라 다르기 때문에 우리는 상황과 맥락에 따라서 〈+정도〉 의미 자질이나 〈-정도〉 의미 자질로 사물을 판단하는 것이다. 따라서 〈+정도〉 의미 자질과 〈-정도〉 의미 자질은 정도성의 유무에 따라 구분되는 것이 아니라 정도성의 강약에 따라 정해진다고 할 수도 있을 것이다.[27]

---

25) '없다'가 '무'의 기본적 의미 이외의 '지나치게 적은 양'의 의미를 지녀 다의어(Polysemy)가 된 것이다.

26) 우리는 어떤 단어가 다른 단어와의 관계에 의해 정도성을 나타내는 경우를 '기는 놈 위에 걷는 놈, 걷는 놈 위에 뛰는 놈, 뛰는 놈 위에 나는 놈, 나는 놈 위에 쏘는 놈……'에서 볼 수 있다. 또한 '보다, 깔보다, 노려보다, 째려보다'에서도 서로 사이에 정도의 강약이 다름을 알 수 있고 Lakoffe의 다음 예문도 정도의 강약을 보여 준다{Lakoffe(1972)를 조병태(1974 ㄴ: 17)에서 재인용}.

Degree of truth(comprehending to degree of category membership)
  a. A robin is a bird(true).
  b. A chicken is a bird(less true than a).
  c. A penguin is a bird(less true than b).
  d. ?A bat is a bird(false, or least very far from true).
  e. *A cow is a bird(absolutely false).

27) 정도어가 정도의 유무에 따라 정도어·비정도어로 나뉘고 이의 모순에 대해 준정도어의 설정이 제기되었는데(조병태, 1974) 이는 정도어 이론이 정도·비정도를 명쾌하게 구분할 수 없는 한계 때문일 것이다.

정도 부사의 동사 수식을 이런 논리로 설명하면, 정도 부사는 모든 〈+정도〉 의미 자질의 동사를 수식할 수 있고 〈−정도〉 의미 자질의 동사는 상황과 맥락에 따라 〈+정도〉 의미 자질을 가져 정도 부사의 수식을 받을 수 있다고 할 수 있다.

4. 정리

정도 부사는 피수식어를 수식·한정하여 피수식어의 정도를 나타내는 기능을 갖는데, 동사를 수식·한정하는 것은 동사에 정도성이 있기 때문이라고 보고 연구하여 다음의 결론에 이르렀다.

1. 정도 부사의 선택 제한은 정도 부사의 의미 자질에 의해 결정되고 동사의 선택 제한은 동사의 의미 자질에 의해 결정된다고 보고, 정도 부사·동사의 의미 자질을 살피고 둘의 공기 관계를 살폈다. 그리하여 정도 부사는 〈+정도〉 의미 자질을 가진 모든 정도어를 수식·한정할 수 있고, 동사는 〈+정도〉 의미 자질을 가져 정도어가 되면 정도 부사의 수식·한정을 받을 수 있음을 알게 되었다.

2. 〈+정도〉 의미 자질을 가진 동사 가운데 일부는 상황과 맥락에 따라 정도성을 상실하여 〈−정도〉 의미 자질의 동사가 되어 정도 부사의 수식·한정을 받을 수 없으나, 이런 〈−정도〉 의미 자질의 동사도 상황과 맥락에 따라 〈+정도〉 의미 자질을 가져 정도 부사의 수식·한정을 받을 수 있게 된다.

3. '정도 부사 + 동사'와 '정도 부사 + 상태 부사 + 동사'를 비교하여 서로 같은 내용을 나타내는 경우와 서로 다른 내용을 나타내는 경우

가 있음을 밝혔으며, 정도 부사에 있는 의미를 가진 상태 부사가 '정도 부사 + 상태 부사 + 동사'로 쓰일 때 '정도 부사 + 상태 부사'는 동의 중복으로 보아 분명하게 의미를 전달하기 위한 표현 방법으로 보았다.

4. '정도 부사 + 동사'에서 동작이 지속일 때와 완료일 때를 비교하여, 동사에 따라서는 완료를 나타낼 때 상태성을 지녀 정도 부사의 수식·한정을 받는 것처럼 생각되는 수도 있으나 사실은 동작의 지속이나 완료에 관계없이 〈+정도〉 의미 자질을 가지면 정도 부사의 수식·한정을 받을 수 있음을 밝혔다.

5. 1, 2, 3, 4를 통하여 정도 부사는 〈+정도〉 의미 자질을 가진 동사는 모두 수식할 수 있음을 알았다. 또 〈+정도〉 의미 자질과 〈−정도〉 의미 자질은 절대적 기준에 의한 것이 아님을 알 수 있다. 따라서 〈+정도〉 의미 자질을 인식할 수 있는 동사를 정도 부사가 수식·한정함을 밝혔다.

남는 문제로는,

1. 정도 부사의 단어 의미를 정확히 기술하지 못하고 본고를 쓰는 데 필요한 정도에 그쳤다. 정도 부사의 각 의미가 밝혀지고 난 후에야 보다 넓고 깊은 정도 부사의 기능·성격이 밝혀질 것이다.

2. 정도어 이론에서 정도어·비정도어·준정도어의 명확한 구분이 이루어질 수 있다면 바람직스러운 일이겠으나, 정도어와 비정도어의 사이에 준정도어를 설정해도 〈+정도〉, 〈−정도〉의 고정화는 힘들다. 모든 어휘 의미는 상황과 맥락에 따라 언제나 다를 수 있기 때문이다. 따라서 대부분의 〈−정도〉는 극히 약한 정도를 가진 경우라고 생각한다.

3. 정도 부사의 동사 수식을, 〈+정도〉 의미 자질을 가진 동사가 정도 부사의 수식·한정을 받는다고 했는데, 〈+정도〉 의미 자질의 하위

분류가 이루어져야 정도어의 각각의 선택 제한이 보다 분명히 밝혀질 것이다.

제 4 장

국어 정도어 연구

1. 도입

국어 정도어에 관한 연구는 정도 부사의 연구에서 [정도] 자질 관련 어[1])의 기술로 거론된 정도이며 본격적인 연구는 이루어지지 않고 있다. 정도어의 연구는 Bolinger(1972), Quark R. & S. Greenbaum (1973)의 연구에 힘입어 본격적으로 연구되기 시작하였다. Bolinger (1972), Quark R. & S. Greenbaum(1973)은 정도어의 개념이 부사 와 형용사, 명사, 동사 등의 품사에 적용되며, 이들 중에는 'some', 'more', 'less' 등의 정도 표시로 각각 범주 성질을 비교, 강세화 및 양 세화시킬 수 있는 정도어와 그렇게 할 수 없는 비정도어로 양분된다고

---

1) 일러두기: 모든 용어를 정도어 이론에 따라 [정도] 의미 자질이 있으면 [정도]로 처리한 다. 다라서 [정도] 부사는 이제까지의 정도 부사로 쓰인 것이 아니라 [정도]어로서의 부 사이기 때문에 정도 부사나 상태 부사가 [정도] 자질을 가졌다면 둘 다 [정도] 부사화 되는 것이다.

하였다{Bolinger(1972)는 조병태(1975: 8~9) 참조}. 또한 조병태(1975)는 영어 정도어를 분석하여 정도어와 비정도어 사이에 준정도어를 설정하기를 제안하였다. 국어 정도어에 관한 기술은 김경훈(1977), 이충우(1986), 이석규(1988), 왕문용·민현식(1993) 등에서 부분적으로 다루었을 뿐이며, 최근까지 본격적인 연구는 발견하기 어렵다.

이 장에서는 [정도] 자질을 갖는 정도어에 대한 기본 연구로서 정도어의 기초 분석 고찰을 통하여 그 실상을 밝히려 한다. 물론 영어의 정도어 이론과는 다를 수밖에 없을 것이다. 또한 정도어인지 아닌지를 분석하는 원리와 방법을 제시하며, 정도어의 경우에는 정도의 크기를 측정할 수 있는 방법의 필요성을 제시하고자 한다.

2. 정도어

정도어는 정도성을 갖고 정도를 나타내는데 사물이 크다든가 작다든가, 많다든가 적다든가, 비싸다든가 싸다든가, 아름답다든가 추하다든가, 넉넉하다든가 모자란다든가, 어둡다든가 밝다든가, 좋다든가 나쁘다든가 등을 나타내는 [정도]를 가진 말이다.

조병태(1975: 7)는 정도어를 유동성이 있는 준연속체이므로 비정도어─준정도어─정도어의 단계 설정이 더 합리적임을 구명하였다. 이는 '준정도어'라는 용어가 적절한가의 여부가 문제가 된다. [+정도]와 [-정도]가 공존할 때는 [중간(±) 정도]가 아니라 {+정도}이다. 이는 바이러스(virus)를 생물과 무생물의 중간 단계라 보는 사람도 있으나 생명이 있기 때문에 생물이라고 하는 것과 같다.2) 준정도어도 [정도]

---

2) 생물의 기준으로 (1) 세포가 있어야 하고, (2) 물질 대사를 해야 하며, (3) 생식 활동을

자질을 갖고 쓰이기 때문(경우에 따라서이지만)에 정도어이다. 언어는 사실을 그대로 나타내는 것은 아니며 언어 기호와 지시 대상과의 관계는 언어 사용자의 판단에 따라 객관적·주관적, 절대적·상대적일 수 있는 것(이용주, 1993)이다.

정도어의 의미 바탕에 따라서 정도 부사의 수식의 폭이 결정된다. 그러므로 정도어를 정도성의 바탕에 따라 분류하는 것이 반드시 필요하다. 그리고 정도어의 종류에 따라서 공기 관계를 살피는 것이 정도 부사의 의미 바탕을 파악할 수 있는 길이 될 것(이석규, 1988: 36)이라는 데서 우리는 정도어의 수식과 피수식의 관계가 〔정도〕의 유무에 따라 결정된다는 이제까지의 주장을 확인할 수 있다. 그러나 이제까지의 정도어의 정의가 정도 부사어의 공기 수식을 받는다는 것을 전제로 하고 있는 바 이는 정도어 정의에 관한 절대적인 모순을 내포하고 있다. 즉, 정도어는 정도 부사의 수식을 받을 수 있다는 것은 '정도어와 정도 부사' 둘 다 〔정도〕 의미 자질이 있기 때문에 공기할 수 있는 것일 뿐이다.3). 다시 말하면 〔정도〕 관형어는 〔정도〕 체언을 관형 수식할 수 있고, 〔정도〕 부사어는 〔정도〕 용언을 수식할 수 있는 것이기 때문이다. 따라서 〔정도〕어는 〔정도〕어를 수식 한정할 수 있음을 볼 때 이제까지의 정도어를 수식 한정할 수 있는 것이 정도 부사라는 기술은 정도어의 수식 한정의 기술로는 미흡하다. 이를 다음의 경우에서 볼 수 있다.4)

하고, (4) 자극에 반응하고, (5) 운동을 하며, (6) 환경에 적응하는 등의 기준이 있다. 바이러스(virus)는 홀로 있을 때는 무생물과 같으나 생물의 체내에서만은 생물로서의 기능을 하므로 생물이다. 마찬가지로 〔정도〕어로 쓰일 수 있는 단어는 정도어이다.

3) 이석규(1988)는 정도 부사가 정도어로서 정도어의 수식을 받는 현상을 기술하고 있다. "정도 어찌씨들은 정도어의 범주에 포함시킨다면 양분 정도어의 범주에 속한다고 본다." (이석규, 1988: 128)에서 '정도 부사 + 정도어'의 관계로 '정도 부사 + 정도 부사'를 다루고 있다.

4) 이석규(1988: 36-39)에서는 정도어를 정도성의 바탕에 따라 일반 정도어, 양분 정도어, 양 정도어, 질·양 정도어, 비정도어로 분류하였다. 본고는 일단 이 분류 방법에 따

2.1. [정도] 명사

    (1) 그는 아주 <u>부자</u>와 결혼하기를 원했다.
    (2) 영희는 너무 <u>얌체</u>라서 누구나 싫어한다.
    (3) 그 여자는 매우 <u>바보</u>라서 혼자서는 정상 생활을 할 수 없었다.

    여기서 '부자, 얌체, 바보'는 명사이면서 '돈이 많음, 얌체, 어리석음'의 [정도]가 있기 때문에 정도어인 [정도] 부사의 수식 한정을 받은 것이다. 즉, 부사의 [정도]와 명사의 [정도]가 호응함으로써 공기가 가능한 것이다. 동전의 앞과 뒤는 [−정도]이지만 긴 행렬의 앞과 뒤는 [정도] 자질이 있기 때문에 [정도] 부사의 수식을 받을 수 있다. [정도] 명사 중에는 이렇게 [정도] 자질이 있거나 없는 경우가 있는데 이는 [정도] 자질이 있으면서 경우에 따라 [−정도]로 사용되는 것으로 보아야 한다. 동전의 '앞'과 '뒤'는 [−정도]이지만(경우에 따라 동전의 두께 (옆면) 측정에서 앞·뒤가 [+정도]로 처리될 수도 있다.) 긴 행렬의 '앞'과 '뒤'는 [+정도]이다. 이는 [−정도]인 평면과 [+정도]인 공간일 경우이다. '앞과 뒤'의 경우 [정도]가 없는 평면과 [정도]가 있는 입체로 구분되지만 이는 언중이 판단하고 사용하는 문제이지 절대적인 사실은 아니라고 보아야 한다.

    의존 명사에서도 [정도]어를 발견할 수 있다. '만큼'이 '어떤 것과 같은 정도, 어느 사람이나 사물과 같은 정도, 어떤 이유' 등을 의미하고 '나름'이 '어떤 사물이나 사람에 따른 차이, 어찌할 행위의 정도에 따라 다름, 어느 사람이나 사물에 다라 다름'을 의미함은 이들이 모두 [정도] 의존 명사임을 알 수 있게 한다.

르지 않고 기존의 용어를 사용하여 정도어를 분류 기술한다.

2.2. [정도] 동사

    (4) 철수가 나무를 너무 <u>흔든다</u>.
    (5) 아이들이 공부 시간에 꽤 <u>떠들더라</u>.
    (6) 철수는 술을 너무 <u>마신다</u>.

    여기서 [정도] 부사가 [정도] 동사를 수식 한정한 것을 보면 '흔들다, 떠들다, 마시다'는 동작의 [정도]가 있음을 알 수 있다.5) 즉, 부사와 동사가 모두 [정도] 자질을 갖고 있기 때문에 [정도] 부사가 [정도] 동사를 수식할 수 있는 것이다. 이제까지 '정도 부사 + 동사'의 경우인 '술을 너무 마신다.'를 '술을 너무 자주 마신다, 술을 너무 많이 마신다.'와 같이 표현하여야 한다고 하여 '많이', '자주'의 생략으로 정도 부사의 동사 수식을 설명한 견해(서정수, 1975)가 있으나 '너무 마신다.'는 마시는 정도(빈도나 양의 정도)가 지나치게 강함을 나타내기 때문에 생략으로 처리할 수 없다. 이 때 '너무 조금 마신다.'나 '너무 못 마신다.'는 '조금'이나 '못'이 들어가야 하는데 이는 '너무'가 강함('자주'나 '많이')의 뜻을 포함하므로 '조금, 못'이 유표항6)이 되기 때문이며, 강함을 나타내는 경

---

5) 영어 동사의 경우 "동사 eat의 경우 어느 유생명체가 어떤 상태에서 eat할 수도 안 할 수도 있으나, 빨리 또는 느리게 eat하는지 혹은 많이, 적게 eat하는지 등, eat의 정도 표시가 나타나 있지 않은 반면에 gluttonize, gourmandize, stuff oneself, swallow, gulp down, lick the plate, nibble, have a poor appetite 등은 동사 eat에 정도 부사인 intensifier 요소가 첨가되어서, eating의 정도 표시가 나타나 있다(조병태, 1975: 81).

6) 양자 대립을 이루는 자질의 짝은 양자 중에서 어느 하나가 더 일반적인 것으로 여겨지고 다른 하나가 특수한 것인 것처럼 인정되는 경향이 있다. 이 때 일반성을 가진 말을 무표항(unmarked term)이라 부르고, 특수성을 가진 말을 유표항(marked term)이라 일컫는다. 이러한 유표, 무표의 구별은 언어 사용자가 두 개의 대립을 이루는 개념 중에서 어느 것을 더 주된 것으로 보느냐 하는 것을 반영하고 있다고 생각할 수 있다. 그러한 이유로 어떤 개념이나 범주를 총칭하는 경우에는 유표항·무표항 중에서 무표항을 써서 가리키게 된다(김한곤·이상억, 1994: 250~251).

우 동작 정도의 강함은 '마신다'와 공기가 가능하다. 그러나 '너무 조금 마신다.'의 경우는 '너무'가 〔강함〕을, '조금'이 〔약함〕을 나타내기 때문에 '조금'이 나타나야만 한다. 따라서 '너무'는 '조금 마신다.'의 수식 한정으로 쓰인 것이다. 물론 이 경우는 '너무'가 〔정도 서술어〕 '조금 마신다.'를 수식 한정했다고 보거나 〔정도〕 부사로서의 정도 부사 '너무'가 〔정도〕 부사로서의 상태 부사 '조금'을 수식 한정했다고 보아야 한다. (4), (5), (6)에서는 모두 정도 부사가 동사를 수식 한정한 경우만이 제시되었다. 그러나 〔정도〕 부사인 상태 부사, 시간 부사 등도 똑같이 〔정도〕 동사를 수식 한정한다. 따라서 〔정도〕 동사는 동작의 〔정도〕를 〔정도〕 부사의 수식 한정으로 보다 상세화시켜 나타낼 수 있다(이들에 대하여는 본고 〔정도〕 부사 편을 참조할 것).

〔정도〕 동사에는 지속 미완 동작 동사인 '떠들다, 서두르다', 과정 동사인 '예뻐지다, 변하다', 상태 동사인 '닳다, 살찌다', 심리 현상 동사인 '사랑하다, 부끄러워하다', 결여 동사인 '잊다, 무능하다' 등 대다수의 동사가 포함된다. 순시 완결 동작 동사인 '출발하다, 도착하다' 등은 그 자체로는 〔−정도〕 동사로 보이지만 특수한 상황에서는 〔정도〕 동사가 된다(이에 대하여는 〔정도〕 자질의 분석 편을 참조할 것).

2.3. [정도] 형용사

    (7) 나무가 퍽 <u>크다</u>.
    (8) 이 바지는 허리가 매우 <u>넓다</u>.
    (9) 철수의 가방이 너무 <u>무겁다</u>.
    (10) 순희는 매우 <u>착하다</u>.

위의 경우 이제까지는 상태인 '크다, 넓다, 무겁다, 착하다'를 정도 부사가 수식한다고 기술하였다. 그러나 정도어 이론을 적용하면 '크다, 넓다, 무겁다, 착하다'의 [정도]를 정도 부사인 '퍽, 매우, 너무, 매우'가 수식 한정한 것으로 만일 [정도] 자질이 없다면 정도어인 정도 부사가 앞에 올 수 없게 된다. 따라서 이 경우 형용사는 [정도]를 갖고 있는 것이다. 이 때 '크다, 넓다, 무겁다'는 도량형기나 과학의 힘을 빌어 숫자를 써서 객관화할 수 있는 경우가 있으나 '마음이 크다/넓다/무겁다.'는 객관화할 수 없다. '착하다'는 객관화가 불가능할 뿐 아니라 '착하다'는 기준 자체가 주관적이다. 어느 경우에나 화자의 판단이 언어로 표현되었다고 볼 수밖에 없다.

형용사는 성질이나 상태를 뜻하기 때문에 이들은 대개의 경우 [정도]어로 쓰일 수 있다.[7] [정도]가 없는 것처럼 보이는 존재 형용사인 '있다, 없다, 계시다'가 [정도] 부사의 수식을 받고 [+정도]임을 보여 준다.

형용사 중에도 그 성격이 특이한 존재 형용사의 [정도] 부사와의 수식·피수식의 현상은 다음과 같다.

    (11) 철수는 돈이 매우 <u>없다</u>.
    (12) 영자는 양심이 아주 <u>없다</u>.
    (13) 철수는 인정이 좀 <u>있다</u>.
    (14) 교무실에 선생님이 좀 <u>계신다</u>.

'있다, 없다, 계시다'의 존재 [정도]를 [정도] 부사인 '매우, 아주, 좀'이 수식 한정하고 있다. 이런 현상을 불가능한 것으로 보는 경우도 있

---

7) All dynamic adjectives are gradable. Most stative adjectives *(tall, old)* are gradable; some are non-gradable, principally 'technical adjectives' like *atomic (scientist)* and *hydrochloric (acid)* and adjectives denoting provenance, eg; British (Quark R. & S. Greenbaum, 1973: 124~5).

다. 그러나 이는 다음과 같은 문제가 있다. 손남익(1996: 169)의 "정도 부사는 어떤 대상의 존재를 전제로 하여 그 존재 대상의 정도성을 보여 주는 것이기 때문에 존재성 어휘와의 결합은 어렵다. 철수가 매우 (있다, 없다, 계시다.), 철수가 가장 (있다, 없다, 계시다.)"를 보면 존재하고 있지 않은 것의 〔정도〕를 보여줄 수는 없기 때문에 존재성의 여부는 논의의 대상이 되지 않는다. 그러나 존재성의 〔존재〕를 보여 주는 '손님이 매우 없다, 도서관에 학생들이 좀 있다, 교무실에 선생님이 좀 계신다.'에서 잘못임을 알 수 있다. 즉 존재에 대한 〔정도〕가 있으면 〔정도〕 형용사(〔정도〕 존재 형용사)로 정도어(〔정도〕 부사)의 수식 한정을 받을 수 있는 것이다.

존재에 대한 〔정도〕는 주체가 복수일 경우 부분적인 존재를 나타내기 위하여 표현할 때 가능하다. 즉, "*철수가 매우 {있다, 없다, 계시다.}, *철수가 가장 {있다, 없다, 계시다.}"는 '철수'가 단수이고 '있다, 없다, 계시다'가 단수로 처리되어야 하기 때문에 〔−정도〕여서 비문이 되는 것이다. 이는 하위 의미 자질이 호응하지 않은 것일 뿐이다. 존재를 나타내는 말의 경우 〔존재〕 여부만을 이야기할 때에는 〔−정도〕이지만 〔존재〕의 정도를 말하는 경우에는 〔+정도〕가 되는 것이다. 언어란 언중이 사용할 때 그들이 인지하는 의미대로, 사용 방법대로 사용하는 것이다8) (존재 형용사의 〔정도〕 자질의 현상은 본고 〔정도〕 분석법 편에 다시 기술됨).

---

8) 유명과 무명의 경우는 문자 의미상으로는 〔정도〕가 없어 보인다. 그러나 실제로는 유명, 무명은 정도성으로 처리될 수밖에 없다. '아주 유명하다'거나 '조금 유명하다'로, '전혀 모를 정도의 무명'이거나 '알듯 말듯한 무명', '유명하지 않은 평범한 무명'을 언중들은 인식할 수 있기 때문이다.

2.4 [정도] 관형사

(15) 이 가스레인지는 아주 <u>헌</u> 물건이기 때문에 더 이상 사용할 수
     없다.
(16) 그 기계는 꽤 <u>새</u> 것이다.
(17) 저 장롱이 가장 <u>새</u> 가구이다.

위의 경우 [정도] 관형사인 '헌, 새'를 [정도] 부사인 '아주, 꽤, 가장'
이 수식 한정하고 있다. 이 때 '물건, 것, 가구'는 [-정도]이지만 이들
의 상태에 대한 정도를 나타내기 위하여 [정도] 관형사가 수식 한정하
며, [정도] 관형사는 [정도]가 있기 때문에 [정도] 부사와 공기할 수
있는 것이다. 즉, [정도] 관형사가 수식하는 '물건, 것, 가구'에 '헌, 새'
의 [정도]가 적용되어 '물건'의 '헌' 정도, '것(물건)'과 '가구'의 새(보존 상
태가 양호한, 새로 만든, 새로운) 정도를 [정도] 관형사가 나타내 준다.9)
또한 이러한 [정도] 관형사는 [정도] 자질을 갖기 때문에 [정도] 부사
의 수식 한정을 받는 것이다.

2.5. [정도] 부사

(18) 그는 아주 <u>몹시</u> 아프다.
(19) 이 자동차는 참 <u>매우</u> 싸다.
(20) 너는 밥을 좀 덜 먹어라.

---

9) 성상 관형사는 성질이나 상태의 의미를 나타내므로 성상 형용사와 같이 [정도]를 갖는
   경우가 많다. 따라서 이들의 수식 한정을 받는 피수식어들은 [정도]어가 된다. 즉, 피수
   식어들이 [정도] 자질을 가질 때 [정도] 관형사인 '새, 헌, 순(純), 전(全)'의 수식 한정
   을 받을 수 있다.

위의 경우 '아주'는 '몹시'를 수식 한정하거나 '몹시 아프다'를 수식 한 정한다. 이는 쓰임에 따라 어느 쪽으로든 해석이 가능하다. 즉, [정도] 부사가 [정도] 부사를 수식 한정한 경우와 [정도] 부사가 [정도] 서술 어를 수식 한정한 경우이다. 그러나 [정도] 부사가 [정도] 부사를 수식 한정한 것으로 보고 '[정도] 부사 + [정도] 부사'가 용언을 수식 한정 한 것으로 보는 것이 좋다.10) 이는 이제까지의 '정도 부사 + 상태 부 사 + 동사'의 경우를 정도 부사가 상태 부사를 수식 한정한 것으로 보 는 것과도 같다. [정도] 부사에는 상태 부사, 정도 부사 등이 있다. 상 태 부사에는 상태의 [정도] 자질이 있으며 정도 부사에도 또한 [정도] 자질이 있기 때문이다.

정도 부사를 상태 부사와 비교하는 것은 그 용어의 적절성을 밝힘과 두 부사 간의 차이를 밝힐 수 있다. 성상 부사(감각 부사, 가치 부사, 심리 부 사, 정도 부사, 조응 부사, 상태 부사, 상징 부사)는 대개 성상 형용사에서 파생되 는데(왕문용·민현식, 1993: 188~189), 성상을 나타내기 때문에 대개 [정 도] 부사로 쓰일 수 있다. 그 중에서도 특히 [정도] 부사로서 중요시되

---

10) 정도 부사의 정도 부사 수식은 다음과 같이 다양하다.

 (1) 정도 부사 + 정도 부사
   아주 + 몹시, 무척, 매우, 퍽, 썩, 가장, 너무, 훨씬, 한결, 아주, 거의, 제법, 더, 덜
   참 + 몹시, 무척, 매우, 퍽, 석, 가장, 너무, 훨씬, 한결,
   정도 부사 + 더, 덜
 (2) 이중 수식(정도 부사 + 정도 부사 + 정도 부사)
   아주 + 참 몹시, 참 무척, 참 매우, 참 퍽, 참 썩, 참 가장, 참 너무, 참 훨씬, 참 한결,
    참 아주, 참 거의, 참 제법
   아주 + 정도 부사 + 더, 덜
   참 + 정도 부사 + 더, 덜
 (3) 삼중 수식(정도 부사 + 정도 부사 + 정도 부사 + 정도 부사)
   아주 + 참 + 정도 부사 + 더, 덜
   아주 + 참 + 무척 더, 덜
   아주 참 몹시 더/덜, 아주 참 매우 더/덜, 아주 참 꽤 더/덜, 아주 참 너무 더/덜, 아주
    참 한결 더/덜, 아주 참 매우 더/덜(이석규, 1988: 133~134).

는 것은 정도어 이론에 큰 비중을 차지하는 강화사(intensifier)에 해당하는 정도 부사이다. 그리고 각종 사물의 상태를 묘사한 상태 형용사에서 파생한 상태 부사는 〔정도〕 부사로서 〔+상태〕·{+정도} 자질을 지니는 경우가 많다. 따라서 정도 부사는 〔+정도〕 자질이 있는 말을 수식하고 상태 부사는 〔+상태〕 자질이 있는 말을 수식하는데 〔+상태〕 자질에 〔+정도〕 자질이 포함되는 경우 즉, 〔+상태〕의 하위 자질에 〔+정도〕 자질이 있을 때 정도 부사와 상태 부사의 수식 기능의 구별에 혼동이 올 수 있다. 그러나 이 때 상태 부사는 〔상태〕 부사와 〔정도〕 부사의 두 기능을 가지며, 이 때 〔정도〕 부사로서의 기능은 〔정도〕어를 수식하고 〔상태〕 부사로서의 기능은 〔상태〕어를 수식한다고 보면 〔정도〕와 〔상태〕를 공유하는 상태 부사의 정도어 수식과 상태어 수식이 설명될 수 있다. '정도'가 사물의 가치·성질 따위를 높낮이·대소·강약·우열 등의 점에서 생각한 한도라 할 때 이는 상태의 일부분에 해당한다고 볼 수 있다.

정도 부사와 상태 부사의 이러한 공통된 성격에 대하여 북한의 한 문법서는 "상태 부사란 주로 형용사와 맞물리면서 그 성질이나 상태 등을 나타내는 것이 기본으로 되는 부사이다. ……가장, 지극히, 극히, 심히, 대단히, 아주, 전혀, 자못, 훨씬, 매우, 무척, 더욱, 더, 상당히, 퍽, 덜, 좀, 조금, 약간, 꽤, 제법, 거의, 별로, 이다지, 그다지, 저다지, 이리, 그리, 저리, 어지, 아무리……. 상태 부사의 일부는 동사와도 맞물려서 그 움직임의 표식11)도 나타낼 수 있다. 〈더욱, 더, 상당히, 퍽, 덜, 좀, 조금, 약간, 꽤, 제법, 거의……〉 등은 움직임의 표식도 나타내지만 성질 상태의 표식을 잘 나타내므로 상태 부사에 넣는다(조선 문화

---

11) '標識'를 북에서는 '표지'라 하지 않고 '표식'이라 함. 우리 나라의 컴퓨터 사용 설명서도 '표식'이라 쓴 경우가 많다.

어 문법, 214~5).”라고 기술하고 있다. 이는 상태 부사와 정도 부사의 유사성을 보여 주는 것이다.

양태 부사의 경우도 〔정도〕 부사가 되는 것이 많다. 양태란 '사건에 대한 화자의 정신적 태도'를 뜻한다. '간신히, 가까스로, 급히, 빨리, 어서, 얼른, 서서히, 천천히, 스스로, 저절로, 넉넉히, 충분히, 막, 함부로' 등은 대부분이 형용사에 파생과 굴절의 부사화 변형을 통하여 전성된 것이다(이주행, 1992: 141). 그래서 〔정도〕 형용사처럼 〔정도〕 부사로서 〔정도〕어가 된다.

2.6. [정도] 접사

 (17) 그는 매우 선생답다.
 (18) 영자는 아주 사랑스럽다.
 (19) 그 나라의 언론은 너무 자유롭다.
 (20) 우리 집은 꽤 민주적이다.

이 경우 '-답-, -스럽-, -롭-'은 어근과 결합하여 〔-정도〕인 어근 속성을 〔정도〕로 나타내는 기능을 한다. 즉, '선생'은 〔-정도〕로 선생이거나 선생이 아닌 것으로 구분되지만 '선생답-'은 '선생'의 속성인 '교육자다운 자질'의 〔정도〕를 상세화할 수 있게 한다. 그리하여 '선생답-'은 〔정도〕어가 되어 〔정도〕 부사와 공기가 가능하다. '-스럽-, -롭-'은 '사랑, 자유'와 결합하여 '선생답-'처럼 〔정도〕를 상세화하고, '-적(的)'은 '-이-'와 결합하여 '-적이-'로 앞의 '-답-, -스럽-, -롭-'과 같은 기능을 하거나 '민주적 사고(思考)'와 같이 '-적'만으로 어근의 정도를 상세화한다.12) 이와 같이 '-답-, -스럽-, -롭-, -적'은 〔정도〕어가 아닌 어휘소

---

12) '-적(的)'은 선행하는 명사에 정도의 의미를 부여하는 접사라 할 수 있다(남기심·고영

와 결합할 때 그 파생어가 [정도]어가 되게 한다. 즉, '-답-'은 '사회적으로나 윤리적으로 긍정적 의미가 내포되었다'고 평가하는 말에 붙어 '어떤 자격이 있다'는 [정도]를 갖게 하고,13) '-스럽-, -롭-, -적-(-적이-)'은 '어떤 기준에 근접함'의 [정도]를 나타낸다.

접두사의 경우는 관형사의 경우와 같은 맥락에서 기술될 수 있다. 관형사와 접두사의 차이를 제외하면, 접두사와 관형사가 모두 뒤에 오는 어근이나 단어를 수식 한정하는 경우 [정도] 유무로서 설명될 수 있다. '개-'의 파생어들이 '질이 나쁜, 경멸의 뜻을 가진'의 의미를 가진 [정도]를 갖게 되는 것이다. 이 때 '개-'의 파생어는 [정도]어가 되고 '개-'는 [정도] 접사인 것이다.

[정도] 접두사나 [정도] 접미사가 결합한 파생어들은 모두 [정도]어가 되며 따라서 이들 [정도] 접사를 [정도]어로 다룰 수 있는 것이다.

이상을 보면 [정도]어는 [정도]어와 공기하고, [정도]어는 [정도]어를 수식 한정하는 것이다. 따라서 정도어의 수식 한정은 정도어에 의해 이루어지고 정도어와 정도어는 공기할 수 있다는 사실을 알 수 있다. 다만 언어의 모든 공기 제약과 마찬가지로 정도어의 공기 제약도 하위 의미 자질까지 같아야 공기 가능하다는 것이다. 대명사, 수사, 감탄사는 그 성격상 [-정도]로 보는 것이 좋을 것이다. 아주 특수한 발화 상황에서는 이들이 [+정도]가 될 경우도 있을 것이라고 생각하나 일반

근, 1986: 221). '민주적 사고'는 '민주적인 사고'로 풀이할 수 있으며, 이 때의 '-적'은 '-적이-'로 풀이할 수도 있다.

13) '너는 진짜 <u>거지답다</u>.'와 '철수는 학교에서 참으로 주목받는 <u>학생답다</u>.'와 같은 쓰임은 '거지 사회'나 '특수한 학생 집단'의 관점에서 '긍정적'이라 할 수도 있기 때문에 '-답-'과 결합하여 사용된 것이나 언어의 특수한 사용으로 볼 수 있다. 즉, 사회적으로나 윤리적으로 긍정적 의미'는 일반 사회가 아닌 그 언어가 사용되는 사회를 기준으로 한다고 보아야 한다.

적인 언어 사용에서는 〔-정도〕이기 때문에 정도어 기술에서 제외하였다.

3. 〔정도〕 자질의 분석

〔정도〕 자질의 분석을 위해서는 〔정도〕 자질이 언어 현실에서 어떻게 나타나는가를 알아야 할 것이고 또한 보다 상세한 〔정도〕 자질을 분석할 수 있는 방법을 알아야 할 것이다. 따라서 본 장에서는 〔정도〕 자질의 언어 사용 현상을 '〔정도〕 자질의 획득과 상실'이라는 기술로서 처리하고 〔정도〕 자질의 정확한 분석을 위한 방법 개발을 위한 제언으로 〔정도〕 정성 분석(유무 분석)과 〔정도〕 정량 분석(크기 분석)의 필요성과 기능성을 제시한다.

3.1. [정도] 자질의 획득과 상실

정도어끼리는 의미의 호응이 일어난다. 즉, 〔정도〕 부사어는 〔정도〕 용언을 수식하고 〔정도〕 관형어는 〔정도〕 체언을 수식한다. 또한 〔정도〕 체언은 〔정도〕 서술어와 호응하지만 이는 절대적이라기보다는 언어 의미가 〔정도〕를 나타낼 때에 한정된다. 따라서 일부 정도어는 〔정도〕 자질을 가질 때(〔정도〕어)와 안 가질 때(〔-정도〕어)가 있는 것으로 보인다. 이렇게 〔-정도〕어처럼 보이는 것이 〔정도〕어로 쓰일 때 우리는 이를 〔정도〕 의미 자질의 획득과 상실'로 설명할 수 있다. 이때의 〔정도〕 획득은 〔-정도〕처럼 쓰이던 〔정도〕어가 〔+정도〕로 쓰이게 됨을 가리키며, 〔정도〕 상실은 〔+정도〕처럼 쓰이던 〔정도〕어가 〔-정도〕로 쓰이는 경우를 가리킨다. 이런 〔정도〕어를 〔+정도〕와 〔-정도〕를

가진 준정도어(조병태, 1974)가 아니라 〔+정도〕어가 〔-정도〕어와 공기
할 때 그 〔+정도〕 자질이 일시적으로 나타나지 않는다고 보고 이를 정
도어로서 처리하는 것이다. 이러면 정도어는 항상 〔+정도〕 자질을 갖
는 것으로 설명되고 '준정도어'라는 어중간한 용어를 쓰지 않아도 된다.
따라서 〔+정도〕어가 정도어로 처리되고 소위 준정도어를 배제할 수
있으며 언제나 〔-정도〕인 단어만 비정도어로 처리할 수 있어 정도어
기술에 일관성을 가질 수 있다.

(21) 철수는 다리를 다쳤기 때문에 이제야 겨우 도착하였다.

(21)의 '겨우 도착하였다.'는 '가까스로 도착했음'을 나타내며 행위의
주체인 '철수'가 '다리를 다쳐 행동의 어려움을 겪으며 도착하게 됨'을
나타내기 위하여 '겨우'가 발화에 쓰인 것이다. 이 때 순시 완결 동작
동사인 '도착하다'는 원 의미상으로 〔-정도〕이지만 (21)과 같은 상황
의 발화에서는 〔+정도〕로 〔정도〕 동사가 된 것이다. 즉, 〔정도〕 자질
의 획득이 이루어진 것이다. 그러나 단순 도착 여부만을 나타내야 할
때에는 〔-정도〕로 쓰이게 되어 〔정도〕 자질을 갖지 못한다. 이 때 '상
실'로 처리하는 것은 '원래 의미로 쓰이기 때문에 적절하지 않다.'고 할
수 있으나 하나의 담화에서 쓰일 때 '획득'과 '상실'로 처리하는 것이 그
렇지 않은 것보다 적절하다 하겠다(〔정도〕 자질의 정성 분석 항의 (22)와 그
설명을 참고할 것).14) (21)의 '도착하였다'가 '동작의 완료'이기 때문에

---

14) 이러한 〔정도〕 자질의 획득과 상실은 비정도어라고 생각되는 단어가 다른 단어와의 관
계에 의해 정도어로 취급된다. "기는 놈 위에 걷는 놈, 걷는 놈 위에 뛰는 놈, 뛰는 놈
위에 나는 놈, 나는 놈 위에 쏘는 놈……"에서 우리는 "기다, 걷다, 뛰다, 날다, 쏘다"에
어떤 〔정도〕의 차이가 있음을 인지하고 사용하는 것이다. 이와 마찬가지로 정도성이 없
는 것처럼 느껴지는 '보다'도 정도성을 획득할 수 있다. '보다, 깔보다, 노려보다, 째려보
다'도 '보다'의 정도가 다름을 알 수 있다. 이런 것을 상황과 맥락에 따라서 〔+정도〕 의

정도 부사의 수식 한정을 받을 수 있다는 주장15)은 '겨우 도착한다, 겨우 도착하고 있다.'의 경우를 보면 문제가 있다.

3.2. [정도] 자질의 정성 분석(유무 분석)과 정량 분석(크기 분석)

정도어 연구에서 [+정도]어와 [−정도]어로 이분하여 [+정도]어에 대하여만 정도어로 처리할 때 [정도] 자질이 있을 때와 없을 때가 공존하는 경우에는 정도어로 다루기로 하였다. 논자에 따라서는 이런 이분법적 설명은 언어의 다양성을 기술하지 못할 뿐 아니라 비과학적이라고 하며 여러 단계의 구분이 필요하다고 하기도 한다. 그러나 정도어 이론에 해당하는 '정도어'와 그렇지 않은 '비정도어'로 양분하는 것은 필요하며, 이는 정성 분석(qualitative analysis)으로 정도어임을 밝힌 후 정도어에 한하여 필요하면 정도어 정량 분석(quantitative analysis)을 한다고 보면 의미의 여러 단계를 고려할 수도 있는 매우 적절한 방법이다. 이 경우 정량 분석이 제대로 이루어지지 않아도 정성 분석인 '+, −'식의 이단계 분석은 언어 분석에 커다란 도움을 준다. 정량 분석은 이분법인 정성 분석을 더 상세화하는 것일 뿐이다. [정도]의 상세한 기술을 위해선 [정도] 자질의 정량 분석(quantitative analysis)이 필요한

미 자질로, 또는 [−정도] 의미 자질로 판단하여 사용하기 때문에 [정도]어 이론을 적용할 수 있는 대상은 확대될 수밖에 없다.

15) 김경훈(1977)은 '정도 부사가 동작 동사를 직접 수식하는 경우는 완료된 동작을 통해 볼 수 있는 동작의 현재적 상태 또는 동작의 결과를 나타내는 때다."라고 하였다. 그러나 '몹시 떠는 다리 때문에 철수는 외나무 다리를 건너지 못하였다."를 '떨고 있는 상태'로 본다면 "아주 가는 사람에게 어떤 기대도 하지 않는다." 의 '가는'은 완료된 동작을 통해 볼 수 있는 동작의 현재적 상태나 동작의 결과가 아니라고 반박할 수 있다. 물론 완료된 동작을 통해 볼 수 있는 동작의 현재적 상태나 동작의 결과는 [−정도] 동작 동사가 [+정도] 동작 동사로 되는 주요한 현상이기도 하다. 즉, [+완료성]이나 [+결과성]은 [+정도성]이 될 수 있기 때문이다.

데 바로 이 〔정도〕어 연구의 정량 분석법(quantitative analysis method)
이 개발되면 〔정도〕어 의미 분석에도 많은 도움을 줄 수 있다. 이에 대
하여는 극히 초보적인 가능성만을 제시하는 데 그친다. 이분법의 필요
성은 〔+정도〕어와 〔-정도〕어를 구별하여 정도어인가 아닌가를 구분
해 준다. 이들을 둘이 아닌 다양한 단계로 나누기 위해서는 〔+정도〕어
만을 대상으로 다단계 분류를 하는 〔정도〕 정량 분석법이 필요하다.

3.2.1. 〔정도〕 정성 분석

어떤 단어가 〔정도〕 자질을 포함하는가의 여부를 분석하는 것은 정
도어 기술에서 제일 먼저 필요한 일이다. 〔정도〕 자질이 없다면 정도어
가 아니며 〔정도〕 자질이 있다면 정도어이기 때문이다. 〔정도〕 자질의
유무를 분석하는 〔정도〕 분석법의 원리와 방법은 다음과 같다.

정도 부사의 피수식어 선택 제한은 정도 부사의 의미 자질에 의해 결
정되고 피수식어의 선택 제한은 피수식어의 의미 자질에 의하여 결정
된다고 볼 때, 의미 자질의 호응으로 정도 부사의 수식과 정도 부사의
수식을 받는 피수식어의 현상을 규명(어순도 포함)할 수 있을 것이다.
즉, 정도어로서의 기본 조건인 〔정도〕 자질의 유무 분석을 다음과 같은
원리에 근거하여 할 수 있다.

원리: 정도어는 정도어와 공기한다. 따라서 정도어와 공기하는가의
여부를 밝혀 정도어와 공기하면 정도어가 된다. 이는 의미 자질이 같은
단어끼리 공기한다는 사실에 근거한다.

방법: 수식어와 피수식어를 분석하여 둘이 〔정도〕 자질로 '수식+피
수식'의 관계가 이루어진다면 피수식어는 정도어로 쓰인 것이다.

(22) 그들은 덜 출발했다.
(22-1) *그는 덜 출발했다.

(22)는 '그들' 중 일부는 출발을 했고 일부는 출발하지 않은 경우에 나타날 수 있는 표현으로, 따라서 [정도] 부사인 '덜'의 수식 한정을 받은 것이다. 이를 [정도] 정성 분석법(유무 분석법)의 방법인 '수식어와 피수식어를 분석하여 둘이 [정도] 자질로 수식·피수식의 관계가 이루어진다면 피수식어는 정도어로 쓰인 것이다.'를 적용하면 '출발하-'는 [정도]어로 쓰인 것임을 알 수 있다. 그리고 '출발하-'가 [정도]어로 쓰이게 된 배경으로 '행위의 주체'인 '그들'이 복수로서 '출발하-'가 여러 단계의 [정도]가 가능한 [복수]를 나타내고 있음을 알 수 있다. 그러나 (22-1)은 '그가 출발하지 않은 경우'로서 행위자 '그'가 [단수]이기 때문에 '그'의 행위'인 '출발하-'도 [단수]로서 [-정도]가 되기 때문에 [정도] 부사 '덜'의 수식 한정을 받을 수 없으므로 비문이 된다.

출발은 순시 완결되므로 '덜'하거나 '더'할 수 없다. '출발했다'는 [+정도] 자질이 없는 [-정도] 의미 자질이지만 주체가 복수이면 그 술어가 복수의 순시 완결 동작이므로 [+정도] 자질을 가진다. 이와 같이 '단수의 순시 완결 동작 동사'는 '복수의 순시 완결 동작 동사'로 되면서 [+정도] 의미 자질을 획득한다. 이와 같은 현상으로 복수의 순시 완결 동작 동사는 단수의 순시 완결 동작 동사로 되면서 [+정도] 자질을 잃고 [-정도] 자질이 된다(이충우, 1986: 29-30). 그리하여 [+수량]을 [정도] 의미 자질로 가지는 순시 완결 동작 동사가 그 주체나 대상이 복수이면 [+수량] 정도를 가진 정도어가 되어 정도 부사의 수식 한정을 받고, 그 주체나 대상이 복수가 아닌 (모두 단수) 경우에는 [+수량] 정도가 없는 비정도어가 되어 정도 부사의 수식 한정을 받지 못한다(이충우, 1986: 30-31). 이 경우 우리는 '출발하다'의 [정도] 유무를

〔정도〕 부사와의 공기 여부로 확인할 수 있다. 〔정도〕 자질의 정성 분석으로 〔정도〕 유무를 파악한다.

3.2.2. 〔정도〕 정량 분석

〔정도〕의 측정에서 정성 분석 다음으로 필요한 것은 〔정도〕가 있음이 확인된 경우 이를 얼마만큼의 정도가 있느냐를 측정하는 소위 정도의 크기를 분석하는 것이 〔정도〕 정량 분석이다. 정도의 크기 측정은 〔정도〕가 없는 단어에는 해당되지 않는다. 따라서 모든 단어를 정량 분석할 필요는 없다. 〔정도〕어만을 정량 분석하는 것이기 때문이다. 어떤 의미를 양적으로 분석한다는 것은 쉽지가 않다. 객관적 수치로 분석할 수 있는 방법이 아닌 주관적 크기로 분석하는 의미의 정량 분석법은 과연 문제가 없을까 우려된다. 그러나 어느 정도의 타당성을 갖춘 과학적인 '의미 정량 방법'의 가능성을 생각해 보자.

우선 〔정도〕어로서의 정도 부사의 크기를 생각할 수 있다. 이에 대하여는 이석규(1988)에서 시도된 바 있다. 또한 강화사(intensifier)16)로서의 분류가 시도되기도 하였는 바(영어 정도어 이론에서 강화사는 우리의 정도 부사에 해당한다고 볼 수 있다.) 정철주(1982)에서 그 일단을 엿볼 수 있다. 이 경우 정도 부사의 수식 범위가 정도의 크기에 따라 결정되고 정도의 크기에 따라 정도 부사의 선택이 결정된다면 어떤 이론 개발의 가능성이 있다. 그러나 〔정도〕 부사의 강화사로서의 정도 크기 측정이 다른 〔정도〕어에 그대로 적용될 것 같지는 않다. 다음으로 〔정도〕 동사로

---

16) Quark et al(1975)은 정도어를 수식 한정하는 강화사를 다음과 같이 분류하고 있다.
Intensifiers(강화사)
   1. Emphasizers(강조사)
   2. Amplifiers(확대사); 1) Maximizers(최대사), 2) Boosters(증진사)
   3. Downtoners(감축사); 1) Compromisers(절충사), 2) Diminishers(감소사), 3) Minimizers(최소사), 4) Approximators(근접사)

서의 순시 완결 동작 동사를 인정한다면 〔정도〕 과정 동사와 함께 〔정도〕 크기의 차이를 측정할 수 있을 것이다.

일반적으로 순시 완결 동작 동사는 〔−정도〕로만 설명될 것이다. '살다'와 '죽다'에는 중간 단계가 존재할 수 없다. '도착하다'와 '출발하다'에도 중간 단계가 있을 수 없다. 그러나 언중의 언어 사용에는 이들 사이에 수많은 중간 단계를 인정하고 언어를 사용한다.17) 언어 현상을 현실 그대로 과학적인 이론으로만 설명할 수 있을까 하는 생각이 든다. 이 때 중간 단계라는 것은 정도의 크기가 클 수 없을 것이다. 그러나 수많은 과정을 인정해야 하는 '자라다'의 경우는 정도의 크기를 다양하게 인정할 수 있다. 이 경우 정도의 크기를 어느 정도까지 객관적으로 기술하는 것은 가능할 것이다.

---

17) (1) 언뜻 고유 집합처럼 보이는 '서울대생'을 생각하기로 하자. 그러나 실상 Brown이 지적한 대로, 겉보기에는 고유 집합처럼 보이는 서울대생이 모호 집합일 수가 있다. 서울대생다운 서울대생의 정도를 나눌 수 있기 때문이다. 가령 서울대생이라는 전체 집합과 4학년생이라든가 대학원생이라는 부차적인 집합과의 관계를 생각해 보자. 가장 전형적인 서울대생은 1학년이든 4학년이든 학부 학생 중에 있을 것이다. 그리고 아무래도 대학원생은 덜 학생답다. 그 중에는 직장을 가지고 학교를 아주 등한히 하는, 그리하여 도저히 서울대생답지 않은 학생도 있을 수 있다(조명한, 1981: 135).
(2) Degree of truth(comprehending to degree of category membership)
  a. A robin is a bird(true).
  b. A chicken is a bird(less true than a).
  c. A penguin is a bird(less true than b).
  d. ?A bat is a bird(false, or least very far from true).
  e. *A cow is a bird(absolutely false).{Lakoffe(1972)를 조병태(1974 ㄴ: 17)에서 재인용}

(1)과 (2)의 글에서 우리는 〔−정도〕로 보이는 '학생'이나 '새'를 여러 단계로 구분지어 〔+정도〕로 생각하고 언어를 사용할 수 있는 가능성을 엿볼 수 있다.

4. 정리

이 장에서는 〔+정도〕 의미 자질을 갖는 정도어에 대한 기본 연구로서 정도어의 기초 분석 고찰을 통하여 그 실상을 밝히려 하였다. 영어의 정도어 이론에서 강화사로 처리되는 정도 부사의 성격 규명을 통하여 〔+정도〕 자질을 가진 모든 단어를 정도어로 설정하고 이의 공기 관계 및 〔정도〕 유무에 따라 정도어·비정도어를 구분하고 이른바 준정도어(조병태, 1975)를 배제하였다. 그리고 정도 부사나 상태 부사 등의 〔정도〕 자질을 인정하여 〔정도〕 부사로 처리하여 정도어로 다루었다. 그렇게 함으로써 '강화사가 정도어를 수식한다.'는 이론을 '정도어+정도어의 공기 관계'로 설명하였다.

또한 〔−정도〕어가 〔+정도〕어로 되거나 〔+정도〕어가 되었던 단어가 〔−정도〕어로 되는 경우를 '〔정도〕 자질의 획득과 상실로 처리하였다. 이러면 정도어는 〔+정도〕 자질을 갖는 것으로 설명되고 '준정도어'라는 어중간한 용어를 쓰지 않아도 된다. 따라서 모든 〔+정도〕어가 정도어로 처리되고 언제나 〔−정도〕인 경우만 비정도어로 처리할 수 있어 정도어 기술에 일관성을 가질 수 있다. 원래 〔+정도〕어가 〔−정도〕어로 돌아왔기 때문에 용어상의 문제점이 있음에도 불구하고 한 담화에서 사용되는 경우만을 '〔정도〕 자질의 획득과 상실'이라 기술한 것이다. 다음으로 〔정도〕 자질의 유무를 변별할 수 있도록 〔정도〕 정성(유무) 분석에 대하여 고찰하여 정도어는 정도어와 공기한다. 따라서 정도어와 공기하는가의 여부를 밝혀 정도어와 공기하면 정도어가 된다. 이는 '의미 자질이 같은 단어끼리 공기한다는 사실에 근거한다.'는 원리를 이용하여 '수식어와 피수식어를 분석하여 둘이 〔정도〕 자질로 수식·피수식의 관계가 이루어진다면 '피수식어는 정도어로 쓰인 것이다.'라는 방법을 제시하였다. 이 방법에 의하여 [−정도]어가 어떻게 [정도] 자질의 획득으로 [정도]어로 되는가를 밝혔다. 그러나 [정도] 정량 분석에 대하여는 구체적으로 [정도]의 정량을 측정할 수 있는 '원리, 방법'을 제시하지 못하고 정량 분석의 가능성만을 제시하는 데 그쳤다.

끝으로 정도어 연구에 대한 관심이 더욱 높아져 한국어의 정도어에 대한 여러 현상이 밝혀져야 하겠고 특히 정도어의 의미 정량 분석에 따른 연구도 요구된다.

참고 문헌

장별 참고 문헌

| 참고 문헌

▸▸▸ **1부 1장** ‖ 국어 교육에서의 언어학

구봉림(1985), "담화와 언어 교육", 경기공업개방대학 〔논문집〕 21: 201-213.

김경한(1972), 「당면한 국어문제 논고」.

김광해(1992), "문법과 탐구학습", 〔선청어문〕 20: 81-101.

김대행(1991), "「토끼는 앞발이 짧다」를 위한 국어교육학", 〔선청어문〕 19: 29-49.

김종인(1987), 「문장 언어학의 한계와 담론 언어학의 근거」, 서울대 석사 논문.

나건석(1977), "언어교육 내용의 항목화와 이에 따른 결점", 〔연세교육과학〕 11: 49-61.

노명완 외(1990), 「언어와 교육」, 한국방송통신대학출판부.

박영순(1992), "국어교육 및 정책", 고영근 외, 「국어학연구백년사」, 일조각, 728-746.

서덕현(1992), 「학교문법의 경어법 기술에 대한 연구」, 서울대 박사 논문.

서 혁(1991), 「단락.문장의 중요도 파악과 단락의 주제문 작성능력이 요약에 미치는 효
        과 -설명문을 중심으로-」, 서울대 석사 논문.

송영주 역(1993), 「담화 분석」, 한국문화사. Stubbs,M.(1983), *Discourse Analysis*,
        Chicago Univ. Press.

윤희원(1988), "문법교육강좌 모형개발을 위한 연구", 한국국어교육연구회 〔논문집〕 33:
        1-46.

이병호(1985), 「국어교육변천사 연구」, 성균관대 박사 논문.

이용주(1975), "언어학적 기초", 이응백 외, 「국어과교육」, 한국능력개발사: 38-70.

_____(1986), "초·중·고교에서의 언어 지식 교육, 한국교육개발원, 「국어과·한문과
        교육과정 개정을 위한 세미나」: 263-288.

_____(1989), "국어 교육의 근본적 개혁에 관한 연구, 서울대학교, 〔사대논총〕 37: 27-
        41.

_____(1992), "언어학과 언어 교육", 『봉죽헌 박봉배 교수 정년 기념 논문집』: 362-370.

_____ 외(1993), "국어교육학 연구와 교육의 구조", 〔사대논총〕 46, 서울대학교: 1-38.

이인섭(1969), "학교문법론", 〔논문집〕 1, 한국 국어교육연구회.

_____(1986), 「아동의 언어 발달」, 개문사.

이은희(1990), "문법 교육의 새로운 방향성 모색", 〔논문집〕 39, 한국 국어교육연구회: 29-66.

이은희(1993), "접속관계의 텍스트 언어학적 연구", 서울대 박사 논문.

이철수(1985), "학교문법의 성격", 〔국어교육〕 53·54: 431-438

이충우(1991), "학교 문법의 교육에 대한 몇 문제", 〔국어교육학연구〕 1: 123-136.

주경희(1992), 「국어 대명사의 담화분석적 연구」, 서울대 박사 논문.

차진순(1987), 「체계언어학의 이론적 개념」, 반석.

최영환(1991), "국어교육학 정립의 방향", 〔국어교육학연구〕 1: 1-28.

최영환(1992), "국어 교육에서 문법 지도의 위상", 〔국어교육학연구〕 2: 43-70.

최현욱(1988), "언어 운용을 위한 언어 지식", 〔사대논문집〕 17, 부산대학교: 11-25.

한정길(1989), "언어 이론과 외국어 교육", 〔교수논총〕 5-2, 한국교원대학교: 87-109.

Beaugrande, R. A., W.Dressler,W.U.(1972), *Introduction to Text Linguistics*, Longman. 김태옥·이현호 역(1991), 「담화·텍스트 언어학 입문」, 양영각.

Corder, S. P.(1973), *Introducing Applied Linguistics*, Penguin Books.

Halliday, M. A. K., Angus McIntosh, Peter Strevens(1964), *The Linguistic Science and Language Teaching*, Longman. 이충우·주경희 역(1993), 「언어 과학과 언어 교수」, 국학자료원.

Strevens, P.(1965), *Papers in Language and Language Teaching*, Oxford Univ. Press.

Stern, H. H.(1983), *Fundamental Concept of Language Teaching*, Oxford University Press.

Stubbs, M.(1988), *Educational Linguistics*, Basil, Blackwell Ltd.

Widdowson, H. G.(1979), *Explorational in Applied Linguistics*, Oxford University Press.

Wilkins, D. A.(1972, 1980), *Linguistics in language teaching*, Edward Arnold Ltd.

››› **1부 2장** ‖ 국어 교육 문법

교육부(1993), 「고등 학교 교육 과정」, 대한교과서주식회사.

고영근(1994), "텍스트언어학", 장석진 편, 「현대언어학 지금어디로」, 한신문화사.

구봉림(1985), "담화와 언어 교육", 〔논문집〕 21, 경기공업개방대학.

권재일(1995), "국어학적 관점에서 본 언어 지식 영역의 지도 내용", 〔국어교육연구〕 2, 서울대 국어교육연구소.

김광해(1995), "언어 지식 영역의 교수 학습 방법", 〔국어교육연구〕 2, 서울대 국어교육연구소.

김광해(1996), "국어지식 교육의 위상", 〔국어교육연구〕 3. 서울대 국어교육연구소.

김한곤(1994), "전산학습론", 장석진 편, 「현대언어학 지금어디로」, 한신문화사.

노명완 외(1990), 「언어와 교육」, 한국방송통신대학출판부.

민현식(1992), "문법 교육의 목표와 내용 ; 현행 학교 문법의 문제점을 중심으로", 〔국어교육〕 79 · 80. 한국 국어교육 연구회.

민현식(1994), "형태론의 주요 개념과 문법 교육", 〔선청어문〕 22.

박승윤(1994), "기능문법", 장석진 편, 「현대언어학 지금어디로」, 한신문화사.

심영택(1995), "언어 지식 내용의 조직 방식에 대한 국제 비교 연구", 〔국어교육연구〕 2, 서울대 국어교육연구소.

윤희원(1988), "문법교육강좌 모형개발을 위한 연구", 〔논문집〕 33, 한국 국어교육 연구회.

이기동(1994), "인지문법", 장석진 편, 「현대언어학 지금어디로」, 한신문화사.

이길록(1972), "학교문법론 서설 –문법교육의 방향–", 〔국어교육〕 18-20 합병호 한국 국어교육 연구회.

이길록(1974), "학교문법체계론 –학교문법체계의 문제점과 그 시안–", 〔국어교육〕 22, 한국 국어교육 연구회.

이도영(1994), "국어교육과 언어 사용 능력 – 그 가능성 탐색 –", 〔선청어문〕 22. 서울대 국어교육과.

이도영(1995), "문법 교육의 문제점과 개선 방향", 〔논문집〕 54, 한국국어교육연구회.

이도영(1996), "문법 교육의 목표 정립을 위한 제언", 〔국어 교육〕 91, 한국 국어교육 연구회.

이삼형(1994), 「설명적 텍스트이 내용 구조 분석 방법과 교육적 적용 연구」, 서울대 박사 논문.

이성영(1995), "언어 지식 영역 지도의 필요성과 방향", 〔국어교육연구〕 2, 서울대 국어교육연구소.

이성영(1995), 「국어교육의 내용 연구」, 서울대 출판부.

이성영(1997), "교육문법의 필요성과 조건", 〔한글사랑〕 1997 봄호.

이용주(1992), "언어학과 언어 교육", 「봉죽헌 박붕배 교수 정년 기념 논문집」.

이용주 외(1993), "국어교육학 연구와 교육의 구조", 〔사대논총〕 46, 서울대학교.

이은희(1990), "문법 교육의 새로운 방향성 모색", 〔논문집〕 39, 한국 국어교육연구회.

이은희(1993), 「접속관계의 텍스트 언어학적 연구」, 서울대 박사 논문.

이은희(1994), "언어 영역의 위상과 내용 선정 방식에 관한 연구", 〔선청어문〕 22, 서울대 국어교육과.

이인섭(1969), "학교문법론", 〔논문집〕 1, 한국 국어교육연구회.

이철수(1985), "학교문법의 성격", 〔국어교육〕 53·54

장석진(1994), "통합문법론", 장석진 편, 「현대언어학 지금어디로」, 한신문화사.

장석진 편(1994), 「현대언어학 지금어디로」, 한신문화사.

정문기(1977), 「한국동물도감, 어류」, 중앙도서주식회사.

이충우(1994), "국어교육에서의 언어학", 〔선청어문〕 22, 서울대 국어교육과.

주경희(1992), 「국어 대명사의 담화분석적 연구」, 서울대 박사 논문

최영환(1992), "국어 교육에서 문법 지도의 위상", 〔국어교육학연구〕 2, 국어교육학회.

최영환(1993), "합성명사의 지도에 대한 연구", 서울대학교 박사 논문.

최영환(1994), "국어 교육의 목표와 내용 체계", 〔국어교육학연구〕 4, 국어교육학회.

최영환(1995), "언어 능력 신장의 관점에서 본 언어 지식 영역의 지도 내용", 〔국어교육학연구〕 2, 서울대 국어교육연구소.

최현욱(1988), "언어 운용을 위한 언어 지식", 〔사대논문집〕 17, 부산대학교.

한정길(1989), "언어 이론과 외국어 교육", 〔교수논총〕 5-2, 한국교원대학교.

Bell, Roger T.(1981), *An Introduction to Applied Linguistics-Approaches and Methods in language Teaching-*, Basford Academic and Educational Ltd.

Corder, S. P.(1973), *Introducing Applied Linguistics*, Penguin Books.

Diller, K. C.(1971), *Generative Grammar, Structural Linguistics, and Language teaching*, Newbury House Publishers.

Halliday, M. A. K., Angus McIntosh, Peter Strevens(1964), *The Linguistic*

Sciences and Language Teaching, Longmans. 이충우 · 주경희 역(1993), 「언어 과학과 언어 교수」, 국학자료원.

Spolsky, B.(1978), *Educational Linguistics: An Introduction*, Newbury House Publishers.

Stern, H. H.(1983), *Fundamental Concept of Language Teaching*, Oxford University Press.

Stubbs, M. (1986/1988), *Educational Linguistics*, Basil Blackwell Ltd.

Widdowson, H. G.(1979), *Explorational in Applied Linguistics*, Oxford University Press.

Wilkins, D. A.(1972, 1980), Linguisti.

▸▸▸ **1부 3장** ‖ 국어과 '문법[국어 지식]' 영역의 지도

노명완 외(1990), 「언어와 교육」, 한국방송통신대학.

이용주, 1987, "언어 교육의 방법", 이용주 외, 「국어과교육(II)」, 한국방송통신대학출판부.

Beaugrande, R. A., W.Dressler,W.U.(1972), *Introduction to Text Linguistics*, Longman. 김태옥.이현호 역(1991), 「담화 · 텍스트 언어학 입문」, 양영각.

Halliday, M. A. K. etc., 1966, *The Linguistic Sciences and Language Teaching*, Longmans. 이충우, 주경희 역, 1993, 「언어 과학과 언어 교수」, 국학자료원.

Stubbs, M.(1983), *Discourse Analysis*, Chicago Univ. Press. 송영주 역, 1993, 「담화 분석」, 한국문화사.

▸▸▸ **1부 4장** ‖ 국어과 교사의 문법[국어 지식] 평가 전문성

교육 인적 자원부(2001), 「고등학교 교육 과정 해설 국어」, 교육 인적 자원부.

교육부(1993), 「고등 학교 교육 과정」, 대한교과서주식회사.

교육부(1996), 「고등 학교 문법」, 서울대학교 사범대학 국어교육연구소.

국어교육학회(2004), 「'국어 시험'의 현황과 개선 방안 – '국어 시험을 평가한다」(학술발표 대회 자료집).

김광해(1995), "언어 지식 영역의 교수 학습 방법", 〔국어교육연구〕 2, 서울대 국어교육연구소.

김광해(1997), 「국어지식 교육론」, 서울대 출판부.

김옥환·김정규(1981), 「교육 평가」, 형설출판사.

김은성(1999), 「국어에 대한 태도 교육 연구」, 서울대 대학원 석사 논문

문화관광부·국립국어연구원(2002), 「지식·정보·문화국가의 기반구축을 위한 국어 발전 종합계획 시안」.

민현식(2002), "국어지식의 위계화 방안 연구", 〔국어교육〕 108, 67쪽-126쪽, 한국국어교육연구학회

박덕유(2002), 「문법교육의 탐구」, 한국문화사.

박영목(1997), "언어지식 교육 평가의 절차와 방법에 대한 재조명('언어 영역 교수·학습을 위한 언어 영역의 평가'에 대한 토론)", 「언어지식 영역의 교수·학습」 (국어교육 연구발표대회 자료집), 한국국어교육연구회.

박영목·한철우·윤희원(1995), 「국어과 교수 학습 방법 탐구」, 교학사.

박영목·한철우·윤희원(1999), 「국어교육학 원론」 2판, 박이정.

박영목·한철우·윤희원(2001), 「국어과 교수학습론」, 교학사.

백순근·최미숙(1999), 「고등학교 국어과 수행평가의 이론과 실제」, 한국교육과정평가원.

송현정(2003), "국어지식 영역의 성취도 평가에 관한 분석 연구, 〔이중언어학〕 제23호, 이중언어학회.

심영택(1995), "언어 지식 내용의 조직 방식에 대한 국제 비교 연구", 〔국어교육연구〕 2, 서울대 국어교육연구소.

이관규(2001), "학교 문법 교육에 있어서 탐구 학습의 효율성과 한계점에 대한 실증적 연구", 〔국어교육〕 106, 31쪽-63쪽, 한국 국어교육 연구회.

이도영(1996), "문법 교육의 목표 정립을 위한 제언", 〔국어 교육〕 91, 한국 국어교육 연구회.

이도영(1997), "언어 영역 교수·학습을 위한 언어 영역의 평가", 「언어지식 영역의 교수·학습」 국어교육 연구발표대회 자료집, 한국국어교육연구회

이성영(1995), "언어 지식 영역 지도의 필요성과 방향", 〔국어교육연구〕 2, 97쪽-24쪽, 서울대 국어교육연구소.

이성영(1997), "교육문법의 필요성과 조건", 〔한글사랑〕 1997 봄호.

이용주(1995), 「국어교육의 반성과 개혁」, 서울대 출판부.

이은희(1995), "언어 지식 영역 교수 학습 방법 연구." 〔국어교육〕 87·88, 143쪽~161 쪽, 한국 국어교육 연구회.

이인섭(1986), 「아동의 언어 발달」, 개문사.

이인제 외(1997), 「창의력 신장을 돕는 중학교 국어과 학습 평가 방법 연구」, 한국교육개 발원.

이인제 외(1999), 「중학교 국어과 수행평가 시행 방안 및 자료 개발 연구」, 한국교육과정 평가원.

이충우(1997), "국어 교육 문법 연구", 〔국어교육학연구〕 7, 1쪽-30쪽, 국어교육학회.

이충우(2004) "중등 학교 국어 교사 연수의 문제점과 개선 방안", 〔국어교육학연구〕 19, 165쪽-187쪽, 국어교육학회.

이충우(2004), "국어 문법 교육의 개선을 위한 고찰", 〔이중언어학〕 26, 271-290쪽, 이 중언어학회.

천경록 외(2001), 「초등 국어과 교육론」, 교육과학사.

최미숙·양정실(1998), 「국가 교육 과정에 근거한 평가 기준 및 도구 개발 연구: 고등 학 교 국어」, 한국교육과정평가원.

최영환(1995), "언어 능력 신장의 관점에서 본 언어 지식 영역의 지도 내용", 〔국어교육연 구〕 2, 177쪽-208쪽, 서울대 국어교육연구소.

충청남도 교육청 편저(1994), 「사고력을 기르는 국어과 교육」, 대한교과서 주식회사.

한국교육과정평가원(2004), 「총론 연구 결과 발표 및 교과별 학생 평가 전문성 신장 모형 과 기준 개발 검토」('교사의 학생 평가 전문성 신장 연구'를 위한 5개 교과교육학 회 공동연구진 2차 워크숍 자료).

Diller, K. C.(1971), *Generative Grammar, Structural Linguistics, and Language teaching*, Newbury House Publishers.

Halliday, M. A. K., Angus McIntosh, Peter Strevens(1964), *The Linguistic Sciences and Language Teaching*, Longmans.

Scott Thornbury(1999), *How to teach Grammar*, Pearson Education Limited, 이관규·김라연·윤정민·서수현·김지연 역(2004), 「문법을 어떻게 가르칠 것인 가?」, 한국문화사.

Allen, J. P. B., Alan Davies (ed.)(1978), *Testing and Experimental Methods*, The Edinburgh Course in Applied Linguistics Volume 4. Oxford University Press.

Burke Jim(2001), *Developing Studnets´ Textual Intelligence through Grammar*, NCTE, Voices from the Middle, Volume 8 Number 3, March 2001. 56-61.
Stubbs, M. (1986/1988), *Educational Linguistics*, Basil Blackwell Ltd.

▸▸▸ **1부 5장** ‖ 국어 문법 교육의 개선

교육부(2001), 「고등학교 교육과정 해설 국어」, 교육부.
권재일(1995), "국어학적 관점에서 본 언어 지식 영역의 지도 내용", 〔국어교육연구〕 2, 159쪽-176쪽, 서울대 국어교육연구소.
김광해(1997), 「국어지식 교육론」. 서울: 서울대 출판부.
김홍범(2003), "7차 문법교과서에 나타난 어말어미 체계의 문제점", 〔교육연구〕 11, 183쪽~202쪽, 한남대학교 교육연구소.
문화관광부·국립국어연구원(2002), 「지식·정보·문화국가의 기반구축을 위한 국어 발전 종합계획 시안」.
민현식(2002), "국어지식의 위계화 방안 연구", 〔국어교육〕 108, 67쪽-126쪽, 한국국어교육연구학회
민현식(2003), "언어 규범 정책의 방향", 〔국어교육연구〕, 7쪽-72쪽, 서울대 국어교육연구소.
박영목·한철우·윤희원(2003), 「국어교육학원론」, 2판, 서울: 박이정.
송현정(2002), "국어 지식 영역의 교과서 제시 방식에 관한 분석 -7차 교육과정 초등학교 국어과를 중심으로-", 〔국어교육〕 109, 111쪽-146쪽, 한국 국어교육 연구회.
윤희원(1988), "문법교육강좌 모형개발을 위한 연구", 〔논문집〕 33, 1쪽-46쪽, 한국 국어교육 연구회.
이관규(2000), "학교 문법 교육의 현황", 〔새국어생활〕10-2, 63쪽-77쪽, 국립국어연구원.
이관규(2001), "학교 문법 교육에 있어서 탐구 학습의 효율성과 한계점에 대한 실증적 연구", 〔국어교육〕 106, 31쪽-63쪽, 한국 국어교육 연구회.
이길록(1972), "학교문법론 서설 -문법교육의 방향-", 〔국어교육〕, 18·20 합병호, 393쪽-410쪽, 한국 국어교육 연구회.
이대규(1994), "문법 수업 설계의 방법" 〔선청어문〕 22, 415쪽-456쪽, 서울대 국어교육과.

이병호(1987), "언어 지식 지도", 이응백 외, 「국어과 교육 (II)」, 277쪽-299쪽, 한국방송통신대학 출판부.

이성영(1995), "언어 지식 영역 지도의 필요성과 방향", 〔국어교육연구〕 2, 97쪽-24쪽, 서울대 국어교육연구소.

이용주(1995), 「국어교육의 반성과 개혁」, 서울: 서울대 출판부.

이은희(1995). "언어 지식 영역 교수 학습 방법 연구" 〔국어교육〕 87·88. 143쪽-161쪽, 한국 국어교육 연구회.

이종덕(1997), "'언어 지식 교육의 교수 학습 방법'에 대한 토론", 「언어 지식 영역의 교수·학습」(국어교육 연구발표대회 자료집), 51쪽-65쪽, 한국 국어교육 연구회.

이종철(1997), "'언어 지식 영역 교수 학습 방법'에 대한 토론", 「언어 지식 영역의 교수·학습」(국어교육 연구발표대회 자료집), 66쪽-69쪽, 한국 국어교육 연구회.

이춘근(2001), "문장교육의 필요성", 〔문창어문논집〕 38, 27쪽-51쪽, 문창어문학회.

이충우(1994), "국어교육에서의 언어학", 〔선청어문〕 22, 625쪽-644쪽, 서울대 국어교육과.

이충우(1997), "국어 교육문법 연구", 〔국어교육학연구〕 7, 1쪽-30쪽, 국어교육학회.

최영환(1995), "언어 능력 신장의 관점에서 본 언어 지식 영역의 지도 내용", 〔국어교육연구〕 2, 177쪽-208쪽, 서울대 국어교육연구소.

Corder, S. P.(1973), *Introducing Applied Linguistics*, Penguin Books.

Diller, K. C.(1971), *Generative Grammar, Structural Linguistics, and Language Teaching*, Newbury House Publishers.

Spolsky, B.(1978), *Educational Linguistics: An Introduction*, Newbury House Publishers.

Stern, H. H.(1983), *Fundamental Concept of Language Teaching*, Oxford University Press.

Stubbs, M.(1986/1988), *Educational Linguistics*, Basil Blackwell Ltd.

Widdowson, H. G.(1979), *Explorational in Applied Linguistics*, Oxford University Press.

Wilkins, D.A.(1972/1980), *Linguistics in Language Teaching*, Edward Arnold Ltd.

▸▸▸ **2부 1장** ‖ 어휘 교육과 교육용 어휘 선정

김광해(1993), 『국어어휘론개설』, 집문당.

김광해(1996), 『어휘 연구의 실제와 응용』, 집문당.

노명완·박영목·권경안(1988), 『국어과 교육론』, 갑을출판사.

문교부(1988), 『고등학교 교육 과정 해설 -국어과-』.

민병덕 역(1993), 모티머 J. 애들러 외 저, 『독서의 기술』, 범우사.

박영목·한철우·윤희원(1996), 『국어교육학원론』, 교학사.

서덕현(1990), "기본어휘의 개념과 기초어휘의 위상 -교육용 어휘를 중심으로-", 〔국어교육〕 71·72 : 211-244.

서울대학교국어교육연구소 편(1999), 『국어교육학사전』, 대교출판.

손영애(1992), 『국어 어휘 지도 방법의 비교 연구』, 서울대 대학원 박사논문.

이대규(1990), "낱말 수업의 목표와 방법", 〔국어교육〕 71·72, 한국국어교육연구회.

이삼형 외(2000), 「국어교육학」, 소명출판사.

이영숙(1997), "어휘력과 어휘 지도", 〔선청어문〕 25집, 서울대 국어교육과.

이용주(1987), "언어발달단계와 국어교육", 〔국어교육〕 59·60, 한국국어교육연구회.

이용주(1993), 『한국어의 의미와 문법 I』, 삼지원.

이인섭(1986), 『아동의 언어발달』, 개문사.

이충우(1992), 『국어 교육용어휘 연구』, 서울대 대학원 박사논문.

이충우(2001), "국어 어휘 교육의 위상", 〔국어교육학연구〕 3, 국어교육학회.

최현섭 외(1996), 『국어교육학개론』, 삼지원.

Carter Ronald & M. McCarthy(1988, 1991), *Vocabulary and Language Teaching*, Longman.Bross.

Bross, I. D. J.(1973), 'Language in cancer research', In G. P. murphy. D. Pressman. 이기동·신현숙 역(1983), 『언어와 인지』, 한신문화사.

Clark, Herbert H. and Eve V. Clark, 1977, 'Language and thought' In Pschychology and Language. N.Y. : Harcourt Brace and Jovanovich. 이기동·신현숙 역(1983), 『언어와 인지』, 한신문화사.

Dale, E., J. O'Rourke & H. A. Bamman(1971), *Techniques of Teaching Vocabulary*, Field Educational Publications, Inc., New Jersey.

Gleason, H. A. Jr.,(1961), *Descriptive Linguistics*, Revised edition, Halt,

Rinehart and Winston, N.Y.

Goodman, K. S. et al.(1987), *Language and Thinking in School*, Richard C. Owen Publishers, INC.

Gruber, J .S.(1970), *Studies in Lexical Relations*, Indiana Univ. Linguistics Club, Indiana.

Halliday, M. A. K. et al,(1964), *The Linguistics and Language Teaching*, Longman.

Hartmann, R. P. K. (ed),(1983), *Lexicography: principles and practice*, Academic Press, London.

Mackey, W. F.,(1975), *Language Teaching Analysis*, Indiana Univ., Press. Bloomington.

McNeil. J. D.,(1984), *Reading Comprehension*: New Directions for Classroom Practice, Scott, Foresman and Company.

▸▸▸ 2부 2장 ‖ 국어 교육용 대표 어휘

1. 논문 및 단행본

고영근(1989a), "파생접사의 분석한계", 〔어학연구〕 25-1: 97-110.

______(1989b), 「국어형태론연구」, 서울대출판부.

김계곤(1968), "현대 국어 "앞가지(접두사, prefix)"처리에 관한 관견", 〔국어국문학〕 7・8: 1-31. 부산대 국어국문학과.

______(1969), "현대 국어의 "뒷가지(접미사, Suffix)"처리에 관한 관견(관견)", 〔한글〕 144: 95-139.

김광해(1989), 「현대국어의 유의현상에 대한 연구 -고유어 대 한자어의 일대다 대응현상을 중심으로-」, 서울대 대학원 박사논문.

______(1993), 「국어어휘론개설」, 집문당.

김희진(1990), "중학교 교육용 어휘에 관한 연구", 〔국어교육〕 71・72: 349-409.

서덕현(1990), "기본어휘의 개념과 기초어휘의 위상 -교육용 어휘를 중심으로-", 〔국어교육〕 71・72: 211-244.

서정국(1968), 「국어기본어휘의 연구」, 고려대 대학원 석사 논문.

신익성(1972), "국어의 어휘 연구를 위한 언어학의 원리와 방법", 〔어학연구〕 8-1: 123-146.

심영자(1984), 「아동의 어휘력 확장연구」, 서울대 대학원 석사 논문.

여영택(1971), "말만들갈(조어론)", 「한글학회 50돌 기념논문집」: 115-144.

우형규(1975), 「영어기본어휘연구」, 천인문화사.

이병근(1986), "국어사전과 파생어", 〔어학연구〕 22-3: 389-408.

이상섭(1990), "낱말 빈도를 추정하기 위한 말뭉치 자료 수집의 실제", 〔사전편찬학연구〕 3: 70-76.

______(1990), "현대 사전편찬학의 이론과 실제", 〔사전편찬학연구〕 3: 77-117.

이상억(1989), "국어 어휘 목록의 형태·음운론적 구조 연구 -계량언어학적 표준조사 -" 〔어학연구〕 25-1: 111-129.

이용주(1969), "한국어 어휘체계의 특징", 〔국어교육〕 15: 45-64.

______(1974), 「한국 한자어의 어휘론적 기능에 대한 연구」, 서울대 사대국어국문학연구회.

______(1987b), "언어발달단계와 국어교육", 〔국어교육〕 59·60: 1-16.

이인섭(1986), 「아동의 언어발달」, 개문사.

이충우(1990), "어휘 교육의 기본 과제", 국어교육 71·72: 193-209.

______(1991c), "초등 학교 1, 2학년 국어과 교과서 어휘 조사 연구", 〔관동어문학〕 7.

______(1991d), "중학교 국어(1-1) 어휘 조사 연구", 〔관대논문집〕 20.

임만영(1988), "국민학교에서의 어휘교육", 〔국어과교육연구〕 6: 71-99.

임지룡(1991), "국어의 기초어휘에 대한 연구", 〔국어교육연구〕 23: 87-45.

정찬섭 외(1990), "우리말 낱말 빈도 조사 표본의 선정기준", 〔사전편찬학연구〕 3: 7-69.

하치근(1989), 「파생어 형태론」, 남명문화사.

田中章夫(1978, 1988), 國語語彙論, 再版, 明治書院.

Carter Ronald & M. McCarthy, 1988, 1991), *Vocabulary and Language Teach- ing*, Longman.

Gruber, J. S.(1970), *Studies in Lexical Relations*, Indiana Univ. Linguistics Club, Indiana.

Halliday, M. A. K.et al,(1964), *The Linguistic Science and Language Teaching*, Longmans. 이충우·주경희 역, (1993), 「언어 과학과 언어 교수」,

국학자료원.

Hartmann, R. P. K. ed.(1983), Lexicography: principles and practice, Academic Press, London.

Henley, E. F.(1980), *Words for Reading, Reading for Words*, Prentice-Hall Inc. Englewood Cliffs, New Jersey.

2 참고 자료

5차 초등 학교·중학교·고등학교 국어과 교과서.
국어연구소(1985), 「한자 외래어 사용실태 조사(80년대)」, 조사 자료집 I.
________(1986), 「국민학교 교육용 어휘(1, 2, 3학년용)」.
________(1987), 「국민학교 교육용 어휘(4, 5, 6학년용)」.
________(1988), 「중학교 교과서 어휘(국어·국사)」.
문교부(1955), 「우리말에 쓰인 글자의 찾기조사」.
_____(1956), 「우리말 말수 사용의 찾기조사」.
신기철·신용철(1986), 「새우리말 큰 사전」, 7차 수정 증보판, 삼성출판사.
이응백(1979), "신문표제에 나타난 한자와 교육한자 검토", 〔어문연구〕 22.
_____(1987), 「신문·잡지에 한자로 표기된 한자어 실태조사연구」, 국어연구소 연구보고서 1집.
_____(1988), 「자료를 통해 본 한자. 한자어의 실태와 그 교육」, 아세아문화사.
이응백·이인섭·김승렬(1982), 국민학교 학생의 어휘력조사, 〔국어교육〕 42·43: 235-325.
임광규(1981), 「초등 학교 국어 교과서 낱말 찾기 조사」, 한글학회.
정우상(1987), "초등 학교 교과서 어휘 연구", 국어연구소 〔보고서〕 1집: 651-872.

▸▸▸ **2부 3장** ‖ 국어 정도 부사의 동사 수식

고영근(1983), 「국어 문법의 연구」, 탑출판사.
김경훈(1977), "국어 부사의 수식 연구", 〔국어 연구〕 37, 서울대 국어연구회.
김민수(1977), 「국어문법론」, 일조각.

김영희(1976), "형용사의 부사화 구문", 〔어학연구〕 12-2, 서울대 어학연구소.

김한곤 · 이상억(1994), 「언어학 신론」, 개문사.

남기심 · 고영근(1986), 「표준 국어 문법론」, 탑출판사.

민현식(1987), "중세 국어의 부사에 대하여", 「열므나 이응호 박사 회갑 기념 논문집」.

박갑수(1975), "의미론", 공저, 「국어학신강」, 개문사.

박갑수(1983), 「우리말의 허상과 실상」, 한국방송사업단.

박갑수(1984), 「우리말의 오용과 순화」, 한국방송사업단.

박금자(1985), "국어의 양화사 연구 -의미 해석을 중심으로-", 〔국어 연구〕 64, 서울대 국
        어연구회.

박병수(1976), "양태 부사에 대하여", 언어 1-1, 한국언어학회.

박선자(1977), 「한국어 어찌씨 연구」, 부산대 대학원 석사 학위 논문.

박선자(1983), 「한국어 어찌말 연구」, 부산대 대학원 박사 학위 논문.

박희식(1984), 「중세 국어의 부사에 대한 연구」, 서울대 대학원 석사 학위 논문.

서정수(1978), "국어 부사류어의 구문론적 연구", 「국어구문론」, 탑출판사.

서정수(1982), "부사절의 시상", 〔어학연구〕 18-1, 서울대 어학연구소.

손남익(1995), 「국어 부사 연구」, 박이정.

시정곤(1994), 「국어의 단어 형성 원리」, 국학자료원.

심재기(1971), "국어의 동의 중복 현상에 대하여", 서울대교양과정부논문집.

심재기(1980), 「국어어휘론」, 집문당.

양인석(1975, "한국어 부사의 의미(I)", 〔어학교육〕 7, 전남대 어학연구소.

양인석(1977, "한국어 부사의 의미 분석", 「이숭녕 고희 국어국문학논총」.

옥태권(1978), 「중세 국어 부사의 기능에 대한 연구」, 부산대 교육대학원 석사 논문.

왕문용 · 민현식(1993), 「국어 문법의 이해」, 개문사.

유구상(1976), "동의 중첩어의 구조", 〔어문론집〕 17, 고려대 국어국문학회.

유창돈(1980), 「어휘사 연구」, 선명문화사.

이상목(1982), "한국어 부사의 형태론적 고찰", 〔언어교육〕 5, 성신여대 어학연구소.

이상춘(1924), 「조선어문법」, 개성: 송남서관.

이석규(1988), 「현대 국어 정도 어찌씨의 의미 연구」, 건국대 대학원 박사 논문.

이용주(1972, 「의미론 개설」, 서울대출판부.

이용주(1974), 「한국 한자어의 어휘론적 기능에 관한 연구」, 서울대 사대 국어국문학 연
        구회.

이용주(1983), "한국어 동사의 의미론적 분류의 '~-는다/-ㄴ다' 형의 의미에 관한 연구", 〔사대논총〕 27, 서울대.

이을환·이용주(1975), 「국어의미론」, 개정판, 현문사.

이주행(1992), 「현대 국어 문법론」, 대한교과서주식회사.

이환묵(1979), "부사론", 〔어학교육〕 10, 전남대 어학연구소.

임홍빈(1976), "부사화와 대상성", 〔국어학〕 4, 국어학회.

장지영(1937년 경), 「조선어전」, 조선대기당.

정철주(1982), 「현대 국어의 정도 부사 연구」, 정신문화연구원 한국학대학원 석사 논문.

조명한(1981), 「언어 심리학」, 증판, 정음사.

조병태(1974), "영어의 정도어에 관한 연구", 〔언어교육〕 2, 서울대 어학연구소.

조병태(1974), 「영어의 정도어와 그 관련 구문의 연구」, 서울대 대학원 박사 논문.

「조선 문화어 문법」(1979), 과학백과사전출판사, 저자 불명.

주시경(1919), 「조선어문법」, 재판, 신구서림·박문관.

천기석(1984), 「국어의 동작 동사와 상태 동사의 체계 연구」, 경북대 대학원 박사 논문.

최창렬(1979), "국어 동사의 의미 구조", 〔인문논총〕 7, 전북대.

최현배(1977), 「우리 말본」(여섯번째 고침), 정음사.

한갑수(1968), 「바른말 고운말」, 융문사.

홍사만(1976), "국어 Postposition의 하위 분류", 〔동양문화연구〕 3, 경북대 동양문화연 구소.

신기철·신용철(1975), 「새 우리말 큰 사전」, 삼성출판사.

양주동(1974), 「신한 새국어사전」, 신한출판사.

이정민·배영남(1982), 「언어학 사전」, 한신문화사.

이희승(1961), 「국어대사전」, 민중서관.

한글학회(1947), 「큰사전」, 을유문화사.

한글학회(1965), 「새한글사전」, 홍자출판사.

Chafe, W. L.(1970), *Meaning and the Structure of Language*, The University of Chicago Press.

Dillon, G. L.(1977), *Introduction to Contemporary Linguistic Semantics*, Prentice-Hall Inc.

Hayakawa, S. I.(1949), *Language in Thought and Action*, 2nd ed. Harcourt Brace & World Inc. 김영준 역, 1982, 「의미론」, 현음사.

Leech G.(1976), *Semantics*, Hazell Watson Ltd. Aylesbery. Reprinted.

Lyons, G.(1976), *Semantics I. II.* Cambridge Univ. Press.

Lyons, J.(1981), *Language, Meaning and Context*, Fontana Paper Books. 한국 언어학연구회 옮김, 1984, 「언어, 의미와 상황 맥락」, 한신문화사.

Quark, R. & S. Greenbaum(1973), *A Concise Grammar of Contemporary English*, Longman.

Ullmann, S.(1967), *Semantics, An Introduction to the Science of Meaning*, Reprinted, Oxford Basil Blackwell.

Hartmann, R. P. K. & F. C. Stork(1979), *Dictionary of Language and Linguistics*, Applied Science Publishers Ltd.

▸▸▸ 2부 4장 ‖ 정도어 연구

김경훈(1977), 「국어 부사의 수식 연구」, 〔국어 연구〕 37, 서울대 국어연구회.

김한곤·이상억(1994), 「언어학 신론」, 개문사.

남기심·고영근(1986), 「표준 국어 문법론」, 탑출판사.

민현식(1987), "중세 국어의 부사에 대하여", 「열므나 이응호 박사 회갑 기념 논문집」.

박금자(1985), "국어의 양화사 연구 -의미 해석을 중심으로-", 〔국어 연구〕 64, 서울대 국어연구회.

박선자(1983), 「한국어 어찌말 연구」, 부산대 대학원 박사 학위 논문.

박희식(1984), 「중세 국어의 부사에 대한 연구」, 서울대 대학원 석사 학위 논문.

서정수(1978), "국어 부사류어의 구문론적 연구", 「국어구문론」, 탑출판사.

손남익(1995), 「국어 부사 연구」, 박이정.

시정곤(1994), 「국어의 단어 형성 원리」, 국학자료원.

양인석(1975), "한국어 부사의 의미(I)", 〔어학교육〕 7, 전남대 어학연구소.

왕문용·민현식(1993), 「국어 문법의 이해」, 개문사.

이석규(1988), 「현대 국어 정도 어찌씨의 의미 연구」, 건국대 대학원 박사 논문.

이용주(1993), "적격문 성분의 '필연'과 '필수', 「한국어 의미와 문법 I」, 심지원.

이주행(1992), 「현대 국어 문법론」, 대한교과서주식회사.

이충우(1986), 「정도 부사의 동사 수식에 대하여」, 서울대 대학원 석사 논문.

정철주(1982), 「현대 국어의 정도 부사 연구」, 정신문화연구원 한국학대학원 석사 논문.

조명한(1981), 「언어 심리학」, 증판, 정음사.

조병태(1974), 「영어의 정도어와 그 관련 구문의 연구」, 서울대 대학원 박사 논문.

「조선 문화어 문법」(1979), 과학백과사전출판사, 저자 불명.

최현배(1977), 「우리 말본」(여섯번째 고침), 정음사.

Dillon, G. L.(1977), *Introduction to Contemporary Linguistic Semantics*, Prentice-Hall Inc.

Hayakawa, S. I.(1949), *Language in Thought and Action*, 2nd ed. Harcourt Brace & World Inc. 김영준 역, 1982, 「의미론」, 현음사.

Leech, G.(1974), *Semantics*, Harmondsworth: Penguin Books Ltd.

Quark, R. & S. Greenbaum(1973), *A Concise Grammar of Contemporary English*, Longman.

| ㅍ |

| ㅎ |

■ 저자 약력

이 충 우(李忠雨)

강원도 횡성 출생(1951)
횡성고등학교 졸업
관동대학교 국어교육과 졸업
서울대학교 대학원 국어교육과 교육학 석사, 교육학 박사(국어교육학 전공)
서울대 · 서울여대 · 세종대 · 경원대 · 강릉대 강사 역임.
폴란드 아담미츠키예비츠대학교 교수(한국학 강의, 2001~2002)
현재 관동대학교 국어교육과 교수
　　　국어교육학회 회장

[저서]
　한국어 교육용 어휘 연구 외 다수

[논문]
　국어 교육과 한국어 교육의 사용 언어 외 다수

국어 문법의 교육과 연구

인　　쇄　2006년 2월 24일
발　　행　2006년 3월 3일

지 은 이　이충우
펴 낸 이　이대현
책임편집　이태곤
편　　집　권분옥 · 김보라 · 박소정
제　　작　안현진
펴 낸 곳　도서출판 **역락** / 서울 성동구 성수2가 3동 301-80
　　　　　　　　　　(주)지시코 별관 3층(우133-835)
전　　화　3409-2058(대표) 3409-2060(편집부) FAX 3409-2059
이 메 일　yk3888@kornet.net / youkrack@hanmail.net
홈페이지　www.youkrack.com
등　　록　1999년 4월 19일 제303-2002-000014호

정　　가　10,000원
ISBN　89-5556-454-6-93710

* 잘못된 책은 교환해 드립니다.